어떻게 해야 신유를 경험할 수 있나요?

김신호 지음

서로사랑

어떻게 해야 신유를 경험할 수 있나요?

1판 1쇄 발행 _ 2011년 9월 28일

지은이 _ 김신호

펴낸이 _ 이상준
펴낸곳 _ 서로사랑(알파코리아 출판 사역기관)

만든이 _ 이정자, 윤종화, 주민순, 장완철
이소연, 박미선, 엄지일
이메일 _ publication@alphakorea.org

등록번호 _ 제21-657-1
등록일자 _ 1994년 10월 31일

주소 _ 서울시 서초구 방배1동 918-3 완원빌딩 1층
전화 _ (02)586-9211~4
팩스 _ (02)586-9215
홈페이지 _ www.alphakorea.org

ⓒ서로사랑 2011
ISBN _ 978-89-8471-281-2 03230

* 이 책은 서로사랑이 저작권자와의 계약에 따라 발행한 것이므로
  본사의 허락 없이는 어떠한 형태나 수단으로도 이 책의 내용을 이용하지 못합니다.
* 잘못된 책은 바꿔 드립니다.
* 가격은 뒤표지에 있습니다.

차례

서론 / 7

제1부: 신유란 무엇인가?

> **신유에 대한 논쟁 / 13**
>   1) 신유 중지론
>   2) 신유는 신화이다
>   3) 교회는 영혼 구원받는 곳이지 병원이 아니다
>   4) 심리적 요법
>   5) 교회에서 병 고치는 것은 샤머니즘적이다
>   6) 중도적 입장
>
> **신유 중지론에 대한 반론 / 39**
>
> **성경에 나오는 신유 / 45**
>   1. 구약에 나오는 신유
>   2. 신약에 나오는 신유
>   1) 예수님과 신유
>   2) 제자들과 신유
>   3) 하나님 나라와 신유
>   4) 성령님과 신유
>
> **몸에 대한 연구 / 81**

질병의 원인 / 87
    1. 죄
    2. 귀신
    3. 마음의 상처
    4. 하나님의 섭리
    5. 영적 유전
    6. 환경, 병균, 무절제

어떻게 해야 신유를 경험할 수 있나? / 117
    1. 죄를 회개해야 한다
    2. 믿음이 있어야 한다
    3. 하나님의 말씀을 듣고 지켜야 한다
    4. 기도해야 한다
    5. 관념을 바꾸어야 한다
    6. 순종해야 한다
    7. 믿는 사람의 도움을 받아라
    8. 안수 받는 것도 방법이다

아이를 가지지 못하거나 유산한 경우 / 153

축사와 신유 / 157

내적 치유 / 171

신유의 은사 / 179

병 고침 받은 이후 / 191

신유에 대한 기타 질문들 / 199
    1. 병원에 가거나 약을 복용하면 안 되나요?
    2. 왜 당장 낫지 않나요?
    3. 왜 낫지 않나요?
    4. 타 종교에는 신유가 없나요?

의학/심리학/신유 / 219

신유에 대한 주의점 / 223

제2부: 교회사 속에 나타난 신유

초대 교회 / 233

중세 교회 / 245

근대 교회 / 253

성결/오순절 운동 / 259

한국 교회 / 271

결론 / 285

참고 도서 / 293

서론

    나는 믿지 않는 가정에서 태어나 대학에 들어가서야 하나님의 살아 계심을 극적으로 경험한 후 예수 그리스도를 구주로 영접하고 그리스도인이 되었다. 부모님은 평생 동안 교회를 전혀 다닌 적이 없으신 분들이었다. 하나님의 살아 계심과 천국과 지옥의 실존을 믿은 후, 사랑하는 그분들이 이 세상을 떠난 후 지옥에서 영원한 형벌과 고통을 받는다고 생각하니 잠이 제대로 오지 않았다. 그래서 시골에 내려가 여러 번 부모님을 전도했다. 그런데 아무리 전도를 해도 평생을 교회와는 무관한 삶을 살아오신 분들이 몇 마디의 말로 예수님을 구주로 영접한다는 것은 불가능에 가까웠다. 오히려 대학에 가서 하라는 공부는 안 하고 교회에 빠져 있다고 집에서 쫓겨나다시피 했다. 부모님을 전도할 수 있는 방법은 기도밖에 없었다. 그래서 매주 금요 철야에 참석해서 부모님의 영혼 구원을 위해서 기도하기 시작했다.

    하루는 시골집에 전화를 드렸더니, 어머니께서 편찮으셔서 누워 계셨다. '전도할 기회다' 싶어 몇 시간을 버스를 타고 시골집에 내려갔다. 집에 도착해 보니 어머니께서는 많이 편찮으신지 제대로 일어나지 못하셨다. 나는 당시 몇 개월밖에 되지 않은 햇병아리 신자였는데, 갑자기 성경 어디에선가 '믿는 사람이 병든 자를 위해 손을 얹고 기도하면 낫는다' 는 말씀을 읽었던 게 생각났다. 건넌방으로 가 성경을 펴고 그 성경 구절을 찾기 시작했다. 그러나 아무리 성경을 넘겨도 그 구절을 찾을 수가 없었다. 이제 갓 신앙생활을 시작했던 나로서는 그 구절을 찾는다는 것이 불가능에 가까웠다. 대표 기도는커녕 다른 사람을 위해 한 번도 기도해 본 적이 없었지만, 하나님의 말씀을 의지해 기도하기로 결심했다. 전도하는 차원에서 어머니에게 "기도해서 병이 나으면 교회에 나가시겠어요?"라고 물었다. 어머니는 아프고 귀찮으셨는지 "그러마" 하고 대답하셨다. 성경에 '하나님을 믿는 자가 손을 얹고 기도하면 하나님께서 낫게 해 주신다' 라고 나온다고 간단히 설명을 한 후, 어머니 몸에 손을 얹고 기도를 했다.

초신자가 기도를 했으면 얼마나 했겠는가? 그냥 어머니 몸에 손을 얹고 "하나님, 믿는 자가 손을 얹고 기도하면 낫는다고 말씀하셨습니다. 저희 어머니가 아파서 손을 얹었습니다. 저는 이제 갓 믿어서 아직 하나님을 잘 모르지만, 그래도 하나님을 믿는 자입니다. 손을 얹고 기도하니 고쳐 주세요"라고 기도했다. 더 이상 할 말이 없어서 같은 말만 두 번 반복하고 나니 채 1분도 지나지 않았다. "아멘" 하고 손을 떼면서 어머니에게 어떠신지 물었다. 지금 생각해 보면 정말 어처구니없는 일이었지만 당시로서는 매우 진지했었다. 어머니는 "낫기는 뭐가 나아? 여전히 아프다"고 대답하셨다. 순간 매우 당황했다. '내가 성경을 잘못 읽은 것일까? 다른 데서 들은 것을 성경에 적혀 있다고 착각한 것일까? 그런 말씀은 성경에 없는 거였나?' 등등의 생각을 하면서 실망한 채 일어서야 했다. 이로써 어머니를 전도하는 것이 또 실패로 돌아가고 말았다.

그런데 방 문을 열고 나가려는 찰나, 어머니께서 갑자기 벌떡 일어나 앉으셨다. 그러면서 "뭔가 이상하다. 네가 손을 얹고 기도하는 순간, 몸에서 뭔가 쑥 빠져나가는 느낌이 들더니, 갑자기 몸이 가뿐해졌다"면서 일어나셨다. 어머니는 별 희한한 일도 다 있다고 하시면서 얼마 후부터 교회를 다니기 시작하셨다. 이것이 나의 잊을 수 없는 첫 번째 무대뽀 신유 경험(?)이다.

그 이후 어머니께서 신유를 경험하셨다. 어머니는 심한 꽃가루 알레르기가 있었는데, 봄이면 온몸에 물집이 생겼고, 이 물집이 터지면서 진물이 흘러나왔다. 약을 복용해도 아무런 소용이 없었다. 이 기간 동안에는 자는 동안에도 진물이 흘러나와 가려워서 잠을 설치곤 하셨다. 하루는 빨래를 하시면서 기도를 하셨다: "하나님, 기도하면 병을 고쳐 주신다고 하시는데, 이제 이 피부병을 낫게 해 주세요." 그날 밤 어머니는 오랜만에 단잠을 주무셨고, 새벽 즈음에 기분이 상쾌한 채로 일어나셨다. 확인해 보니 온몸에 생겼던 진물이 약간의 흔적만 남은 채 말라 있었다. 어머니는 너무 놀라서 자고 있던 아버지를 깨웠고, 이를 본 아버지께서는 "별 신기한 일도 다 있네"라고 말씀하셨다. 이 사건을 시작으로 후에 아버지께서도 교회를 나가시게 되었다. 시간이 좀 걸리긴 했지만, 이 신유를 계기로 어머니와 아버지께서는 결국 예수님을 영접하게 되었다.

이 경험 이후로 신유는 늘 나의 마음속에 있었고, 나중에 언젠가 신유 사역자가 되어야겠다는 생각을 하게 되었다. 세월이 흘러 오순절 신학과 역사를 공부한 신학자가 되었다. 미국에서 신학을 공부하는 동안, 신유에 관한 많은 책들이 나와 있는 것을 보고 깜짝 놀라게 되었다. 미국 교회는 한국 교회보다 이성적이고 합리적 사고방식에 근거해 신유나 기적과 같은 것은 부정할 것이라고 생각했기 때문이었다. 그런데 미국 교회 내에서 다양한 신유 사역이 벌어지고 있으며 이에 대한 연구 결과도 방대하다는 것을 알게 되었다. 갤럽 조사에 의하면 미국 인구 중 89퍼센트가 하나님의 능력에 의해 병 고침을 받을 수 있다고 믿는다고 한다.[1] 미국 교회는 신유를 통한 병 고침, 귀신 쫓음, 내적 치유 등에 대한 체계적인 경험과 이론이 확립되어 있다.

한국 교회의 경우, 일반 교인들의 신유에 대한 관심이 매우 높다. 한국 교인들 대부분은 성경을 문자적으로 해석하기에 성경에 나오는 하나님의 신유를 믿고 하나님의 능력으로 병 낫기를 위해 간절히 기도한다. 한국 교회의 목회 활동 중 큰 비중을 차지하는 것 중 하나는 병자를 심방하는 것이다. 한국 교인들은 병원에 입

---

1) John Ruthven, Book Review, in Pneuma (Vol. 24, No. 2, Fall 2002), 269.

원할 경우, 으레 담임목사님이 심방 오기를 기대하고 병의 치유 및 회복을 위해서 안수 기도 받기를 원한다. 아픈 성도를 방문한 목회자는 예배를 드리면서 하나님의 능력으로 병이 낫기를 간절히 기도한다. 한국 교회의 신자들 대부분은 몸이 아프면 병원에 가면서도 병 고치는 능력이 있음을 믿으며, 본인이 아프거나 가족 중 아픈 사람이 있을 경우, 하나님의 능력으로 병 고침 받기를 위해서 기도한다. 심지어는 기도원에 가서 금식 기도를 하면서 하나님께서 병 고쳐 주실 것을 위해 기도한다. 영적 치유인 신유는 그리스도인이라면 한 번쯤 심각하게 생각해 봤을 법한 주제라고 생각한다.

신유가 교회에서 중요한 위치를 차지하고 있음에도 불구하고 신유에 대한 신학적·성경적·역사적 연구가 그리 많지 않은 실정이다. 이에 신유에 대한 책들을 읽으면서 연구한 결과를 정리해서 책으로 내게 되었다. 본서를 통해 신유에 대한 신학적 논쟁, 성경이 말하는 신유, 특히 예수님의 신유에 집중하여 설명하고자 한다. 그리고 질병의 원인을 알아보고, 어떻게 해야 신유를 경험할 수 있는지를 성경적 관점에서 조명해 보려 한다. 제2부에서는 기독교 역사 속에 나타난 신유에 대해 설명할 것이다. 질병으로 인해 고통 받고 있는 자들과 신유에 관심이 있는 자들에게 작은 도움이 되었으면 한다.

제1부_ 신유란 무엇인가?

신유에 대한 논쟁

성경을 읽으면서 잘 이해되지 않는 부분 중 하나는 하나님을 믿고 성경을 잘 알고 있던 바리새인들과 서기관들이 예수님의 신유를 보고 반응하는 장면이다. 그들은 예수께서 신유를 행하셔서 병든 자가 낫고 죽은 자가 살아났을 때, 이것을 보고 충격을 받기보다는 예수님이 율법을 어겼는가에 초점을 맞추었다. 태어나면서부터 소경 된 자가 예수님의 신유를 통해서 눈을 뜨고 보게 되었다. 이를 본 수많은 사람들은 놀라면서 이런 일을 본 적이 없다고 경탄했다. 그러나 바리새인들은 그 사건을 직접 보고 소경이 눈뜬 사실보다 오직 예수님이 안식일에 병자를 고침으로 율법을 어겼다는 사실에 주목하고, 결국 안식일에 병을 고치는 것은 옳지 않다고 판결함으로 예수님을 죽이려고 했다(요 9장). 비록 그들은 하나님을 경외하고 율법을 철저히 지키는 거룩한 자들이었지만, 율법에 갇혀 신유를 행하시는 예수님이 누구인지를 파악하지 못했다. 이는 신유의 본질이 무엇인지를 제대로 이해하지 못한 결과였다. 그들은 예수님의 신유보다 율법 준수에 더 큰 관심을 가지고 있었기에 신유를 부정적으로 해석했던 것이다.

오늘날 교회에도 비슷한 현상이 일어나고 있다. 한번은 대학 동문 목사들이 모여 있는데, 장로교 출신 목사님께서 교회 내에서 일어나는 신유에 대한 부정적 견해를 피력하셨다. 고등학교 시절 심하게 아픈 적이 있었는데 낫지 않아서 순복음교회를 방문하여 목사님으로부터 안수까지 받았으나 병이 낫지 않았다는 것이다. 그 뒤로 장로교 신학교에 가서 신학을 공부해 보니 신유의 역사는 초대 교회 이후로 중단되었다고 배웠다고 한다. 신유가 중단되었기에 현재 교회에서 행하고 있는 신유는 다 가짜라는 주장이었다. 그러자 옆에 있던 순복음교회 출신 목사님이 이에 대한 반박을 했다. 모든 병자가 다 낫는 것은 아니지만 여전히 신유의 역사가 교회 내에서 활발하게 일어나고 있으며, 실제로 수많은 사람들이 고침을 받고 있다고 주장하였다. 두 목사님 사이에 격렬한 토론이 벌어졌다. 내 눈앞에서 '신유 중지론'과 '신유 지속론'의 대결이 벌어지는 것을 보게 된 것이다.

성경에 기록된 신유는 오늘날에도 계속되고 있는 것일까? 아니면 중단된 것일까? 이 질문은 교회와 신학계의 중요한 문제가 아닐 수 없다. 위의 사례와 같이 교회 내에서 신유에 대한 입장은 크게 두 가지로 나뉘어져 있다. 근본주의 내지는 개혁주의적 입장을 가진 보수 장로교회에서는 초대 교회 사도들 이후로는 성경에 나오는 은사들이 중지되었다는 입장을 가지고 있다. 은사 중지론자들은 오늘날 더 이상 성령의 기적적인 은사는 없다고 주장한다. 예언, 방언, 신유와 같은 은사는 사도들이 교회를 세울 때 사용한

은사로, 특히 성경이 완성된 이후로는 역사 속에서 사라졌다는 것이다.[2]

이에 반해 성결교회, 오순절교회, 신오순절 운동이나 제3의 물결 입장에서는 어제나 오늘이나 변함이 없으신 예수님을 강조하면서 현재까지도 신유가 지속되고 있음을 주장한다. 특히 1900년대에 탄생한 오순절 운동은 신약에 나오는 모든 성령의 은사들이 오늘날에도 지속된다고 강조한다.[3]

대부분의 복음주의적 교회에서는 신유에 대해 중도적 입장을 취하고 있다. 이들은 기적적인 은사들을 인정은 하되 크게 강조하지는 않는다. 교회의 근본적 사명과 역할은 예배, 성경공부, 전도에 있다며 이를 강조한다. 이들은 은사가 제한적으로 지속되어 왔다는 입장을 가지고 있다.[4]

1) 신유 중지론

은사 중지론을 지지하는 신학자에 따르면, 초대 교회 때 신유가 일어났지만 그 이후에는 중단되었기 때문에 오늘날에는 치유가 일어나지 않는다. 중세 시대까지 의학은 종교의 영역 속에 포함되어 있었다. 가톨릭교회는 민간 신앙에 퍼져 있던 기적들을 적

---

2) Wayne A. Grudem ed., Are Miraculous Gifts for Today? (Grand Rapids, Michigan: Zondervan, 1996), 10, 31.
3) Are Miraculous Gifts for Today?, 11.
4) Are Miraculous Gifts for Today?, 13.

극적으로 받아들이면서 미신적인 경향으로 흘러갔다. 마리아나 죽은 선인들의 뼈나 유물 등에 손을 대면 낫는다는 사상도 퍼져 나갔다. 중세를 벗어나면서 과학은 교회의 간섭을 벗어나게 되었다. 이때부터 아리스토텔레스의 합리적 사고방식은 계몽주의 발전에 큰 영향을 주었고, 과학은 급속도로 발전하게 되었다. 합리적 이성과 과학 법칙에 근거한 근대 계몽주의는 하나님의 초자연적 역사를 부인하기에 이른다.

종교개혁으로 탄생한 개신교는 가톨릭교회를 반대해서 일어났기에, 자연히 가톨릭교회가 기적이나 신유와 같은 초자연적 미신들을 수용했다고 비난했다. 종교개혁이 진행되면서 천주교에 대한 적대감이 커지자, 신유 자체를 미신으로 치부하면서 신유는 더 이상 교회 내에서 일어나지 않는다고 주장하게 된다.[5] 계몽주의와 과학의 발전을 적극적으로 받아들인 개신교도들은 가톨릭교회의 기적과 신유 행위를 비과학적인 것으로 거부했다.

18세기의 계몽주의는 상식철학에 근거해 이성적·논리적 법칙을 기독교에 적용시켰다. 결국 인간의 이성은 하나님의 초자연적 역사를 부정하기에 이르렀고, 신유는 기독교의 기능이 아니라는 결론을 내리게 된다. 계몽주의는 비이성적이고 초자연적인 기적은 일종의 미신으로, 무지에서 나온 것으로 해석한다. 그래서 과학과 이성을 이용해 인간의 질병을 치유하려 하였다. 뉴턴과 다윈

---

5) Morton Kelsey, Healing and Christianity (Minneapolis: Augsburg Books, 1995), 6.

에 의해서 물질세계만이 진실이고 이 세상은 이성적·기계적 법칙에 따라서 진화한다고 믿었다. 물질론적 세계관에 근거해 의학에 의해서 질병을 치료할 수 있다고 믿게 되면서 의학을 통해 병자를 고치게 된다. 천주교를 초자연적 미신에 근거한 종교로 치부하면서 개신교는 합리적이며 과학적이라는 도식을 만들어 냈다.

칼빈(John Calvin, 1509~1564)은 신유란 초대 교회 때에만 주어진 일시적 은사로, 사도 시대 이후로는 사라졌다고 해석했다: "신유의 은사는 하나님께서 특정 시간에 주신 것으로, 기적과 함께 사라졌다. 하나님의 계시는 복음 선포로 대처되었다. 기름부음은 사도들의 손에 의해서 집행된 능력으로, 우리에게 허락된 것이 아니기에 더 이상의 신유 능력은 존재하지 않는다."[6] 하나님께서는 초대 교회 이후로 이 세상에 치유의 능력이 지속되는 것을 원하지 않으셨다는 것이다. 그래서 그는 하나님의 신유를 의지하기보다 직접 스위스 제네바에 병원을 지어서 현대 의학으로 병자들을 치료하였다. 그의 신유에 대한 생각은 이후 정통 개신교를 지배하게 된다. 그 결과로 근대 교회가 선교를 시작하면서 신유를 통한 병 고침보다는 병원을 지어서 질병을 치료하는 데 그 강조점을 두고 있다.

아직도 이러한 경향이 매우 높다. 한번은 아프리카에 단기 선

---

[6] John Calvin, Institutes of the Christian Religion IV (Philadelphia: Westminster Press, 1960), 636.

교를 갔는데, 그곳에서 목회하시는 선교사님은 가장 필요한 것이 병원이나 진료소라고 말씀했다. 단기 사역 중, 교인들 중에 아픈 자들이 있어서 신유를 위해서 기도했더니 굉장히 언짢아하시는 표정이 역력했다. 의사인 다른 장로님 한 분이 절름발이가 치료를 받기 위해 나아오자, 다른 치료의 방법이 없는 것을 아시고 붙들고 통성으로 기도하셨다. 그러자 신유의 역사가 나타나 그 절름발이는 지팡이를 두고 집으로 돌아갔고, 그 선교사님은 큰일이 난 것처럼 당황해 했다. 이처럼 현대 선교사들도 하나님의 신유를 기대하기보다는 병원이나 진료소 등을 지어서 병자를 고치기를 원한다.[7]

칼빈과 계몽주의 세계관의 영향을 받은 정통 칼빈주의는 기적은 오직 구원과 관련되며, 오늘날에는 신유가 완전히 중지되었다고 믿는다. 청교도 신학자인 존 오웬(John Owen, 1616~1683)은 신유를 믿는 천주교를 미신적이라 비난했다. 그는 하나님께서는 자연법칙을 만드셨고 그 법칙 아래 세상을 이끌어 가시기에, 현대에도 특수 은사가 반복된다는 주장은 하나님을 불경스럽게 하는 것이며, 현재에도 신유라는 미신적 마술을 행하는 것은 기독교를 모독하는 것이라 주장했다.[8] 이처럼 합리주의적 신학이 대세를 이루

---

7) John Calvin, Institutes of the Christian Religion IV, 1467. Are Miraculous Gifts for Today?, 42, 57, 101-2, 190.
8) John Owen, Discourse on Spiritual Gifts, in William Gould, ed., The Works of John Owen V (Edinburgh: T & T Clark, 1862), 462-63.

면서 이성과 논리, 자연 법칙을 벗어난 초자연적 요소는 자연적으로 부정하게 되었다.[9] 오직 감각을 통한 경험적 자료와 과학적 방법, 이성을 통해 검증된 것 이외의 진리는 무시되었다.

합리주의적 신학은 하나님께서 하나님 당신이 만드신 창조 질서와 자연 법칙의 테두리 안에서만 역사하신다고 믿는다. 하나님은 인간에게 이성과 감각을 주셨기에 교회는 자연 법칙과 인간의 이성에 납득이 될 만한 것만을 진리로 받아들여야 한다는 것이다. 이러한 사고 체계에서 하나님께서는 인간 이성의 테두리 안에 갇힌 분이 되셨고, 성령의 역사와 영적 활동에 대한 것을 부인하기에 이르렀다. 하나님은 자연의 법칙을 파괴하는 미신적이고 초자연적인 일은 더 이상 하지 않으시는 분이시라는 것이다: "하나님은 자연의 법칙에 따라 세상을 다스리며, 기적과 같이 자연 법칙을 거스르는 일은 하지 않으신다. 만일 하나님이 기적과 같은 것으로 역사하신다면, 그것은 당신께서 창조한 자연 질서를 파괴하는 것이며, 인간의 이성을 무시하는 것이다."[10] 그러므로 교회는 자연 법칙을 벗어나는 신유나 다른 초자연적인 현상에 관심을 기울여서는 안 되며, 이제 우리는 그 어떤 기적도 필요하지 않다는 것이 이들의 견해이다.

청교도는 칼빈의 신학을 좀 더 발전시켜, 하나님의 역사를 일

---

9) 류장현, 한국의 성령운동과 영성 (서울: 프리칭 아카데미, 2004), 10.
10) James Buckley, Faith Healing, Century (1886): 236.

상 은사와 특수 은사로 나눈다. 구약이나 사도 시대에 아직 성경이 완성되지 않은 상황에서 하나님의 말씀이 사실이라는 것을 증명하기 위해 특수한 은사들이 존재했다는 것이다. 예수님의 신유 사역은 복음을 증거하는 것이 그 목적인데, 초대 교회는 종교적 박해가 심했던 특수한 상황과 시간으로, 신자들을 격려하고 복음을 전파하는 차원에서 신유가 일시적으로 존재했다는 것이 이들의 견해이다.

은사 중지론자들은 "온전한 것이 올 때에는 부분적으로 하던 것이 폐하리라"(고전 13:10)에 근거해 방언과 지식의 은사 및 예언은 온전한 것이 왔을 때 중지되었다고 해석한다. 여기서 온전한 것이란 '성경의 완성'을 뜻하며, 그동안 성경을 대신했던 계시의 은사들은 온전한 것, 즉 성경이 완성된 이후 모두 중단되었다는 것이다. 이제는 오직 성경만이 하나님의 말씀과 능력을 대표한다는 것이다.[11] 또한 하나님께서는 은사나 기적들을 사도들의 후예들에게 더 이상 허락하지 않으신다는 것이다. 성경의 완성은 이전에 있었던 모든 은사들을 대처해 버렸으며, 성경의 완성 이후 교회는 더 이상 신유와 같은 특수 은사를 필요로 하지 않게 되었다는 것이다. 19세기 칼빈주의의 Old School에 속하는 워필드(Benjamin B. Warfield)는 신유 운동을 강조했던 성결교회나 오순절교

---

11) Are Miraculous Gifts for Today?, 32-3, 43, 98. 옥성호, 방언, 정말 하늘의 언어인가? (서울: 부흥과 개혁사, 2008), 7. Morton Kelsey, Healing and Christianity, 9.

회를 맹비난했다.

개혁주의 신학은 신유는 초대 교회에만 국한된다는 세대주의적 관점에서 신유를 해석하여, 신유는 과거의 일시적 은사로 전락하게 된다. 이러한 은사에 대한 부정적 견해가 대세를 이루면서 오늘날에도 이러한 경향이 이어지고 있다. 아직까지도 신유를 뒷받침하는 신학적 연구가 부족한 편이다. 교회 역사에서 은사 지속론은 초대 교회에서만 주로 강조되었지, 그 이후로부터 19세기까지는 은사 중지론이 교회의 주류 신학이었다. 은사 지속론은 주로 열광주의적 소수 집단이 취한 견해로 취급되었다. 특히 개혁신학에 뿌리를 둔 장로교회나 침례교회의 경우 은사 중지론을 받아들인다.

19세기에 들어서서도 신유에 대한 편견이 극에 달해 이 분야에 대한 연구가 거의 없는 실정이다. 심지어 칼 바르트도 신유 및 초자연적 은사는 신약 이후에 중지되었다고 주장한다. 불트만은 한술 더 떠서, 신유는 신약에서 아예 일어나지 않은 신화에 불과하다고 규정한다. 본회퍼도 이제 인간은 물질적 세계를 이해하고 응용할 수 있기 때문에, 하나님께서는 더 이상 물질적 세계에 초자연적으로 역사하시지 않는다고 주장한다.

신유는 사도성의 증표이다

칼빈의 신학에 근거한 개혁주의 신학은 사도 시대의 특수성을 강조하면서 신유를 부정한다. 신유의 은사는 교회가 시작될 때 복음을 강력히 전달하는 수단으로 한시적으로 주어진 것이라는 것이다. 사도들은 예수 그리스도와 교회를 대표하는 자들로 교회 역사에서 독보적인 위치와 권위를 가진 자들이었다. 그들은 예수 그리스도를 직접 본 증인들이었으며, 예수님의 죽으심과 부활을 공식적으로 증거하도록 임명되었다. 그들에 의해 교회의 기초가 세워졌고 사도 전승이 확립되었다. 사도성은 교회가 설립되는 시기에만 존재했던 특별 은사로, 그들은 성경이 완성되기 이전의 시기에 신적 영감과 영적 권위를 가지고 복음을 전했다.[12] 사도 시대는 다른 시대와 확연히 구별되는 특별한 시기로, 역사 속에서 다시는 반복될 수 없으며, 그렇기 때문에 그 이후에는 기적 및 신유가 다시는 나타날 수 없다는 것이다.

이들의 견해대로라면, 하나님께서는 교회가 설립되는 것을 원하셨기 때문에 오순절 마가의 다락방 사건을 통하여 사도들에게 교회 설립 사역을 위한 특별한 은사들을 허락하셨다. 초대 교회는 아직 성경이 완성되지 않은 이유로 하나님 말씀의 진정성이 의심되었기 때문에, 하나님의 말씀을 증거하기 위한 수단으로 신유와 같은 기적이 필요했다. 기적과 은사는 오직 사도들이 복음을 전하는 과정에서 그들의 권위를 증명하고 높이는 데 주목적이 있는 것으로, 방언, 방언 통역, 예언, 영분별 등의 은사는 예수 그리스도의 구원의 복음을 증거하는 역할을 함으로 성경의 역할을 대신했다.

---

12) Are Miraculous Gifts for Today?, 112.

이들에게 있어 기적과 신유는 성경이 완성되기 전까지만 존재했던 초대 교회에만 나타난 임시 은사직이다. 지식의 말씀, 신유, 기적, 영분별, 방언 통역 등의 은사는 오직 사도들에게만 주어진 사도성 은사들이었는데, 사도들이 사라짐과 함께 역사 속에서 영원히 사라지게 되었다는 것이다.[13] 그러므로 사도들이 소유했던 성령의 은사들은 1세기의 교회가 설립되던 시기에만 제한되며, 사도들에 의해 교회가 세워지고 그 후 성경이 완성된 이후에 하나님께서는 교회에서 이러한 능력들을 거두어 가셨다는 것이다.

은사 중지론자들은 오순절 성령 강림 사건을 복음을 전하기 위한 능력 위임으로 해석하기보다는 예수님의 구원 사역을 마무리 짓는 사건으로 해석한다. 예수께서는 그의 사역을 통해 인간 구원을 위한 모든 것을 다 이루셨다. 예수님의 십자가에서의 죽으심, 부활, 승천 및 그 이후의 성령 세례는 구원 사건으로, 역사 속에서 다시는 반복될 수 없다. 그러므로 성령 세례를 통한 은사 부여 및 체험도 모든 믿는 자들에게 일어나는 보편적인 현상이 아니라 오직 오순절과 사도 시대에만 한정된 특별한 사건이라는 것이다. 이처럼 사도성이란 은사는 사도들이 역사 속에서 완전히 사라짐으로 중단되었고, 그들의 사도성을 증거하기 위해서 부여되었던 다른 성령의 은사들도 사도들과 함께 역사 속에서 영원히 사라졌다는 것이다. 이처럼 은사 중지론자들은 사도 시대의 독특성에 주목

---

13) Are Miraculous Gifts for Today?, 186.

한다. 그들에게 있어 사도 시대의 종말은 곧 성령의 은사들의 종말을 의미한다.

만약 아직도 기적과 같은 초자연적 경험에 의존한다면 우리의 믿음은 미신과 같은 저급한 단계에 머물게 된다. 우리는 사도 시대와 후사도 시대 혹은 성경이 완성되기 전과 성경이 완성된 이후를 뚜렷하게 구별할 수 있어야 한다. 이것이 전통적인 칼빈주의의 해석이다.

이처럼 신유는 특정 기간과 특수 목적을 위해서 일시적으로 주어진 것이기에 더 이상 현대 교회에서는 존재하지 않는다는 칼빈의 주장은 개혁 교회 전통에서 굳건히 서게 되었고, 이는 현대 정통주의 교회들에게 큰 영향을 미치게 된다. 20세기의 근본주의는 기적과 신유의 시대는 지나갔으므로 오늘날에는 무효하며, 따라서 성경의 기적을 철저히 부인한다. 이처럼 정통주의는 성경을 구원의 유일한 수단과 신앙의 규범으로 이해하며 성령의 역사를 철저히 부정한다. 온전한 신유는 예수께서 다시 오실 때에 이루어지기에 현재 이 땅에서는 이루어질 수 없고 종말 시에나 가능하다는 것이 이들의 견해이다.

2) 신유는 신화이다

기독교의 신유를 부정하는 또 다른 그룹은 자유주의 신학자들이다. 신유와 같은 기적은 고대 신화의 유산이므로 오늘날 받아들일 수 없다는 것이다. 헤겔의 철학과 과학적 자연주의에 근거한 자유주의 신학자들도 하나님을 자연 법칙과 과학 법칙을 초월하지 않는 분으로 해석한다. 이들은 영적 현상이나 초자연적 역사를 거부하기에 성경의 기적을 부정하여 신화로 해석해 버린다.[14]

계몽주의 정신에 영향을 받은 신학자 불트만(Rudolf Bultmann)은 성경을 과학 법칙과 합리적 이성에 근거해 재해석해야 한다고 주장한다. 이 세상은 자연 법칙, 즉 물리적 자율에 의해 지배되는 곳으로 초자연적 현상이란 있을 수 없다는 것이다. 성경에 나오는 초자연적 기적이나 신유는 이성적으로 설명할 수 없는 단지 신화에 불과하다는 것이 이들의 견해이다. 개혁주의 신학자들도 예수님의 기적과 신유를 인정하지만, 불트만은 예수님의 기적도 과학적 세계와는 동떨어진 신화에 불과하기 때문에 이를 재해석해야 한다고 주장한다. 심지어는 예수님의 십자가에서의 죽으심과 부활도 부정한다.

어렸을 때 보수적 장로교회를 다닌 적이 있는데, 그때 목사님께서 성경에 나오는 예수님의 치유 이야기를 실제의 치유 사건이 아닌 심리적 현상으로 설명하신 것이 기억난다. 예를 들면, 예수께서 소경의 눈을 치유하셔서 이 세상을 보게 하셨는데, 이는 문자 그대로 예수께서 소경의 눈을 고치신 것이 아니라, 아직 복음을 깨닫지 못한 영적 소경이었던 그가 예수님을 만나자 영과 마음의 문이 열려서 진리를 알게 되었다는, 즉 영적 소경이 예수님

---

14) Morton Kelsey, Healing and Christianity, 21-2.

을 만나서 복음에 눈을 뜨고 영적으로 구원받게 되었다는 것이다. 예수께서 앉은뱅이를 일으키시는 사건도 실제로 앉은뱅이가 일어선 기적이 아니라, 심적 및 영적으로 좌절해 있거나 믿음이 연약한 사람이 예수님을 만나 용기를 얻어서 믿음 가운데 제대로 서게 된 것으로 해석한다. 예수께서 죽은 자를 살리신 사건 또한 실제로는 그 사람이 죽었던 것이 아니라, 아직 영적 진리를 모르는 영적 죽음에 처해 있던 것으로, 그가 예수님을 영접함으로 영혼이 살게 된 것이라고 해석한다. 이처럼 성경에 나오는 모든 기적 및 신유 사건은 영적 구원 혹은 변화를 상징적으로 표현한 비유라는 것이다.

나도 예수님을 영접하기 전 성경을 읽다가 처녀가 아이를 배었다거나 예수님이 물 위를 걸으시는 장면을 보고 성경을 덮은 적이 있다. 성경의 기적적인 장면들은 마치 무협지에나 나올 만한 그런 내용들이었다. 상식적으로 생각하면 불트만의 주장에 공감이 간다. 성경에 나오는 초자연적 이야기들은 현대인들이 이성적으로 받아들이기에 너무도 많은 문제들이 있다. 그래서 불트만은 성경에 나오는 모든 기적은 신화이기에 이를 합리적으로 해석하는 비신화화 작업이 필요하다고 역설한 것이다. 그의 해석대로라면 성경에 나오는 모든 초자연적 현상들은 실제로 일어난 사건이 아니라 상징적 의미를 가진다.[15]

불트만의 설명은 초자연적 현상을 받아들일 수 없었던 합리적이고 과학적인 사람들에게 큰 호응을 얻었고 성경을 재해석할 수 있는 기회를 제공했다. 그의 해석을 따르는 자유주의 신학자들은 성령의 초자연적이고 기적적인 활동을 기대하지 않는다.

3) 교회는 영혼 구원받는 곳이지 병원이 아니다

종교개혁 신학은 교회를 인간의 영혼 구원을 다루는 곳으로 정의한다. 교회 사역의 핵심은 예수 믿고 구원받아 천국에 가는 것이다. 교회는 인간의 원죄를 지적하고 죄 사함을 강조하여 예수 그리스도를 통해 영적으로 거듭나게 하여 구원받게 하는 곳이다. 예수 그리스도의 죽으심과 부활로 인간의 영혼이 구원받기에 더 이상 다른 경험과 증거가 필요하지 않다. 때문에 종교개혁자들은 교회는 영혼 구원에만 집중해야 하며, 인간 육체의 문제를 교회의 사역으로 생각하지는 않았다. 영적 구원은 거룩하지만, 육체적 신유 및 복을 바라는 것은 천한 믿음으로 단정한다.[16]

이들에게 있어 중요한 것은 이 세상에서 예수 믿으면서 살다가 죽은 후 우리의 영혼이 천국에 가는 것이지, 다른 것은 이차적인 것이다. 교회는 하나님의 말씀이 선포되고 증거되며 성례전이 행해지는 곳이다. 교회는 마음과 육체의 병을 고치는 병원이 아니기에 마음과 육체적 질병에 대해 간여할 필요가 없다고 여긴다. 교

---

15) Rudolph Bultmann, Jesus Christ and Mythology (New York: Scribner, 1958), 15. Gorden D. Fee, God's Empowering Presence: The Holy Spirit in the Letters of Paul (Peabody, Mass.: Hendrickson, 1994), 887-8. Morton Kelsey, Healing and Christianity, 10-11, 22-3.
16) 손기철, 치유기도 (서울: 규장, 2009), 19.

회 내에서 말씀을 전파하고 가르치는 것 이외의 다른 사역을 하는 것은 바람직하지 못하다는 것이 이들의 견해이다.

또한 질병을 포함한 육체의 문제는 교회의 일이 아닌 자연 과학이 해결해야 한다고 주장한다. 하나님께서는 현대 의학의 발전을 허락하셨고 병원과 의약품을 통해서 병을 치료하게 하신다. 의학의 발전으로 인해 이전에 치료가 불가능하다고 생각했던 폐병, 암, 위염, 심장병 등이 완벽하게 고쳐지고 있다. 때문에 현대 과학에 의해 인간의 질병은 정복될 수 있으며, 언젠가는 이 세상에서 완전히 사라질 것이라는 것이다. 병원과 의사, 의약품은 하나님께서 질병을 치료하기 위해 내리신 선물로, 병 낫기를 원하면 교회나 예수님께 나아올 것이 아니라 의사에게 가야 하며, 질병의 치유는 전적으로 병원과 의료인의 분야이지, 종교인의 분야가 아니라는 것이 이들의 견해이다.

신유 중지론을 주장하는 자들은 질병이 있으면 병원에 가서 치료를 받아야지, 왜 교회에서 병을 고치는지 의문을 제기한다. 교회는 육체의 질병을 고치는 곳이 아니기 때문에 교회에서 신유를 행해서는 안 된다는 것이다. 신유 중지론자들은 신유를 강조하는 교회에 대해 하나님의 말씀을 전해야 하는 신성한 교회를 세상의 병원으로 변질시켰다고 신랄한 비판을 가한다. 교회가 사회를 위해서 봉사하고 싶다면, 신유를 통해서 병을 고칠 것이 아니라 병원을 세워서 아픈 사람들에게 의료의 혜택을 주는 것이 낫다고 주장한다.

심지어 병 낫기를 간구하는 신앙은 성숙하지 못한 증거이거나 믿음이 약해서라고 비난하기도 한다. 하나님의 말씀인 성경을 붙들고 의지해야지, 하나님의 말씀을 벗어나 기사와 이적을 바라는 것은 경험주의적 신앙으로, 이는 큰 죄악이라는 것이다.[17] 이런 해석으로 인해 보수적 교회는 기독교 신앙으로 병을 치유하는 것을 이단이라고 정죄하기도 한다.

4) 심리적 요법

한번은 미국 의학 잡지를 읽었더니 종교적 믿음이 병의 치료에 큰 도움이 된다는 연구 결과가 있었다. 미국 정신 의학계나 심리학에서는 주일 예배에 정기적으로 참석하고, 기도하고, 성경을 읽고, 봉사활동을 하는 종교적 행위가 병의 치료에 큰 도움이 된다고 주장한다.

믿음에 의지해 병 고치는 행위를 심리학적으로 해석하려는 시도도 있다. 심리학에는 '플라시보(Placebo) 효과'라는 게 있다. 이는 환자들에게 밀가루나 설탕으로 만들어진 가짜 약을 주면서 이 약은 매우 비싸거나 효과가 뛰어나다고 설명을 한 후, 환자들에게 이 가짜 약을 지속적으로 복용시키면 실제로 다른 환자들보다 병이 호전되거나 빨리 낫는 경우가 있다는 것이다. 단순한 설탕으로 된 약을 받아먹은 환자들 중 35퍼센트 가량이 치료되었다는 보고

---

17) Are Miraculous Gifts for Today?, 195-6.

도 있다. 인간의 마음속에 긍정적 사고를 심어 주면 이 힘으로 병이나 문제를 해결할 수 있다는 것이다. 의학계에도 환자 자신이 나을 것이라는 믿음을 가지고 있으면 다른 환자보다 훨씬 빨리 회복이 된다는 연구 결과가 있다. 일반 심리학에서도 정신 요법이나 자기 암시 혹은 최면술을 이용해 마음의 병이나 육체적 질병을 치료하려고 시도한다.

일부 신유 중지론자들은 기독교 신유의 주된 원리가 자기 암시 및 최면이라는 심리적 요법에 근거한다고 이를 비판한다. 즉 '믿고 간구하면 낫는다' 라는 긍정적 사고방식과 자기 암시를 통해서 병을 고친다는 것이다. 신유를 강조하는 교회에서 병자들을 위한 기도를 할 때, 실제로는 하나님께서 고쳐 주시는 것이 아니라, '기도하면 낫는다' 는 암시에 힘입어 질병이 낫는 것이기에 비성경적이라고 비판한다. 특히 부흥회나 수련회에서 열렬한 찬양이나 통성기도를 하면서 단순한 말과 동작을 반복함으로 집단 최면이 발생하고 이를 통해 질병이 치료된다는 것이다.[18]

스트레스가 쌓일 때, 산에 올라가서 목청껏 고함을 지르다 보면 마음이 시원해짐을 느끼면서 스트레스가 해소된다. 환자들이 의사라는 전문가 앞에서 자신의 고통을 털어놓는 것만으로도 마음이 후련해질 수 있다. 마음의 고통이 심한 경우, 신뢰할 만한 사람이나 상담 전문가에게 이를 말하는 것만으로도 고통이 사라질

---

18) 서광선 외, 한국 교회 성령운동의 현상과 구조 (서울: 대화출판사, 1987), 275-6.

수 있다. 이와 마찬가지로 교회의 집회에서 통성으로 기도하면서 죄를 큰 소리로 털어놓게 해서 죄의식을 해소시키고, 평소에 쌓였던 미움, 원망, 울분과 갈등 등을 신유 집회를 통해서 소리 지르고 몸을 흔들어서 발산시키는 가운데 병 치유를 경험할 수 있다는 것이다.[19] 이는 소리를 지르고 통곡하면서 실컷 울고 나면 속이 후련해지는 원리와 비슷하다. 그러나 '나는 살 수 있다'는 긍정적 생각을 아무리 하더라도 불치의 병이 치료될 수 있는 것은 아니다. 결국 하나님의 은혜가 필요하다.

5) 교회에서 병 고치는 것은 샤머니즘적이다

민중 신학자 서광선 박사는 한국 교회의 신유 현상을 샤머니즘의 영향을 받은 것으로 해석한다. 옛날 한국 사람들은 몸이 아프거나 집안에 우환이 있을 경우, 의원을 찾아가기도 했지만 문제의 원인이 영적인 것에 있다고 생각하여 무당을 찾아가 상담함으로 문제를 해결하곤 했었다. 가족 중 한 사람이 심하게 아프면 무당을 집으로 불러들여 굿을 하기도 했다. 어릴 적 시골에서 살 때, 동네에서 무당이 치병 굿을 하는 모습을 자주 볼 수 있었다. 이를 통해 실제로 병 고침이나 정신병 치료를 받은 경우도 있었다.

샤머니즘의 영향 아래에 있던 한국인들은 예수 믿기 전에 병에 걸리면 옛날에는 무당을 찾아갔지만, 예수님을 영접한 이후로는

---

19) 한국 교회 성령운동의 현상과 구조, 278.

담임목사를 찾아가 안수 기도를 받음으로 병 낫기를 간구한다는 것이다. 교회에서 일어나는 신유를 샤머니즘의 신유와 비교해서 교회의 질병관이 샤머니즘의 질병관과 별로 다를 것이 없다고 해석한다. 이러한 반응은 예수께서 병을 고치거나 귀신을 쫓으실 때에 바리새인들이 '예수님의 치유는 바알세불의 역사'라고 비판한 것과 유사한 점이 있다.

교회의 신유 사역을 반대하는 사람들은, 교회에서 병 고침을 강조하는 것은 예수 그리스도의 복음을 개인의 치유나 만사형통을 위해 하나님께 비는 기복적 행위라고 주장한다. 하나님을 믿고 예배하는 것이 교회의 목적이지, 개인의 유익을 구하거나 복 받기 위한 수단으로 전락시켜서는 안 된다고 말한다. 기독교 신앙으로 병을 치료하려는 행위는 샤머니즘과 전혀 다를 바가 없다. 무당이 병을 고치듯이 교회가 이를 흉내 내어 병을 고치려 드는 것은 교회를 무당교로 만들려는 수작이라고 비판한다. 치유를 강조하는 교회는 하나님과 예수님이라는 용어를 사용할 뿐, 샤머니즘의 치유와 조금도 다를 바가 없다는 것이다. 이런 해석의 영향으로 인해 교회에서 신유의 역사가 나타나면 '저 교회는 무당 교회'라고 비난한다.[20] 교회에서 신유를 강조하는 것은 미신적 방법에 의해 병을 고치는 무당을 따라하는 행위이기에 교회에서 무당처럼 병을 고쳐서는 안 된다는 것이다.

---

20) 한국 교회 성령운동의 현상과 구조, 247.

6) 중도적 입장

신유에 대한 중도적 입장이란 사도 시대 때에 일어났던 기적과 신유가 오늘날에도 지속될 수 있으나, 그때와는 똑같지 않고 제한적으로 나타난다는 입장이다. 성경에 기록된 성령의 은사들이 오늘날에도 열려는 있으나, 일부 은사들은 지속되고 일부는 중단되었다는 해석이다. 즉 초대 교회에 나타났던 모든 은사들이 현재에도 동일하게 나타나는 것이 아니라 그 정도가 다르다는 주장이다. 특히 사도들에게만 주어졌던 사도성을 입증하는 특별 은사는 중단되었고, 기타 보편적 은사들만 다음 세대로 전달되었다는 주장이다. 주로 복음주의 계통의 교회들이 이 입장을 고수하고 있다.

중도적 입장을 가진 그룹은 성경의 모든 시대가 항상 기적들로 충만하게 나타난 것이 아니라 특정 시대에 집중되어 있음에 주목한다. 특히 구약에서는 모세와 여호수아, 엘리야와 엘리사의 사역에서 기사와 이적이 크게 나타났다.[21] 하나님께서는 이스라엘인들이 모세를 하나님께서 보내신 자라는 사실을 믿게 하기 위해서 수많은 기사와 능력을 부어 주셨다. 이집트에 내린 열 가지 재앙들이나 홍해를 가른 사건, 사막에서 물이 나오게 하는 사건 등 수많은 기적들이 그의 삶을 통해서 나타났다. 모세의 뒤를 이은 여호수아의 경우, 하나님께서 약속하신 땅을 차지하는 과정에서 태

---

21) John F. MacArthur, Charismatic Chaos (Grand Rapids: Zondervan, 1992), 112. Are Miraculous Gifts for Today?, 105, 108.

양을 멈추기도 했다.

선지자들은 기적을 통해 자신들이 하나님께서 보내신 자이며 하나님의 말씀을 전하는 자라는 사실을 증거했다. 엘리야는 사르밧 과부의 죽은 아들을 살려냈다. 그 과부는 이를 통해 "내가 이제야 당신은 하나님의 사람이시요 당신의 입에 있는 여호와의 말씀이 진실한 줄 아노라 하니라"(왕상 17:24)고 고백했다. 엘리야는 바알 선지자들과 겨룰 때에 "아브라함과 이삭과 이스라엘의 하나님 여호와여 주께서 이스라엘 중에서 하나님이신 것과 내가 주의 종인 것과 내가 주의 말씀대로 이 모든 일을 행하는 것을 오늘 알게 하옵소서"(왕상 18:36)라고 기도했다. 엘리사는 엘리야의 갑절의 영감을 달라고 기도했고, 그의 삶을 통해 나타나는 수많은 기적들을 행함으로 이를 증명했다. 구약에서의 기적들은 이들을 중심으로 나타났다. 그러나 나머지 시대에는 하나님의 이적이 잘 나타나지 않는다.

신약에서는 예수님과 그의 제자들을 통해 기적들이 나타났다. 예수님은 그의 수많은 기적들로 인해서, 사람들이 그를 마지막 시대의 엘리야로 생각하기도 했다(마 16:14). 예수님의 제자들도 병자를 고치며 죽은 자를 살리는 기적을 베풀었다. 성령의 은사는 예수 그리스도의 죽으심과 부활을 직접 목격한 증인들을 중심으로 주로 나타났다. 예수 그리스도와 제자들이 행했던 기적 및 신유의 목적은 교회를 설립하고 복음의 초석을 다지는 데 있다. 그러나 교회가 든든히 서고 성경이 완성된 이후에는 동일한 수준의 이적이 나타나지 않는다.[22] 성경을 통해 살펴보건대, 기적과 이적들은 선지자적 역할을 감당한 소수의 개인들에게만 국한되며, 주로 구원의 사역들과 관련되어 나타났다. 그러므로 초대 교회의 기적과 기사가 모든 시대의 모든 신자들에게 정기적으로 동일하게 나타났다는 것은 잘못된 해석이다.

이처럼 중도적 입장을 가진 그룹은 신약성경에 나오는 영적 은사들이 교회 역사의 특정 순간에 모두 중단되었다는 사실을 받아들이지 않는다. 그렇다고 해서 성경에 나오는 모든 영적 은사가 교회 역사를 통해서 동일하게 지속된다고도 해석하지 않는다.[23] 중도적 입장을 가진 그룹에서 몇몇 은사들은 중지되었고 몇몇은 지속된다고 믿으나, 어떤 은사가 중지되고 지속되는지는 학자마다 견해의 차이가 있다. 주로 계시적 은사인 예언, 방언, 방언 통역은 중단되었다고 해석한다.

미국 신학교 수업 과목 중 하나로 목회 임상 교육(Clinical Pastoral Education)을 수강한 적이 있는데, 직접 병원에 가서 환자들을 상담해 주는 수업이었다. 비록 영어가 잘되지 않았지만, 병원에 입원한 많은 환자들을 방문하게 되었다. 그들은 피부색이 달랐지만 내가 목회자라고 했더니 매우 반겨 주었고, 자신의 삶과 인생 및 여러 가지 문제들을 고백했다. 그런데 병원 원목의 지시 사항이 절

---

22) Are Miraculous Gifts for Today?, 108-110, 115.
23) Are Miraculous Gifts for Today?, 112, 117, 126.

대로 기독교에 대해서 이야기해서는 안 되고 치유를 위한 기도를 해서도 안 된다는 것이었다. 그들의 이야기를 듣고 동의하는 선에서 끝내라는 것이었다. 목사라면 병자를 위해서 영적, 심리적, 육체적 질병의 치유를 위해 기도해 줘야 할 의무가 있는데, 이를 제도적으로 막고 있었다.

신유 중지론을 신봉하거나 중도적 입장에 서 있는 대부분의 정통적 교회들은 신유에 대한 관심이 적고 이를 다루려고 하지 않는다. 교회가 종교적 방법을 통한 육체적·정신적·영적 치유에 대한 관심이 거의 없을 뿐 아니라, 오히려 신유에 대해 적개심(?)까지 가지고 있는 듯한 인상을 준다. 교회가 신유를 무시하는 경향은 신학교 교육에서도 나타난다. 미국이나 한국의 수많은 신학교들은 심리학에 근거한 상담학을 가르치나, 목회 현장에서 아픈 성도들을 위하여 무엇을 어떻게 해야 할지에 대해서는 아무것도 가르쳐 주지 않는다.

나도 신학교를 다녔지만, 신학교 교수를 통해서 신유가 중요한 목회적 및 신학적 주제라고 배워 본 적이 없다. 신학교에서 신유에 대한 관심이 전혀 없다 보니 신학교를 졸업한 목사나 전도사들도 평신도들에게 신유에 대해서 가르치지 않고 있다. 교인들 중 아픈 자가 있으면 병자의 치유를 위한 예배나 기도를 하기보다는 좋은 병원과 의사를 추천해 주면서 빨리 입원하라고 권고한다. 교회는 영혼 구원을 하고 병은 병원에서 고치는 것이기에 환자를 돌보는 것은 교회의 역할이 아니라고 생각하기 때문이다.[24] 병원 심방을 가서도 아파서 누워 있는 교인들을 위해 안수 기도하기보다 하나님의 섭리가 있을 것이라는 애매모호한 말로 위로하고 수술이 잘되도록, 약의 효과가 있도록 기도한다.

---

24) Morton Kelsey, Healing and Christianity, 6.

신유 중지론에 대한 반론

과연 신유 중지론자들의 주장처럼 하나님의 기적과 신유는 성경이 완성된 이후로 역사 속에서 영원히 사라진 것일까? 나는 이와 같은 신유 중지론이나 중도적 입장이 성경적이지 않다고 생각한다. 하나님의 구원 역사는 아담의 타락 이후로부터 현재까지 멈춘 적이 없다. 예수 그리스도의 십자가 구원의 은혜가 역사에서 중단되지 않고 지속되어 왔듯이, 신유는 교회에서 중단됨 없이 모든 시대를 통해서 지속되어 왔다고 믿는다. 왜냐하면 하나님께서는 어제나 오늘이나 내일이나 동일하신 분이시기 때문이다. 예수께서 어제 치유하셨다면 오늘도 분명 치유하신다. 마가의 다락방에 임했던 성령의 임재와 성령 세례를 통한 은사 부여는 오늘날에도 동일하다. 성령님과 교회의 관계성은 초대 교회에만 국한된 것이 아니라 모든 믿는 자들에게 적용된다. 신유는 교회 안에 나타난 성령의 현존을 증거하는 것으로, 교회 역사 속에서 중단된 적이 없다.[25]

초대 교회에 나타났던 성령의 은사는 전 교회 시대를 통해서 보편적이다. 성경 어디에도 사도 시대가 특별한 기간이었으며 성령의 은사들이 이 시대에만 한정된다는 구절이 없다.[26] 요엘 2장은 성령께서 모든 사람들에게 임하신다고 선포했고, 오순절에 성령 세례를 받은 사람들은 열두 사도들만이 아니라 예수님의 어머니였던 마리아를 비롯하여 그 자리에 참석했던 모든 사람들이었다(행 2:17).

사도행전은 사도들만의 기적이 아닌, 모든 보편적인 그리스도인들의 이적 경험을 기록하고 있다. 마가의 다락방에서의 오순절 사건 이후, 이스라엘 북방 민족이었던 사마리아인들, 이방인이었던 고넬료도 똑같은 성령 체험을 하였다. 이처럼 사도 시대의 종말과 함께 성령의 은사들이 역사 속에서 완전히 사라진 것이 아니라 현대까지도 지속된다. 만약 성령의 은사들이 중단되었다면, 바울이 "너희는 더욱 큰 은사를 사모하라"(고전 12:31)고 권면할 필요가 없었을 것이다. 고린도전서 12장에 나오는 성령의 은사들은 신자들과 교회의 덕을 세우기 위해 주어진 것으로, 시대와 장소를 초월해서 나타난다.

불트만은 예수님의 신유 사역 자체를 부인하여 이를 신화로 해석한다. 성경에 나오는 모든 초자연적 사건들이 신화라면, 예수님

---

25) P. J. Grabe, The Pentecostal Discovery of the New Testament Theme of God's Power and Its Relevance to the African Context, Pneuma (Vo. 24, No. 2, Fall 2002), 238. Keith Warrington, The Role of Jesus as Presented in the Healing Praxis and Teaching of British Pentecostalism, Pneuma (Vol. 25, No. 1, Spring 2003), 69. George Jeffreys, The Miraculous Foursquare Gospel (England: Elim Pub. Co. 1929), 36.
26) Are Miraculous Gifts for Today?, 100, 126.

의 동정녀 탄생과 십자가에서의 죽으심과 부활도 과학적 사실이 아닌 신화이며 상징적 사건이 되어 버리고 만다. 이는 기독교 전체를 부정하는 결론을 도출해 낸다.

은사 중지론자들은 사도직이 성령의 은사직이라고 강조한다. 그러나 사도는 교회의 직분이지 은사가 아니다.[27] 은사 중지론자들은 오순절 성령 강림 사건을 인간 구원을 완성하는 마지막 단계로 해석한다. 그러나 교회에 성령의 초자연적 역사가 시작된 첫 출발지인 오순절 사건은 이미 예수 그리스도를 믿고 영접한 이들에게 사역과 전도를 위해 능력 부여를 받는 사건이었다. 은사 중지론자들은 교회는 영혼이 구원받는 곳이라고 주장하면서, 육체적 치유는 수준 낮은 믿음이라고 비방한다.

그러나 성경의 어디를 보더라도 교회는 영적 구원만을 위한 곳으로, 영적 구원은 높은 차원이고 육체적 치유는 수준 낮은 것이라는 이중 잣대를 제시한 곳이 없다. 오히려 육체와 영혼의 이원론을 주장한 영지주의야말로 이단으로 정죄되었다. 무엇보다도 예수님 자신이 영혼을 구원하고 병자를 고치는 것을 동격으로 언급하셨다. 우리가 육체를 입고 이 세상을 살아가는 한, 가정, 경제, 사회생활, 건강 등을 무시하고 살 수는 없다. 하나님은 우리의 영적 구원을 보장해 주실 뿐만 아니라, 이 세상의 모든 영역에서

---

27) Jack Deere, Surprised by the Power of the Spirit (Grand Rapids: Zondervan, 1993), 242.

도 구원과 은혜, 복을 베풀어 주신다.[28]

　은사 중지론자들은 기적과 경험을 강조하는 것은 저급한 신앙이며 위험하다고 강조한다. 만약 기사와 이적이 하나님 말씀의 권위를 희석시키고 십자가를 바라보지 못하게 하며 하나님의 말씀에 대한 불신앙을 일으켰다면, 예수님이나 제자들이 이를 행하지 않았을 것이다. 그러나 신유와 말씀은 서로 상반되는 개념이 아니라, 말씀은 신유를 증거하며, 신유가 나타남으로 다시 성경 말씀이 하나님의 말씀임을 증거하는 것이다. 예수님의 제자들은 신유를 행함으로 예수 그리스도의 신유를 계승했고, 기적을 행함으로 예수님의 말씀을 증거했다.

　나는 교회 역사를 통해 기적이 특정 시기와 특정한 인물에만 편중해서 일어났다는 주장에도 동의할 수 없다. 물론 애굽에서의 430년간 노예 생활과 마지막 선지자였던 말라기 이후로부터 예수님이 오시기 이전까지 오랜 침묵의 시간이 있기는 했지만, 하나님의 역사가 중단된 적은 없었다. 구약에서 모세, 여호수아, 엘리야, 엘리사 시대에만 기적이 집중적으로 나타나고 그 이외의 시대에는 기적이 나타나지 않았다는 주장은 전혀 설득력이 없다. 노아의 방주 사건이나 아브라함의 여정에서 나타난 하나님의 개입하심은 분명한 기적 중의 하나이다. 구약 시대에서 하나님의 초자연적 역사는 이스라엘의 일상생활을 통해서 늘 나타났던 것이다. 예레

---

28) 국제신학연구원, 여의도순복음 교회의 신앙과 신학 I (서울: 서울서적, 1993), 27.

미야는 "주께서 애굽 땅에서 표적과 기사를 행하셨고 오늘까지도 이스라엘과 인류 가운데 그와 같이 행하사 주의 이름을 오늘과 같이 되게 하셨나이다"(렘 32:20)고 고백함으로 이스라엘 역사를 통해 기적이 계속되었음을 밝힌다.

은사 중지론자들은 아픈 것이 하나님의 섭리라고 가르친다. 은사 중지론을 받아들이는 목회자의 경우, 중병에 걸려서 죽어 가는 신자를 위해 그가 천국에 들어갈 때까지 고통과 고난을 견뎌 낼 수 있게 해 달라고 기도한다. 그러나 상식적으로 사람이 아플 경우, 질병을 하나님의 은혜로 받아들이면서 감사하기보다는 어떻게 하든지 빨리 낫고자 하는 것이 사람의 심리이다. 왜냐하면 질병은 인간의 삶에 덕을 주기보다는 파괴시키고 악화시키는 역할을 하기 때문이다. 질병이 나아야 복이지, 질병이 파괴적인 모습으로 지속되는 것을 복이라고 부를 수는 없다. 귀신이 들리거나 정신병에 걸려서 정신병원에 입원하게 된 것을 하나님의 복으로 받아들일 아무런 이유가 없다. 병이 지속될수록 하나님의 사랑에서 멀어질 뿐이다.

아픈 것이 하나님의 섭리라고 한다면, 우리는 하나님의 사랑에 대해 많은 의문을 가질 수밖에 없다. 부모는 자식이 질병에 걸려서 누워 있기를 원하지 않는다. 부모는 자식이 아플 경우, 차라리 자신이 아프기를 원한다. 하나님께서는 우리의 아버지 되시며 우리는 하나님의 자녀들이다. 하나님께서는 인간이 건강하기를 원하시지, 아픈 상태를 지속하는 것을 원치 않으신다. 자식이 평생 불구로 살아가야 할 것을 하나님의 섭리로만 설명한다는 것은 모순이다.

만약 질병이 하나님의 섭리이자 복이라면, 예수께서는 사람들의 질병을 고쳐 주지 않으셨을 것이다. 예수님의 사역을 보면 병자가 신유를 바라보고 나아왔을 때 단 한 번도 그냥 지나치지 않으시고 그들을 고쳐 주셨다. 예수님은 병든 사람들을 보면 지체 없이 이를 고쳐 주셨지, 단 한 번도 무엇인가를 가르치시기 위해 치유를 중단하신 적이 없다. 예수님의 입장에서 본다면 질병은 제거되어야 할 대상이지 은혜의 수단이 아니었다. 하나님께서 병을 허락하심으로 더 나은 믿음으로 인도하신다는 믿음을 가진 사람들도 결국 병원에 가서 치료를 받는다. 만약 질병이 하나님의 섭리라고 한다면 참고 기다려야 할 것이다. 이는 일종의 이중 잣대가 아닐 수 없다.

혹자는 하나님께서 이 세상 일에 직접 간여하지 않으신다고 주장한다. 만약 하나님께서 세상의 일에 관심이 없으셨다면, 예수 그리스도께서 직접 인간이 되어서 이 땅에 오실 필요가 없었을 것이다. 예수님께서는 인간의 삶을 파괴하는 죄, 질병, 사망을 저주하시고 용서, 치유, 생명을 선포하셨다. 하나님은 인간을 하나님의 형상으로 만드신 후, 그들의 영적·심리적·육체적 고통을 보살피신다. 예수께서 이 땅에 오신 이유는 우리로 하여금 생명을 누리되 풍성히 누리게 하시기 위해서이다.

성경에 나오는 신유

신유란 하나님의 능력에 의해 병을 고치는 행위이다. 영적 존재인 하나님은 초자연적 능력으로 인간의 몸을 변화시키는 능력이 있으시다. 인간이 불가항력적인 질병에 시달릴 때, 약이나 병원 등의 인위적 치료가 아닌, 하나님의 직접적이고 초자연적인 능력을 믿고 의지하여 치료받는 것을 뜻한다. 신유는 인간의 이성이나 자연 법칙을 초월하는 하나님의 초자연적 역사로, 신앙 경험의 문제이다.[29] 신유는 일반적으로 '병 고침'이라 하며, 신적 치유, 영적 치유 또는 신앙 치유라고도 말한다. 신유를 통해 질병으로부터 해방되며, 하나님이 창조하신 온전한 몸으로 회복된다.[30]

교회의 궁극적인 권위는 성경에 있다. 신유는 하나님의 말씀에 기초한 성경적 개념이다. 어떤 교리라 하더라도 성경에 근거하지 않는 한 인정할 수 없다. 신유는 구약과 신약에 분명히 명시되어

---

29) A. T. Pierson, Forward Movement of the Last Half Century (New York: Funk and Wagnalls, 1905), 495.
30) 조용기, 오중복음과 삼중축복 (서울: 서울말씀사, 1998), 132-3. 여의도순복음교회의 신앙과 신학 I, 72. Ernest B. Gordon, Adoniram Judson Gordon: A Biography (New York: Fleming H. Revell, 1986), 133-140.

있으며, 예수님의 사역과 초대 교회에서 분명하게 나타난 현상으로 기록되어 있다.

1. 구약에 나오는 신유

구약에서 건강의 개념은 '활기' 혹은 '생명' 이란 뜻을 가지고 있다. 따라서 건강하다는 것은 생명으로 충만해 있음을 의미한다. 이에 반해 질병은 약함, 지쳐 있음, 활기의 부족으로 묘사된다. 생기를 잃어버리면 질병에 걸리게 되고 결국은 죽게 된다. 생기를 잃어버린 궁극적 원인은 하나님으로부터 분리되었기 때문이다.[31] 하나님으로부터 분리된 사람들은 생기를 잃어버리면서 육체적으로 약해졌고, 결국 죽게 되었다.

구약은 생명의 근원이 하나님께 있음을 명시하고 있다. 하나님은 생로병사를 주관하시는 분이시다: "이제는 나 곧 내가 그인 줄 알라 나 외에는 신이 없도다 나는 죽이기도 하며 살리기도 하며 상하게도 하며 낫게도 하나니 내 손에서 능히 빼앗을 자가 없도다"(신 32:39). 구약에서 여호와 라파(Johovah- Rapha)라는 히브리어를 많이 사용한다. '라파' 라는 용어는 '치료하다' 라는 뜻을 가지

---

31) F. Martin, Healing, Gift of, in Stanley M. Burgess, eds., The New International Dictionary of Pentecostal and Charismatic Movements (Grand Rapids, MI: Zondervan, 2003), 694.

고 있다. 하나님은 이 이름을 통해서 질병을 치료하기 원하신다고 밝히신다.

    치료에는 잘못된 마음이 하나님 앞에서 올바른 믿음과 마음으로 바뀐다는 뜻이 있다(사 6:10). 특히 하나님을 배반하고 죄악에 빠진 사람이 그 마음을 하나님께로 돌이켜서 회개할 것을 강조한다. 더불어 집단적 범죄를 치료하는 데에도 '라파'가 사용되었다. 집단적 병에 걸리거나 국가적 재앙을 만났을 때, 이스라엘 백성들은 회개함으로 하나님과의 잘못된 관계를 잡으려 했다. 우상 숭배에서 마음을 돌이켜 하나님을 섬길 때에도 이 단어를 사용하고 있다.[32] 심지어 이스라엘을 노예의 신분으로부터 구출하시는 하나님의 행위도 치료(라파)라는 말로 표현하였다(출 15:27). 하나님은 이스라엘을 모든 역병으로부터 보호하시고 마음과 육체, 사회·정치적 고난, 재앙으로부터도 구원하신다(시 91편).[33] 이처럼 구약에서 신유 혹은 치료의 개념이 매우 포괄적임을 알 수 있다.

    이스라엘 백성이 출애굽하여 광야로 나왔을 때, 사흘 동안 갈증에 시달리며 물을 찾게 된다. 그들이 '마라'라는 곳에 이르렀을 때, 물을 발견하나 쓴 물이어서 마실 수 없었다. 모세가 하나님께서 지시하신 한 나무를 물에 던지니, 쓴 물이 단 물로 바뀌었다(출 15장). 마라의 쓴 물은 우리 영, 혼, 육에 다가올 고통과 질병을 상

---

32) 여의도순복음 교회의 신앙과 신학 I, 72-3.
33) 조용기, 오중복음과 삼중축복, 128-9.

징한다. 그 물에 던진 나무는 예수 그리스도의 십자가를 암시한다. 이 사건 직후, 하나님께서는 스스로를 "나는 너희를 치료하는 여호와임이라"(출 15:26)고 소개하시면서 이스라엘과 신유의 언약을 세우셨다. 하나님 스스로 밝히셨듯이 질병 치료는 하나님께서 원하시는 사역이다. 건강은 하나님의 뜻이며, 치료는 하나님의 본질이다. 세상을 창조하신 하나님은 피조물들이 고통을 당할 때 이를 고치시는 분이시다.

선지자 호세아는 하나님께서 모든 역병과 죽음으로부터 사람들을 구원하실 수 있는 능력이 있음을 선포한다: "여호와께로 돌아가자 여호와께서 우리를 찢으셨으나 도로 낫게 하실 것이요 우리를 치셨으나 싸매어 주실 것임이라"(호 6:1, 3). 질병으로부터의 해방, 즉 생명의 회복은 하나님의 사역이었다. 하나님은 이스라엘 백성들이 하나님께 순종했을 때, 그들에게 치유와 건강을 주시겠다는 약속을 하셨다(출 23:25~26, 신 28장, 시 41편).[34]

구약에서 좀 더 구체적으로 질병 치료의 사례를 살펴보면, 사르밧 과부의 아들이 죽었을 때 엘리야를 통해서 살리셨다(왕상 17:17~24). 열왕기하 4장에는 엘리사가 죽은 과부의 아들을 살려 내는 장면이 나온다. 5장에는 나아만 장군의 문둥병이 엘리사에 의해서 치유된다. 히스기야 왕이 죽게 되어 기도하자 그의 생명을

---

34) Nicky Gumbel, Alpha Questions of Life (Colorado Springs, Co.: Cook Communications Ministries, 1993), 188.

15년간 연장시켜 주셨다(왕하 20:1~11). 구약은 여러 치유의 모형들을 통해서 예수께서 십자가의 고난과 죽음을 통해 죄와 질병의 대속을 이루실 것을 보여 준다. 이사야는 예수님의 구속 사역이 있기 약 700년 전에 그리스도의 죄와 질병의 대속을 예언하였다. 그는 하나님의 아들이 이룰 죄의 대속과 질병의 대속을 같은 의미로 혼용하고 있다. 질병은 죄에 그 근원을 두고 있고, 예수님의 죄의 대속은 질병의 대속을 포함한다:[35] "그가 찔림은 우리의 허물 때문이요 그가 상함은 우리의 죄악 때문이라 그가 징계를 받으므로 우리는 평화를 누리고 그가 채찍에 맞으므로 우리는 나음을 받았도다"(사 53:3~5). 이사야는 예수님의 십자가 대속으로 우리의 죄의 문제만 해결하신 것이 아니라, 죄의 결과인 질병도 대속하셨다고 선포하고 있다. 이사야는 죽은 자가 살아나고, 귀머거리가 들으며, 장님이 볼 것이라고 선포한다(사 26:19, 29:18, 35:5~6, 61:1~11).[36] 이런 의미에서 신약에서의 예수님의 신유 사역은 구약의 예언을 성취하는 것이다.

---

35) 조용기, 오중복음과 삼중축복, 149-150.
36) 여의도순복음교회의 신앙과 신학1, 22-3.

2. 신약에 나오는 신유

신약에서 신유를 의미하는 헬라어 용어로 '데라퓨오'가 사용되는데, 이는 주로 육체적 질병 치료에 집중되어 있다.[37] 비록 용어적으로는 육체적 질병에 국한되지만, 예수께서 영적, 정신적, 육체적 치료를 모두 행하셨음을 알 수 있다.

1) 예수님과 신유

그리스도인은 예수님이 인간의 죄를 사하기 위해 오셨다는 사실을 알고 있다. 아담 한 사람의 죄로 말미암아 온 인류는 하나님과의 교제에서 끊어져 영원한 심판과 죽음을 면치 못하게 되었다. 그러나 하나님께서는 이 세상을 사랑하셨기에 그의 독생자를 보내서 인류를 구원하셨다. 주님께서 인간의 육체로 이 땅에 오신 목적은 죄를 범한 인간을 벌하기 위한 것이 아니라 우리의 죄를 담당하기 위해 십자가에서 고난 받고 피 흘려 구속의 역사를 이루기 위함이었다. 예수님은 죽어야 마땅할 인류를 대신하여 죽으시고 부활하심으로 구원의 길을 완성하신 구세주이시다. 예수께서 우리의 질고를 지고 십자가에서 피 흘리심으로 우리의 죄는 대속을 받게 되었고(히 12:24), 우리와 하나님 사이의 막힌 담이 헐리면서 하나님과의 화해로 이끄셨다.

---

37) 조용기, 오중복음과 삼중축복, 130.

대부분의 그리스도인들이 예수 그리스도의 구원 사역에 대해서는 잘 알고 있지만 예수님의 신유 사역에 대해서는 무관심하다. 대부분의 성경학자들도 예수께서 복음을 전파하고 가르친 사역에는 집중하나, 병자를 고치고 귀신을 쫓는 사역에는 침묵하고 있다. 신약을 보면 예수께서 질병의 고통에 빠져 있는 병자들을 치유하기를 원하셨다는 것을 분명히 알 수 있다. 예수님의 공적 사역은 세례 요한에게서 물세례를 받고 물에서 올라오실 때, 성령의 강림으로 시작되었다. 성령의 기름부음을 받은 예수님은 성령의 능력을 힘입어 복음을 전파하고, 가르치고, 병자를 고치고, 귀신을 쫓기 시작하셨다. 성령의 충만과 능력은 예수님의 복음 전파, 치유 및 축사 사역의 원동력이 되었다.[38]

신유는 사복음서의 중심 주제 중 하나이며 예수님의 핵심 사역이었다. 보통 예수님의 3대 사역을 말씀을 가르치고, 복음을 전파하며, 병자를 고친 일로 축약시킨다. 그는 구원의 복음을 전파한 복음 전파자요, 제자들을 가르치신 교사이며, 육신의 질병을 치료하신 신유자이셨다:[39] "예수께서 온 갈릴리에 두루 다니사 그들의 회당에서 가르치시며 천국 복음을 전파하시며 백성 중의 모든 병과 모든 약한 것을 고치시니"(마 4:23, 8:16). 예수님께서는 병든 자

---

38) P. J. Grabe, The Pentecostal Discovery of the New Testament Theme of God's Power and Its Relevance to the African Context, 227.
39) Morton Kelsey, Healing and Christianity, xi. 하용조, 바람처럼 불처럼 (서울: 두란노, 2003), 32. 여의도순복음교회의 신앙과 신학 II, 188.

들을 고치심으로 그분께서 생명의 주 되심을 알리셨다.

죄 사함과 병 고침, 이 두 가지는 예수께서 가시는 곳마다 베푸셨던 사역으로 떼어놓을 수 없는 관계에 있다. 예수님은 인간의 죄와 영혼 구원에 주된 관심을 가지셨을 뿐 아니라, 인간의 육체와 건강에 대해서도 지대한 관심을 기울이셨다. 신유 사역을 통해 예수께서 우리에게 보여 주신 것은 그가 이 세상을 얼마나 사랑하며 보살피고 계시느냐이다. 신유는 기독교의 큰 특징 중 하나이다. 하르낙에 의하면, 기독교는 병자를 위한 종교이다.[40]

다른 그 어떤 종교에서도 예수님만큼 병 고침을 강조하신 분은 없다. 예수님이 사람의 영적, 정신적, 육체적 건강에 쏟으신 관심은 유교, 힌두교, 불교, 이슬람 등에서 강조한 것 이상으로 상상을 초월할 정도이다. 예수님은 병 고침 자체를 사역의 중심에 두셨고, 가시는 곳마다 말씀 선포와 함께 치유 사역을 병행하셨다. 그는 죄와 병을 증오하셨고, 가시는 곳마다 영적 구원과 함께 육체적 질병을 제거하셨다. 예수님은 그에게 나아온 병자 중 한 사람에게도 등을 돌린 적이 없이 그들을 일일이 다 치료하셨다.

사복음서에는 예수님의 신유에 대한 기록이 매우 많다. 그의 신유 사역들이 너무 많아서 이를 열거하기에도 벅찰 정도이다. 어떤 학자는 사복음서의 4분의 1 정도가 예수님의 신유와 관련이

---

40) R. A. N. Kydd, Healing in the Christian Church, in The New International Dictionary of Pentecostal and Charismatic Movements, 698.

있다고 주장한다. 마가복음의 경우, 전체 기록의 47퍼센트를 예수님의 신유 사역을 설명하는 데 쏟고 있다.[41] 조용기 목사의 경우, 예수님의 공생애 사역의 3분의 2가 신유 사역이었다고 설명한다.[42] 이처럼 예수님의 공생애는 신유 사역으로 점철되어 있다.

사복음서에는 총 41가지의 신유 사건이 기록되어 있으며, 겹치는 부분까지 합친다면 총 72가지의 신유 사건이 기록되어 있다. 어떤 경우는 신유 사건을 자세히 기록하기도 하고 어떤 경우는 일일이 기록할 수 없어서 '예수께서 고쳐 주셨다'고 짧게 거론하기도 한다. 예수님의 이적은 너무도 많아서 다 기록할 수도 없었다: "예수께서 제자들 앞에서 이 책에 기록되지 아니한 다른 표적도 많이 행하셨으나"(요 20:30).

이를 통해 우리는 예수께서 신유 사역에 대단한 열정을 가지고 계셨다는 사실을 알 수 있다. 그의 병 고침에 대한 능력은 온 이스라엘에 퍼졌고, 가시는 곳마다 수많은 병자들에 의해 둘러싸임을 당하셨다. 예수님을 비판하고 죽이려 했던 바리새인들도 예수님의 신유를 부정하지 못할 정도였다. 니고데모는 예수께 나아와 "랍비여 우리가 당신은 하나님께로부터 오신 선생인 줄 아나이다 하나님이 함께 하시지 아니하시면 당신이 행하시는 이 표적을 아

---

41) R. A. N. Kydd, Healing in the Christian Church, 698. Morton, Healing and Christianity, 42. 사복음서에는 총 3,779절의 말씀이 있는데, 이 중에서 727구절이 육체적·정신적 질병에 대한 치료와 죽은 사람이 살아난 구절이다.
42) 조용기, 오중복음과 삼중축복, 127, 150. 조용기, 나의 교회성장 이야기 (서울: 서울말씀사, 2005), 288.

무도 할 수 없음이니이다"(요 3:2)라고 고백할 정도였다.

예수께서 많은 병자들을 고치시자 당시 사람들은 예수께서 어떤 병이든지 고치실 수 있다는 소문을 들었고 이를 사실로 받아들였다. 예수께서 치료하신 질병의 종류는 너무도 다양하다. 각색병, 고통에 걸린 자, 귀신 들린 자, 간질하는 자, 중풍병자, 절뚝발이, 소경, 벙어리 등이 언급되어 있다. 예수님을 만나면 눈먼 자가 눈을 뜨고, 벙어리가 말을 하며, 앉은뱅이가 일어났다. 특히 문둥병 치료에 관한 이야기들도 많이 나온다. 문둥병은 피부가 썩으면서 감각이 없어지는 병으로 현대 의학으로도 고칠 수 없다. 문둥병에 걸린 사람은 하나님의 저주를 받은 자들로 사람들과 같이 살 수 없었다: "병 있는 날 동안은 늘 부정할 것이라 그가 부정한즉 혼자 살되 진영 밖에서 살지니라"(레 13:46). 현대에도 문둥병자는 격리시킨다. 그런데 예수님 앞에 나아온 문둥병자들이 예수님의 말씀에 순종하는 즉시 문둥병이 사라졌다(마 8:2~4, 막 1:40~42, 눅 5:12~14, 17:12~15). 유대인의 율법에 의하면 문둥병자에게 손을 댄 사람은 부정하다. 그러나 예수님은 문둥병자에게 손을 대심으로 율법을 어기면서까지 그들을 고쳐 주셨다.

예수님의 소문을 듣고 사람들이 몰려왔으며, 심지어는 예수께서 말씀을 전하시는 장소에 들어갈 수 없게 되자 지붕을 뚫어서 중풍병자를 내리기도 했다(마 9:8). 예수님이 지나가실 때 예수님 몸에 손만 대어도 나을 수 있다는 믿음을 가진 혈루증에 걸린 한 여인이 고침을 받았다(마 9:20~22). 심지어는 죽은 자를 살리시기도하셨다. 회당장 야이로는 그의 딸이 아프자 예수님을 찾아와서 고쳐 주실 것을 간구했다. 예수께서 가시던 중, 딸아이는 죽어 버렸다. 그러나 예수님은 "이 아이가 죽은 것이 아니라 잔다" 하시며 소녀에게 "일어나라"고 명하심으로 죽은 소녀를 살리셨다(막 5:41-42). 예수님의 병을 고치는 방법도 매우 다양했다. 어떤 경우에는 병든 자에게 손을 얹어 고치셨고, 귀신을 내어 쫓아서 고치시기도 하셨고, 명령을 내려 순종함으로 고치시기도 하셨다.[43]

세례 요한은 그의 제자들을 예수님께 보내어 예수님이 메시아인지 물어보라고 했다. 요한의 제자들이 예수님께 여쭈었다: "오실 그이가 당신이오니이까 우리가 다른 이를 기다리오리이까." 예수님은 속 시원하게 "내가 바로 그다"라고 대답하시는 대신 "너희가 가서 보고 들은 것을 요한에게 알리되 맹인이 보며 못 걷는 사람이 걸으며 나병환자가 깨끗함을 받으며 귀먹은 사람이 들으며 죽은 자가 살아나며 가난한 자에게 복음이 전파된다 하라"(눅 7:22)로 대답하셨다. 예수님은 그의 사역인 신유를 통해서 하나님 됨의 정체성을 밝히셨다.[44] 오순절 날 제자들이 성령 세례를 받을 때 일어난 현상을 보고 놀라서 모여든 청중들에게 베드로는 "이스라엘 사람들아 이 말을 들으라 너희도 아는 바와 같이 하나님께서 나사렛 예수로 큰 권능과 기사와 표적을 너희 가운데서 베

---

43) Nicky Gumbel, Alpha, 192.
44) Graham Twelftree, Jesus the Miracle Worker (Downers Grove, IL: Intervarsity Press, 1999), 343.

푸사 너희 앞에서 그를 증언하셨느니라"(행 2:22)라고 선포하였다. 이처럼 예수님은 기적과 신유를 행하심으로 그가 하나님으로부터 온 하나님의 아들 구세주이심을 증명하셨다.

예수님은 안식일에 일을 하지 못하도록 되어 있는 유대인의 전통을 어기면서까지 신유에 대한 열정을 가지고 계셨다. 유대인의 율법에 의하면 안식일에 병 고치는 행위는 일한 것에 포함되기 때문에 율법을 어긴 것이 된다. 안식일에 손이 마른 사람이 다가와서 예수께 고쳐 주기를 간청했다. 사람들은 예수님을 율법으로 송사하려고 물었다: "안식일에 병 고치는 것이 옳으니이까." 예수님은 다음과 같이 대답하셨다: "너희 중에 어떤 사람이 양 한 마리가 있어 안식일에 구덩이에 빠졌으면 끌어내지 않겠느냐 사람이 양보다 얼마나 더 귀하냐 그러므로 안식일에 선을 행하는 것이 옳으니라." 그러면서 자신을 반대하는 자들 앞에서 그의 병을 고쳐 주셨다(마 12:11~12).

그분의 기본적인 성품은 인간에 대한 사랑이며, 죄를 짓고 병들어 있는 우리를 불쌍히 여기셨기에 병을 고쳐 주셨다. 문둥병자가 나아왔을 때, 예수님은 그를 긍휼히 여기셔서 고쳐 주셨다(막 1:41). 두 소경이 그에게 나아왔을 때, 그들을 긍휼히 여기셨고, 그들의 눈을 만져 주심으로 눈을 뜨게 하셨다(마 20:34).[45] 죽은 자를 살리신 것도 긍휼히 여기셨기 때문이다. 나인성의 과부가 외아들을 잃고 슬퍼하며 장례를 치르러 가는 모습을 본 예수님은 그녀를 긍휼히 여기셨다: "주께서 과부를 보시고 불쌍히 여기사 울지 말라 하시고"(눅 7:13). 관에 손을 대고 말씀으로 살려 내셨다. 예수님은 3년 동안의 공생애를 통해 사랑의 마음으로 병자를 외면하지 않고 그들의 육체와 마음의 질병을 고치셨으며, 결국 자신의 목숨을 주심으로 이 사랑을 증명하셨다.

또 다른 예로 18년을 앓으며 꼬부라져 조금도 펴지 못하는 한 여인이 있었다. 예수님은 그 여인을 불쌍히 여기셨고, 그녀에게 안수하시자 그 여인은 몸이 펴지면서 나았다(눅 13:10~13). 이를 지켜본 회당장이 예수님의 안식일에 병 고치는 행위를 비난했다. 예수님은 똑같은 논리로 대답하셨다: "외식하는 자들아 너희가 각각 안식일에 자기의 소나 나귀를 외양간에서 풀어내어 이끌고 가서 물을 먹이지 아니하느냐 그러면 열여덟 해 동안 사탄에게 매인 바 된 이 아브라함의 딸을 안식일에 이 매임에서 푸는 것이 합당하지 아니하냐"(눅 13:15~16).

예수님은 바리새인들과 율법사들 앞에서 안식일에 병을 고침으로 안식일의 율법을 어기셨다. 그 결과로 그들은 예수님을 적대시했으며 예수님을 돌로 쳐서 죽이려고 했다: "바리새인들이 나가서 곧 헤롯당과 함께 어떻게 하여 예수를 죽일까 의논하니라"(막 3:6). 개인적으로 손이 마른 병이나 18년 동안 꼬부라진 병은 죽을 만큼 위급한 병들이 아니기 때문에, 안식일이 지난 다음 날에

---

45) Keith Warrington, The Role of Jesus as Presented in the Healing Praxis and Teaching of British Pentecostalism, 72.

고쳐도 무방하리라 생각한다. 그러나 예수님은 안식일에 병자를 고쳐서는 안 된다는 규율을 깨뜨리시면서까지 병에 대하여 선전 포고하시고는 병자들을 치료하셨다. 예수님에게는 안식일의 규율보다 한 생명을 더 구원하고 치유하는 것이 더욱 중요했기 때문이다.[46]

결국 안식일에 병을 고친 것이 문제가 되면서 유대인들의 적대감이 커지자 예수님은 예루살렘에서 물러나 요단강 쪽으로 잠시 피신을 하셨다. 예수님은 매우 조심해야 할 상황에 처하셨다. 그러던 중 나사로가 아프다는 소식을 들으셨고, 며칠 지체하시는 사이에 죽었다는 이야기를 들으셨다. 예수님은 나사로의 병과 죽음은 예수님의 영광을 위해 예비된 것이라고 예언하셨다. 예수님은 죽은 나사로를 살리는 것이 유대교 지도자들에게 자신을 죽일 구실을 준다는 사실을 누구보다도 잘 알고 계셨다. 예수님은 죽은 나사로가 있는 베다니로 간다는 것이 곧 십자가에서 죽는 길과 연결되어 있음을 아셨다. 그럼에도 불구하고 그가 베다니로 가려 하자 제자들은 "랍비여 방금도 유대인들이 돌로 치려 하였는데 또 그리로 가시려 하나이까"(요 11:8) 하며 만류했다. 베다니에 도착하자, 죽은 나사로의 누이인 마르다는 "주께서 여기 계셨더라면 내 오라버니가 죽지 아니하였겠나이다"라고 말했다. 예수님은 "나

---

[46] William Barclay, And He had Compassion (Valley Forge, PA: Judson Press, 1976), 92.

는 부활이요 생명이니 나를 믿는 자는 죽어도 살겠고 무릇 살아서 나를 믿는 자는 영원히 죽지 아니하리니 이것을 네가 믿느냐" (11:25~26)고 물으신 후, 죽은 지 나흘이 되어서 썩은 냄새가 나는 나사로를 무덤에서 불러내어 살리셨다(요 11장). 또한 예수께서 잡히시던 날 밤, 베드로가 칼을 들어서 제사장 하인을 치니 귀가 떨어져 나갔다. 체포되시는 그 급박한 와중에서도 예수님은 그의 귀를 고쳐 주셨다(눅 22:50~51).

예수님께 나아온 모든 병자들은 병 고침을 받았다. 예수님은 신유를 바라보고 나아온 병자를 한 번도 거절한 적이 없으시다. 예수님께 나아왔던 병자들 중 그냥 돌아간 병자는 한 명도 없다. 병자가 믿음이 없더라도, 병자의 상태가 위중하더라도 이에 상관없이 고치셨다. 한 문둥병자가 예수님께 나아와 "주여 원하시면 나를 깨끗하게 하실 수 있나이다"라고 고백했을 때, 예수님은 "내가 원하노니 깨끗함을 받으라"(눅 5:13)고 대답하셨다. 이처럼 예수님은 병든 자들이 병에서 놓임 받기를 진정으로 원하셨다. 우리는 이 사건들을 통해 예수님은 우리에게 생명을 주되 풍성히 주려고 오셨다는 사실을 알 수 있다.

십자가의 대속과 신유

출애굽기 12장과 민수기 9장은 유월절 어린 양에 대해 말하고 있다. 문설주에 양의 피를 바른 이스라엘 백성의 장자는 살아남았다. 이스라엘 백성들은 유월절 어린 양의 고기를 먹고 힘을 내어 광야로 나가게 된다. 유월절 어린 양의 희생은 예수님의 십자가에서의 대속적 죽음을 예시한다. 이는 십자가에서 못 박혀 죽으신 예수께서 구원과 치료의 능력과 근원이 되심을 상징하는 것이다.

출애굽한 이스라엘 백성이 모세를 원망하자 하나님께서 진노하셔서 전염병을 내려 그들을 죽이셨다. 이에 아론이 향로를 가지고 백성을 위해 속죄하자 염병이 그쳤다(민 16:41~50). 광야에서 이스라엘 백성들이 하나님과 모세를 향하여 원망하자 하나님께서 불 뱀을 보내어 죽게 하셨다(민 21장). 이때 모세가 놋 뱀을 만들어 장대에 달았고, 이를 쳐다본 사람들은 고침을 받았다. 장대에 높이 달림 놋 뱀은 십자가에 달려 죽으신 예수님을 상징한다(요 3:14). 불 뱀에 물린 자가 놋 뱀을 쳐다봄으로 죽지 않고 살아난 것처럼, 예수 그리스도를 바라보는 자마다 구원을 받고 병 고침을 받는다. 신유는 십자가 대속의 직접적 결과이다.[47]

구약에 예시된 신유의 모형과 예언은 예수께서 십자가에서 죽으심으로 완전히 성취되었다. 예수께서 채찍에 맞으시고 십자가에서 고난 받으신 것은 인간의 연약함과 질병을 담당하기 위함이다. 그의 대속과 신유는 구약에 예언되어 있다: "그는 실로 우리의 질고를 지고 우리의 슬픔을 당하였거늘 우리는 생각하기를 그는 징벌을 받아 하나님께 맞으며 고난을 당한다 하였노라 그가 찔

---

47) A. J. Gordon, The Healing of Ministry (Harrisburg, PA: Christian Publishing House, 1961), 17-18.

림은 우리의 허물 때문이요 그가 상함은 우리의 죄악 때문이라 그가 징계를 받으므로 우리는 평화를 누리고 그가 채찍에 맞으므로 우리는 나음을 받았도다"(사 53:4~5). 예수님은 신유를 행하심으로 구약의 약속을 성취하셨다: "저물매 사람들이 귀신 들린 자를 많이 데리고 예수께 오거늘 예수께서 말씀으로 귀신들을 쫓아내시고 병든 자들을 다 고치시니 이는 선지자 이사야를 통하여 하신 말씀에 우리의 연약한 것을 친히 담당하시고 병을 짊어지셨도다 함을 이루려 하심이더라"(마 8:16~17).

예수님은 빌라도 뜰에서 채찍에 맞아 피를 흘리셨다. 이 보혈은 병들거나 질병으로 연약해진 우리 육신을 고쳐 주기 위해 흘리신 보혈이다. 예수님의 육체가 채찍에 맞음으로 우리의 육체가 받아야 할 모든 저주를 능히 담당하여 우리의 병 고침을 가능하게 하셨다. 그 육체가 상처를 받으심으로 우리 병을 짊어지셨고, 우리에게 병이 나을 권리, 건강할 권리, 저주로부터 해방될 권리가 주어졌다.[48] 결국 예수 그리스도는 죄를 사해 주시는 칭의자이실 뿐 아니라, 우리의 질병을 치료해 주시는 치유자이시라는 것을 말한다. 그는 죄를 사하는 권세가 있을 뿐 아니라 우리의 연약함과 질병을 짊어지심으로 병을 고칠 수 있는 능력이 있음을 세상에 보여 주셨다.

마태는 이사야서를 인용하면서 예수님의 신유 사역이 우리의

---

[48] 여의도순복음교회의 신앙과 신학I, 39.

죄를 짊어지신 사건과 깊은 연관이 있음을 밝힌다: "이는 선지자 이사야를 통하여 하신 말씀에 우리의 연약한 것을 친히 담당하시고 병을 짊어지셨도다 함을 이루려 하심이더라"(마 8:17). 예수님은 그의 십자가에서의 피 흘리심과 죽음을 통해 우리의 죄만 짊어지신 것이 아니라, 죄의 부산물인 우리의 질병도 대신 짊어지셨다.[49]

그러므로 십자가 대속의 결과로 주어진 것은 죄의 대속으로 인한 영혼의 구원뿐 아니라 육체의 질병으로부터의 치료도 포함된다. 병이 나았다는 말은 죄에서, 죽음에서 해방되었다는 구원의 의미가 있다: "친히 나무에 달려 그 몸으로 우리 죄를 담당하셨으니 이는 우리로 죄에 대하여 죽고 의에 대하여 살게 하심이라 그가 채찍에 맞음으로 너희는 나음을 얻었나니"(벧전 2:24).

예수님의 십자가를 통해서 죄와 질병의 문제는 해결되었다. 예수님은 병자를 고치실 때, 죄의 용서와 질병의 치유를 불가분리의 것으로 결부시키셨다. 지붕을 뚫고 내려진 중풍병자를 고치시면서 예수님은 다음과 같이 물으셨다: "네 죄 사함을 받았느니라 하는 말과 일어나 걸어가라 하는 말 중에 어느 것이 쉽겠느냐"(마 9:5). 예수님은 "네 죄 사함을 받았느니라"와 "침상을 들고 가라"고 선포하심으로 이 두 가지 일을 동시에 처리하셨다. 죄와 질병

---

49) George L. Cole, God's Provision for Soul and Body (Los Angeles: George L. Cole, 1947), 8. A. B. Simpson, The Gospel of Healing (New York: Christian Alliance Publishing, 1915), 34. Millard J. Erickson, Christian Theology (Grand Rapids, Michigan: Baker Book House, 1996), 836.

의 문제, 영혼과 육체의 문제를 따로 구분하신 것이 아니라 서로 연결되어 있는 하나로 해석하신 것이다: "그가 네 모든 죄악을 사하시며 네 모든 병을 고치시며"(시 103:3).

십자가에서 돌아가신 예수님은 3일 후에 다시 부활하셨다. 죄의 삯은 사망이나 예수님은 죄가 없으시므로 사망 권세를 물리치셨다. 그분에게만 죄와 죽음, 질병을 이기는 권능이 있으시다. 주님께서 죽은 자 가운데서 다시 살아나심으로 그 부활의 생명을 우리에게 주셨고 우리는 영원한 생명을 얻게 되었다. 예수님의 부활의 능력은 예수 그리스도를 구주로 영접한 모든 사람들에게 유용하다. 이러므로 십자가의 승리는 죽음으로 인도하는 죄에서 우리를 구원하며, 육체적 질병을 치료하는 원동력이 된다.[50] 우리는 그리스도의 부활을 통해 더 이상 죄와 질병의 영향 아래 매이지 않는 자들이 되었다. 인간의 힘으로는 도저히 해결할 수 없었던 죄, 마귀, 질병을 예수께서 담당하시고 부활하심으로 우리에게 승리할 수 있는 길을 보여 주신 것이다. 부활하신 그리스도와 연합한 사람은 주님의 능력으로 병 고침을 받고 끊임없이 새 힘을 공급받는다.

전인 구원과 신유

대부분의 교회에서 성경을 가르칠 때, 구원의 범위를 제한해서

---

50) 조용기, 오중복음과 삼중축복, 152.

가르치는 경향이 있다. 십자가의 속죄로 인해 우리의 영혼이 구원 받았다는 사실은 강조하나, 속죄에 질병이 포함된다는 것은 가르치지 않는다.

그러나 예수님을 믿고 영접하는 것은 죽은 후에 천국에 가는 것만을 의미하지 않는다. 하나님은 인간의 영혼 구원에만 집중하지 않으시고 우리 전체에 대해 관심을 가지신다. 하나님은 에덴동산에서 아담의 영적 필요를 충족시켜 주셨을 뿐 아니라 육체적 필요까지도 공급해 주셨다. '여호와 라파'에는 인간 전체의 삶, 즉 영적, 심적, 육체적 치료가 함께 들어간다. 인간은 하나님의 형상대로 지음을 받았고, 인간의 영, 혼, 육 모두에 지대한 관심을 가지고 계신다. 구원이라는 뜻인 헬라어 soteria에는 구속, 건강, 구출, 안전이라는 의미가 있다. 구원은 포괄적 단어로 칭의, 구속, 은총, 화목, 용서 그리고 성화와 같은 구원의 행위와 과정들을 포함한다.[51]

예수님은 죄로 인해 인간이 잃어버린 하나님의 형상에 대한 회복에 영적·도덕적·정신적·육체적 문제들을 모두 포함시키신다. 인간의 타락이 영, 혼, 육 전체의 타락인 것처럼, 인간의 구원도 전인적인 것이다: "사랑하는 자여 네 영혼이 잘됨 같이 네가 범사에 잘되고 강건하기를 내가 간구하노라"(요삼 1:2). 구원을 넓은 의미로 볼 때, 영혼이 죄 사함 받는 것만이 아니라 현세적 삶에

---

[51] P. C. Nelson, Bible Doctrine (Springfield: Gospel Publishing House, 1948), 31.

서 육체가 치료받고 건강한 삶을 누리는 것도 포함된다.[52] 그러므로 육체의 질병 치유도 인간의 유기적 관계에서 해석해야 하며, 영혼과 연결된 영적 사역의 한 부분으로 해석해야 한다.

예수님은 삶을 전체로 이해하셨기 때문에 하나님과의 관계가 끊어진 영혼을 불쌍히 여기셨을 뿐 아니라, 삶의 절망과 어두움 속에 있던 사람들에게 희망을 보여 주셨다. 예수님은 성도의 육체를 포함해 건강하고 행복한 삶에도 관심을 가지고 계셨다.[53]

예수께서 십자가에 못 박혀 피를 흘리심으로 죄, 질병, 죽음, 저주의 문제를 해결하셨다. 우리의 영혼이 예수님의 보혈로 죄 사함을 받아 마귀의 종살이로부터 해방되듯이, 그 보혈의 능력으로 우리 육체도 고침을 받는다. 그러므로 신유는 예수님의 구원 계획의 한 부분을 차지한다.[54] 우리는 죄와 질병의 문제가 2천 년 전 십자가에서 다 해결됨으로 예수 그리스도의 구원의 역사와 치료의 능력이 오늘날에도 영원하다는 사실을 믿어야 한다.

19세기 성결 운동의 대표자인 심슨(A. B. Simpson)은 하나님이 인간의 육체에 대해 큰 애정을 가지고 계시다는 것을 주장했다. 인간의 몸은 하나님의 형상대로 지어진 하나님 창조의 절정이다.

---

52) A. B. Simpson, The Lord for the Body (New York: Christian Alliance, 1925). 여의도순복음 교회의 신앙과 신학 I, 15, 22. Colin Urquhart, The Truth That Sets You Free (London: Hodder and Stoughton, 1993), 149.
53) Nicky Gumbel, Alpha, 198. William Barclay, 29.
54) Donald Dayton, Theological Roots of Pentecostalism (Metuchen, NJ: The Scarecrow Press, 1987), 115. 조용기, 오중복음과 삼중축복, 136. 여의도순복음 교회의 신앙과 신학 I, 21.

예수님은 인간의 영혼 구원뿐만 아니라 육체의 치유에도 많은 관심을 가지고 계셨다. 우리 자신이 하나님의 거룩한 성전이다: "너희가 하나님의 성전인 것과 하나님의 성령이 너희 안에 계시는 것을 알지 못하느냐"(고전 3:16). 그리스도는 죄와 질병으로 파괴된 인간의 영혼과 육체를 동시에 회복시키기 위해서 오셨다. 그리스도 사역의 본질은 인간의 타락으로 인해 잃어버린 하나님의 형상을 창조 당시의 원상태로 회복시키는 것이다.[55]

예수님은 자신을 생명의 떡이라 설명하시고 그를 따르는 오천여 명의 군중들이 굶주리자 기적을 베풀어 직접 그들을 배불리 먹이셨다: "내가 무리를 불쌍히 여기노라 그들이 나와 함께 있은 지 이미 사흘이매 먹을 것이 없도다"(마 15:32). 이처럼 예수님은 우리 영혼과 병든 육체, 상처투성이인 마음을 동시에 돌보시면서 인생의 실제적인 문제를 해결하셨다. 이처럼 신유는 예수님의 사역을 영적 차원에만 제한하지 않고, 육체와 삶을 포함한 전인적 차원에서 이해해야 한다. 영혼이 구원받은 은혜는 육체와 삶에도 영향을 미친다. 영혼이 죄에서 해방됨은 영의 구속이며, 몸이 질병에서 해방되는 것은 몸의 구속이다. 그리스도는 영, 혼, 육 모두를 포함한 온전한 구원자이시다: "너희의 온 영과 혼과 몸이 우리 주 예수 그리스도께서 강림하실 때에 흠 없게 보전되기를 원하노라"(살전 5:23). 기독교는 영혼의 문제뿐 아니라 건강과 행복한 삶 등에도

---

[55] A. B. Simpson, The Gospel of Healing, 29.

지대한 관심을 가진다. 그리스도인들은 육체에 대해 많은 관심을 가져야 하며, 질병에 시달리는 자들에게 신유를 전하고 가난한 자들을 먹여야 한다.[56]

2) 제자들과 신유

예수님은 그의 공생애를 통해 병든 자들을 고치시고, 귀신에게 억압당한 자들을 해방시키셨다. 그런데 예수님은 신유 사역을 혼자서만 감당하신 것이 아니라, 제자들에게도 복음 전파와 함께 질병의 치료를 중요한 사명으로 맡기셨다. 열두 제자를 세우신 예수님은 그들이 자신과 같은 사역을 하기를 원하셨고 이를 명하셨다: "나를 믿는 자는 내가 하는 일을 그도 할 것이요 또한 그보다 큰일도 하리니"(요 14:12). 예수님은 제자들을 보내시기 전에 그들에게 병을 고치며 귀신을 쫓아내는 능력을 주셨다. 주님께서 그들에게 주신 것은 죄에서 벗어나는 자유, 죄를 이기는 힘, 병을 이기는 권세였다: "더러운 귀신을 쫓아내며 모든 병과 모든 약한 것을 고치는 권능을 주시니라 … 예수께서 이 열둘을 내보내시며 명하여 이르시되 … 가면서 전파하여 말하되 천국이 가까이 왔다 하고 병든 자를 고치며 죽은 자를 살리며 나병환자를 깨끗하게 하며 귀신을 쫓아내되"(마 10:1, 5, 7~8, 눅 10:8~9).

이처럼 예수님은 제자들을 보내실 때, 하나님 나라의 선포와

---

56) A. B. Simpson, The Gospel of Healing, 5.

함께 병 고침을 베풀도록 명령하셨다. 예수님은 이 사역을 열두 제자들에게만 명하신 것이 아니라, 70명을 특별히 더 뽑으셨고, 그들에게도 나가서 병자를 고치며 하나님 나라가 가까이 왔음을 전하라고 명하셨다: "그 후에 주께서 따로 칠십 인을 세우사 친히 가시려는 각 동네와 각 지역으로 둘씩 앞서 보내시며 … 거기 있는 병자들을 고치고 또 말하기를 하나님의 나라가 너희에게 가까이 왔다 하라"(눅 10:1~9).

승천을 앞두시고 제자들에게 마지막 부탁을 하시면서 "나가서 온 세상으로 제자를 삼고 가르치라"고 명하실 때에도 치료에 대한 부분을 잊지 않으셨다: "믿는 자들에게는 이런 표적이 따르리니 곧 그들이 내 이름으로 귀신을 쫓아내며 새 방언을 말하며 뱀을 집어올리며 무슨 독을 마실지라도 해를 받지 아니하며 병든 사람에게 손을 얹은즉 나으리라"(막 16:17~18). 이러한 권능이 교회에 반드시 나타나야 한다는 것을 가르치셨다.

사도들은 오순절 날 마가의 다락방에서 위로부터 오는 능력인 성령 세례를 받았다. 성령과 능력은 동떨어질 수 없다. 그들이 성령 세례를 받았을 때 제자들은 성령으로 말미암아 예수님과 같은 능력을 소유하면서 복음의 증인으로 돌변했다. 예수님이 하늘나라로 가신 후에도, 사도들을 통해 병 고치는 사역이 지속되었다(행 14:8~10).

제자들은 왜 하나님 나라를 전파하면서 병 고치는 사역을 계속했을까? 그 이유는 간단하다. 신유는 주님의 명령이기 때문이다.

초대 교인들은 기적의 삶 속에서 살았고, 신유는 그들 신앙생활의 일부분이 되었다. 신유는 진정한 제자임을 증명하는 중요한 사역이었다. 그들의 신유 사역을 통해 앉은뱅이가 일어나고, 귀머거리가 들으며, 죽은 자가 살아나며, 귀신이 쫓겨났다(행 3:1~10, 4:1~12, 5:12~16, 8:5~13, 9:32~43, 14:3~10, 19:11~12, 20:9~12, 28:8~9). 제자들에게 병 고치는 능력이 있다는 사실을 안 신자들은 수많은 병자들을 제자들 앞으로 데리고 나왔다: "제자들이 나가 두루 전파할새 주께서 함께 역사하사 그 따르는 표적으로 말씀을 확실히 증언하시니라"(막 16:20).

제자들은 병자를 고침으로 그들의 능력을 보여 주었다. 오순절 이후, 베드로의 전도 사역은 영혼 구원과 함께 병 고치는 능력 행함이 중심을 이루었다. 베드로가 기도하러 가던 중 성문 미문 앞에 앉아 있던 거지 앉은뱅이를 만나게 된다. 거지는 돈을 요구했으나 베드로는 돈이 없었다. 그래서 그는 다음과 같이 명했다: "은과 금은 내게 없거니와 내게 있는 이것을 네게 주노니 나사렛 예수 그리스도의 이름으로 일어나 걸으라"(행 3:6). 그러자 그 사람이 일어나 걷기 시작했다. 유대인 공회도 베드로가 일으킨 앉은뱅이의 사례를 놓고 논의하다가 결국은 신유를 인정하게 되었다: "이 사람들을 어떻게 할까 그들로 말미암아 유명한 표적 나타난 것이 예루살렘에 사는 모든 사람에게 알려졌으니 우리도 부인할 수 없는지라"(행 4:16). 베드로는 복음을 전하던 중, 관원들에게 붙잡혔으나 담대하게 복음을 전했다: "종들로 하여금 담대히 하나님의 말씀을 전하게 하여 주시오며 손을 내밀어 병을 낫게 하시옵고 표적과 기사가 거룩한 종 예수의 이름으로 이루어지게 하옵소서"(행 4:29~30).

심지어는 베드로의 그림자가 스치기만 해도 병이 나았다(행 5:15). 또한 베드로가 룻다라는 도시에 갔을 때, 중풍으로 8년 동안 누워 있었던 애니아라 하는 사람을 만나게 되는데, 베드로가 그에게 "애니아야 예수 그리스도께서 너를 낫게 하시니 일어나 네 자리를 정돈하라"(행 9:34)고 말하자 그가 일어났다. 주변의 수많은 사람들이 이 이적을 보고 예수 그리스도를 영접했다. 심지어 베드로는 예수께서 야이로의 죽은 딸을 살리셨듯이 죽은 사람을 일으켜 세웠다: "베드로가 사람을 다 내보내고 무릎을 꿇고 기도하고 돌이켜 시체를 향하여 이르되 다비다야 일어나라 하니 그가 눈을 떠 베드로를 보고 일어나 앉는지라"(행 9:40).

바울은 다메섹 선상에서 예수님을 만나고 그 충격으로 시력을 잃게 된다. 그런데 아나니아가 와서 안수했을 때, 다시 보게 된다(행 9:17). 그 이후로 그는 복음 증거와 함께 성령의 능력이 나타나는 것을 당연하게 생각했다. 바울은 루스드라에서 한 번도 걸어 보지 못한 앉은뱅이를 만나게 된다. 바울이 말씀을 전하던 중, 그 앉은뱅이에게 고침 받을 만한 믿음이 있는 것을 보고 바울은 "일어서라"고 명하였고, 그는 일어났다(행 14:8~12). 바울에게서 희한한 능력이 나타났는데, 심지어는 그의 손수건을 만지기만 해도 병이 나았다: "하나님이 바울의 손으로 놀라운 능력을 행하게 하시니 심지어 사람들이 바울의 몸에서 손수건이나 앞치마를 가져다가 병든 사람에게 얹으면 그 병이 떠나고 악귀도 나가더라"(행 19:11~12).

한번은 유두고라는 청년이 바울이 설교할 때 졸다가 3층에서 떨어져 죽어 버렸다. 이에 바울이 그 몸을 안자 그가 살아났다(행 20:10). 또한 바울이 잡혀서 로마로 압송될 때, 그의 배는 풍파를 만나 파선하게 되어 멜리데라는 섬에 상륙하였다. 바울은 독사에 물렸으나 죽지 않았다. 이를 본 섬사람들은 그가 신이라고 생각했다. 바울은 그 섬의 통치자인 보블리오의 아버지가 열병과 이질에 걸린 것을 보고 안수하여 낫게 했다(행 28:8).

바울은 다음과 같이 고백하였다: "내 말과 내 전도함이 설득력 있는 지혜의 말로 하지 아니하고 다만 성령의 나타나심과 능력으로 하여"(고전 2:4), "사도의 표가 된 것은 내가 너희 가운데서 모든 참음과 표적과 기사와 능력을 행한 것이라"(고후 12:12), "이는 우리 복음이 너희에게 말로만 이른 것이 아니라 또한 능력과 성령과 큰 확신으로 된 것임이라"(살전 1:5). 바울은 성령의 능력에 힘입어 복음을 증거하고 이적을 행함으로 사람들에게 자신이 예수 그리스도의 사도임을 알렸다:[57] "그리스도께서 이방인들을 순종하게 하기 위하여 나를 통하여 역사하신 것 외에는 내가 감히 말하지 아니하노라"(롬 15:18).

---

57) Are Miraculous Gifts for Today?, 195.

열두 제자에 포함된 것은 아니지만 스데반(행 6:8)과 빌립(행 8:6~7, 13)도 기적을 행했다. 아나니아(행 9:17~18)는 앞을 보지 못하는 바울에게 손을 얹고 기도함으로 그의 시력을 되찾아 주었다. 이 외에도 세례 요한의 제자들(행 19:6), 갈라디아 교인들(갈 3:5), 로마 교인들(롬 12:6), 고린도 교인들(고전 12~14), 데살로니가 교인들(살전 5:19~20) 등이 모두 다 이적과 신유를 체험하였다.[58] 예수님의 친동생이었던 야고보는 신유를 위한 기름부음이 누구에게나 주어졌음을 선포한다: "너희 중에 병든 자가 있느냐 그는 교회의 장로들을 청할 것이요 그들은 주의 이름으로 기름을 바르며 그를 위하여 기도할지니라 믿음의 기도는 병든 자를 구원하리니 주께서 그를 일으키시리라 … 너희 죄를 서로 고백하며 병이 낫기를 위하여 서로 기도하라"(약 5:14~16).

3) 하나님 나라와 신유

일반 교회에서는 회개와 죄 사함을 통해 예수님을 영접한 후, 이 세상에서의 소망을 버리고 오직 천국에 들어가는 날만을 기다리며 살아가야 한다고 가르쳐 왔다. 즉 하나님 나라는 이 땅에 속한 것이 아니라 우리가 죽어야만 갈 수 있는 나라라고 가르치고 있다.

하나님 나라 및 천국은 성경에 82회나 나올 정도로 중요한 주

---

58) Are Miraculous Gifts for Today?, 321.

제이다. 하나님 나라는 특정한 시간과 장소라는 제한된 개념이 아니라 하나님의 영광이 임하고 하나님의 통치가 이루어진 것을 의미한다. 죄와 저주가 사라지고 하나님의 사랑과 능력이 나타나는 곳이 하나님 나라이다. 물론 하나님 나라는 우리가 죽은 후에 가는 곳이기도 하지만, 지금 현재 여기서도 체험할 수 있는 나라이다. 예수님은 우리가 미래에 가게 될 천국에 대해서도 말씀하셨지만, 이 세상에서도 하나님 나라를 맛보며 살 수 있다고 가르치셨다. 예수님이 이 세상에 오셔서 선포하신 것은 이 땅에서의 하나님 나라의 도래였다. 예수님의 근본적인 사역은 마귀가 다스리는 암흑의 세계를 무너뜨리고 이 땅에 하나님 나라를 설립하는 것이었다.

하늘에서 반란을 일으켰던 마귀는 패배하여 이 세상으로 쫓겨났다. 인간은 마귀에게 속아 범죄함으로 마귀에게 종노릇하는 자가 되고 말았다. 마귀로 인해 이 세상은 죄, 죽음, 질병, 슬픔, 고통, 저주로 뒤덮인 세상이 되었다. 그런데 2천 년 전 빛이 어두움 속에 들어오심으로 하나님의 나라가 이 땅에 진격해 들어왔다. 예수께서 이 세상에 오심으로 마귀의 세력 하에 있던 이 세상에 하나님의 통치, 능력, 권위가 들어왔다. 그리고 십자가의 승리를 통해 하나님 나라가 마귀의 나라를 누르고 승리하였다. 사망 권세를 가진 사탄이 예수님을 십자가에 못 박아 죽였으나, 예수께서는 죄가 없으신 분으로 사망의 권세를 무너뜨리고 부활하셨다. 그의 사망에 대한 승리로 악한 세력의 불의가 드러났고, 영적 세계에 반

전이 일어나면서 하나님의 나라가 승리하였다. 마귀는 패배했고, 이 세상을 지배했던 죄, 사망, 질병, 저주, 악한 영의 세력이 단숨에 파괴되었다. 예수님은 십자가 부활을 통해 승리자가 되셨고, 이 땅은 예수께서 통치하시는 하나님의 나라가 되었다.[59]

예수께서 죄를 용서하시고, 죽은 자를 살리시며, 귀신을 쫓아내시고, 병든 자를 고치신 사건들은 하나님 나라가 이 땅에 임한 증표들이다.[60] 예수님은 죄 용서를 선포하심으로 죄가 없는 천국을 맛보게 하셨다. 신유를 행하심으로 장차 병이 없는 부활의 천국을 미리 보여 주셨다. 그리고 이 세상을 지배하고 있는 마귀와 귀신을 쫓아내심으로 악한 영들의 공격이 없는 천국을 이 세상에서 체험하게 하셨다.[61] 예수님의 모든 사역은 우리에게 이 땅에 있는 하나님 나라를 보여 주시는 것이었다. 그러므로 하나님 나라는 우리가 죽어서 천국에 들어갈 때에만 맛볼 수 있는 것이 아니라, 이 땅에서도 체험할 수 있는 현재적 개념인 것이다.[62]

예수님은 가시는 곳마다 하나님 나라가 임했음을 선포하셨고, 성령의 능력으로 질병을 고치시고, 이 세상을 지배하며 다스리고 있던 마귀와 귀신을 쫓아내셨다. 하나님 나라는 성령이 악의 세력

---

59) Gustav Aulen, Christus Victor: an Historical Study of the Three Main Types of the Idea of the Atonement (New York: Macmillan, 1969).
60) 여의도순복음교회의 신앙과 신학 I, 26.
61) 여의도순복음교회의 신앙과 신학 I, 26.
62) Nicky Gumbel, Alpha, 189-191. Norma Dearing, The Healing Touch (Grand Rapids, Michigan: Chosen, 2002), 22.

을 완전히 패배시키고 통제함을 의미한다: "내가 하나님의 성령을 힘입어 귀신을 쫓아내는 것이면 하나님의 나라가 이미 너희에게 임하였느니라"(마 12:28, 눅 11:19~20). 교회 안에 성령께서 현존하실 때 축사와 신유가 일어난다. 특히 신유는 예수께서 인간에 대한 사랑과 긍휼을 행동으로 보여 주신 대표적인 사례이다. 인간에 대한 사랑이 그의 신유 사역의 중요한 근원이었다.

인간의 삶을 짓누르고 있던 죄와 악령으로부터의 해방은 마귀에 대한 예수님의 승리를 증거한다.[63] 예수님은 용서, 영생, 건강, 축복, 성령으로 가득 찬 새로운 나라를 선포하셨다. 우리는 하나님의 은혜와 능력을 인정함으로 하나님 나라가 이 땅에 임했다는 사실을 체험할 수 있다.[64] 예수님의 크신 능력으로 마귀에게 종노릇하던 인간들이 하나님의 자녀로 받아들여졌다.

예수님은 "하나님의 나라는 너희 안에 있느니라"(눅 17:21)는 선포를 통해 하나님 나라는 현재 우리의 삶에서 경험될 수 있는 것으로 묘사하셨다. 그러므로 우리는 현재에도 역사하시는 성령님을 통해 죄로부터의 구원, 질병으로부터의 치유, 마귀로부터의 해방을 통해, 이 땅에 임한 하나님 나라를 체험할 수 있다.

구원의 목적은 신자들로 하여금 하나님 나라를 죽은 후에 누리

---

63) Dayton, Theological Roots of Pentecostalism, 115-6.
64) R. A. N. Kydd, Healing in the Christian Church, 699. John Bright, The Kingdom of God: The Biblical Concept and Its Meaning for the Church (New York: Abingdon Press, 1953), 216-7. 손기철, 고맙습니다 성령님 (서울: 규장, 2007), 127.

게 하는 것이 아니라, 실제적으로 이 세상에 살아가면서 체험케 하는 것이다. 물론 진정한 하나님 나라는 미래적이라는 점에 나도 동의한다. 우리가 궁극적으로 맛볼 하나님 나라는 이 땅에 있는 것이 아니고 천국에서이다. 이 땅에 도래한 하나님 나라는 아직 완성된 것이 아니라 앞으로 완성될 하나님 나라와 긴장 상태에 있다. 우리는 궁극적으로 '이미'와 '아직 아니'의 긴장 관계 속에 살아가고 있다. 그러므로 하나님 나라에서 누릴 수 있는 모든 특권 100퍼센트를 다 이 땅에서 체험할 수 있는 것은 아니다. 온전한 하나님 나라는 예수 그리스도의 재림 때에 완성되며, 우리의 궁극적 구원과 치유는 하늘나라에서 이루어진다.

4) 성령님과 신유

많은 그리스도인들은 예수님, 예수님의 제자들, 위대한 목사들, 거룩한 성자들만이 신유의 기적을 일으킬 수 있다고 믿는다. 아픈 사람들을 보면 기도해 주고 싶지만, 자신에게서 그런 능력이 나올지 확신이 서지 않는 경우가 대부분이다. 그러나 마가복음은 "믿는 자들에게는 이런 표적이 따르리니"라고 말하면서 신유는 모든 믿는 사람이 행할 수 있는 보편적 은사라고 강조한다. 신유의 조건은 오직 예수께서 나의 구주 되심과 치유자 되심을 믿는 것뿐이다.

예수님은 신적 능력을 가지고 계셨기 때문에 스스로의 능력으로도 병자를 고치실 수 있으셨다. 그러나 예수님도 임의로 움직이지 않고 성령으로 충만하기까지 기다리셨다. 요단강에서 세례를 받고 올라오실 때, 성령이 비둘기 같이 그의 위에 임하셨다. 그 이후로 예수님은 성령과 동행하시면서 복음을 전파하시고, 귀신을 쫓아내며, 병자를 고치셨다. 예수께서 기적을 행하시고 치유하신 것은 그가 성령과 함께하셨기 때문이었다: "내가 하나님의 성령을 힘입어 귀신을 쫓아내는 것이면"(마 12:28). 예수님이 귀신을 꺾으셨지만 그 힘은 하나님의 성령을 힘입으신 것이었다.[65] 이처럼 예수님도 성령의 임재하심과 함께 공생애를 시작하셨다.

초대 교회 사도들도 마가의 다락방 사건을 통해 성령의 생생한 체험을 가지고 있었다. 그들은 성령의 인도하심에 따라 사도행전의 역사를 재현할 수 있었다. 목숨을 잃을까 두려워 예수님을 세 번 부인했던 베드로는 성령 세례를 받은 후 담대하게 하나님의 나라를 전하면서 신유를 행하였다.

예수님은 부활 승천하셔서 하늘에 오르시자 이 땅에 성령님을 보내 주셨다. 성령은 예수 그리스도를 높이기 위해서 오신다. 성령의 현존과 능력은 다름 아닌 부활하신 예수님을 증거하는 것이다. 성령께서 거하시는 곳에 하나님의 영광과 능력이 함께 거하신다. 그 성령께서 우리 믿는 자를 성전 삼아 들어와 계신다. 우리는 성령 세례를 통해 여전히 하나님께서 이 세상에 임재하시며, 세상을 통치하고 계시다는 사실을 알 수 있다. 여전히 죄인들과 병자

---

65) 하용조, 바람처럼 불처럼, 47.

들을 향해, 이 땅에 계셨던 것처럼, 성령을 통해 똑같은 사랑과 긍휼을 베풀고 계신다.[66]

성령의 은사들, 즉 방언, 신유, 예언, 기적 등은 하나님 나라가 이 땅에 임한 예시이다. 하나님 나라는 말에 있는 것이 아니라 능력에 있다. 성령의 임재를 통해 하나님 나라가 우리에게 임했다면, 우리와 교회 내에서 능력이 나타나는 것은 당연하다: "가면서 전파하여 말하되 천국이 가까이 왔다 하고 병든 자를 고치며 죽은 자를 살리며 나병환자를 깨끗하게 하며 귀신을 쫓아내되 너희가 거저 받았으니 거저 주라"(마 10:7~8). 우리는 예수님이 하나님 나라를 선포하면서 하신 동일한 일을 하면서 하나님을 기쁘시고 영광스럽게 해야 한다.

하나님께서는 성령의 부어 주심을 통해 하나님의 사람들에게 필요한 신유의 은사를 이미 주셨다. 성령은 신자들의 영혼에 임재하셔서 하나님을 찬양하게 하고, 기사와 이적을 행할 수 있는 원동력이 되신다. 성령 세례는 곧 능력을 힘입는 것이다: "주의 성령이 내게 임하셨으니 이는 가난한 자에게 복음을 전하게 하시려고 내게 기름을 부으시고 나를 보내사 포로 된 자에게 자유를, 눈 먼 자에게 다시 보게 함을 전파하며 눌린 자를 자유롭게 하고 주의 은혜의 해를 전파하게 하려 하심이라"(눅 4:18~19). 성령은 교회에 오셔서 사람들을 고통에서 해방시키시고, 가난한 자를 먹이시

---

66) Are Miraculous Gifts for Today?, 324.

며, 헐벗은 자를 입히시고, 병자를 고치시며, 귀신을 쫓아내시고, 방언을 하게 하신다. 예수님을 영접한 자가 해야 할 일은 성령님을 인정하고 모시는 것이다. 미국의 유명한 치유 사역자인 찰스 헌터의 경우, 성령 세례를 받기 전에 1만 명에게 안수 기도했으나 그중에 치유를 받은 사람은 많아야 열 명이었다고 고백한다. 그러나 성령 세례를 받은 이후 치유가 늘어나기 시작했다고 고백한다.[67]

성령을 받은 자라면 예수님과 제자들이 했던 것과 똑같은 일들을 행할 수 있는 능력을 부여받았음을 의미한다. 성령의 기름부으심이 있다는 것은 치유와 같은 초자연적인 하나님의 권세를 위임받았다는 뜻이다. 성령의 기름부으심이 임한 곳에는 치유의 역사가 일어난다. 우리도 성령 세례를 통해 사역을 위한 능력을 받을 수 있다.[68] 나가서 복음을 전하고 신유를 포함한 기사와 이적을 행하라는 하나님의 말씀은 어제나 오늘이나 영원토록 변함이 없다.

예수께서 성령의 도우심으로 병자를 고친 것처럼 우리도 성령의 능력을 의지할 때 병자를 고칠 수 있다.[69] 성령 세례를 경험한 자들에게는 죄악을 물리치고, 복음을 증거하며, 신유를 행할 수 있는 증인으로서의 능력이 나타나게 된다. 믿음의 훈련을 통해 신

---

67) 찰스 & 프랜시스 헌터, 치유의 방법 (서울: 서로사랑, 2010), 47, 268-9.
68) John T. Nichol, Pentecostalism (Plainfield: Logos International, 1966), 25. 손기철, 고맙습니다 성령님, 72.
69) Keith Warrington, The Role of Jesus as Presented in the Healing Praxis and Teaching of British Pentecostalism, 89.

유의 은사가 나타나는 것은 신자 자신의 몫이다. 신유는 특별한 목사님이나 하나님의 은총을 입은 몇몇 사람들의 전유물이 아니라, 천국 백성의 정신을 가진 모든 그리스도인에게 임한다. 기독교 역사를 살펴보면 이를 인정하고 받아들인 자들에게 신유의 능력이 나타났음을 알 수 있다.

몸에 대한 연구

플라톤은 이 세상은 보이는 유한한 물질세계와 보이지 않는 영원한 영적 세계로 이루어져 있다고 해석했다. 인간의 영혼과 같은 초물질적 세계와 오감을 통해 받아들이는 물질세계가 끊임없이 서로 상호작용하고 있다. 이 세상에서의 삶과 내세의 삶이 모두 존재한다고 보았다. 헬레니즘에서는 인간의 본질을 영과 육체로 나누어서 설명했다. 영혼은 인간의 본질적인 부분으로, 비본질적인 육체에 갇혀 있다고 생각했다. 죽음을 통해 인간의 영혼은 육체로부터 분리되어 영원한 생애를 누리게 된다. 이집트에서는 왕들이 거대한 사원과 무덤을 지어서 이 세상 이후에 다가올 내세를 준비하는 내세 지향적인 모습을 보여 준다.[70]

이에 반해 아리스토텔레스는 우주는 우연에 의해 생긴 산물이며, 인간은 이 우주에서 진화로 탄생한 존재로 해석한다. 인간의 감각적 경험과 이성에 근거해 수학적·과학적·논리적 확실성을 통해 습득된 순수 지식만을 진실로 받아들였다. 그는 눈에 보이고

---

70) Morton, Healing and Christianity, 112.

관찰되는 물질세계만을 인정하고, 보이지 않는 세계는 과학적으로 증명할 수 없기에 존재하지 않는다고 보았다. 그래서 그는 영혼, 꿈, 환상, 예언 등의 비이성적인 면을 외면했다. 인간의 마음을 구성하는 주된 요소를 합리적 이성으로 해석한 아리스토텔레스의 철학은 중세 이후 서구 사회에 큰 영향을 주었다. 근대 과학과 문명의 발달로 생물과 화학에 근거해 인간을 물질적 법칙에 반응하는 원자들의 복합체로 인식하게 되었다. 인간의 감정은 단지 뇌와 신경 세포의 기계적 작용에 불과하다는 결론을 내렸다.

초대 교회에서는 인간의 육체에 대해서 부정적인 견해가 많았다. 마니교에서는 인간의 육체를 근본적으로 악하다고 해석했다. 악한 육체에서 인간이 해방될 수 있는 길은 없기에 육체에 따르는 죄악과 질병을 감수해야 한다고 주장했다. 영지주의자들은 인간을 영혼과 육체를 가진 이분론적 존재로 생각했는데, 육체를 포함한 물질세계 자체를 악하다고 해석하면서 육체를 한 단계 낮은 것으로 무시했다. 이들은 한 걸음 더 나아가 육체가 악한 것이기 때문에 예수께서 육체로 오신 사실 자체를 부정했다. 진정한 구원이란 영혼이 감옥과도 같은 육체로부터 벗어나는 것이라고 믿었다. 그러므로 그들에게 육체의 질병을 치유하는 것은 중요한 과제가 아니었다.

칼빈주의에서는 인간 내면에 영혼과 육체의 충돌이 일어난다고 해석했다. 죄악의 뿌리는 인간 본성 속에 깊게 자리 잡고 있다. 육체가 존재하는 한 온전한 성화에 도달한다는 것은 불가능하다.

이러한 부정적 인간 이해는 이 세상에서 인간이 질병에서 완전히 벗어날 수 없다는 부정적 결론으로 이어진다.

19세기에 들어서면서 물질론적 세계관이 확산되면서 일반 자연 과학이나 정신 의학, 심리학에서는 영혼의 존재를 인정하지 않게 되었다. 당연한 결과로 인간의 삶 자체가 영의 영향 아래 있다는 사실을 인식하지도 가르치지도 않는다. 심리학을 공부하면서 크게 답답했던 것은, 인간의 마음 내지 정신세계는 분석하지만, 인간이 영적 존재라는 전제를 아예 무시하고 이를 인정하지 않는다는 점이었다. 정신의학이나 심리학에서 영혼의 세계는 마음의 환상에 불과하다. 이 세상에 있는 그 어떤 학문도 인간의 영혼에 대해서는 알 수도 없고 가르쳐 주지도 않는다. 일반 학문에서는 영적으로 일어나는 여러 현상들을 초자연적이고 미신적인 것으로만 취급한다.

나도 예수님을 만나기 전까지는 내가 영적 존재라는 생각을 해본 적이 없다. 죽음으로 존재가 끝나는 시한적, 물질적인 존재가 나였다. 오직 성경만이 하나님, 천사, 인간을 영적 존재라고 설명한다. 하나님께서 인간을 흙으로 지으신 후, 그 안에 생기를 불어넣으시니 인간이 생령이 되었다(창 2:7). 인간은 하나님의 형상대로 지음을 받은 영적 존재이다. 그러므로 인간은 보이는 물질세계뿐 아니라 보이지 않는 영적 세계와도 끊임없이 교감하면서 살아간다. 성경은 인간을 크게 영혼과 육체의 이분법 내지는 영, 혼, 육으로 구분하는 삼분법으로 표현한다(히 4:12).

우리의 육체는 오감이란 감각을 통해 물질세계와 접촉하며 살아간다. 사람이 사회적 관계를 가능하게 하는 것은 혼, 즉 정신적 요소이다. 인간의 인격은 이성과 감정, 의지로 이루어져 있다. 혼은 육체 없이 독단적으로 움직일 수 없으며, 반드시 육체와 함께 있어야 생명을 형성한다. 인간의 영혼은 영의 세계에 속한 것으로 영원한 실존이다. 인간의 영혼은 죽지 않고 영존한다. 내세를 보여 준 결정적인 사건이 예수님의 성육신과 십자가에서의 죽으심, 그리고 부활과 승천이다.[71] 인간은 영을 통해 하나님과 교제하고 대화하면서 하나님의 말씀에 근거해 혼과 육을 지배하며 살았다.

성경은 인간의 육체에 대해 긍정적으로 묘사한다. 무엇보다도 인간은 하나님의 형상대로 지음을 받았다: "몸은 음란을 위하여 있지 않고 오직 주를 위하여 있으며 주는 몸을 위하여 계시느니라 … 너희 몸은 너희가 하나님께로부터 받은 바 너희 가운데 계신 성령의 전인 줄을 알지 못하느냐 너희는 너희 자신의 것이 아니라"(고전 6:13-19). 육체는 영혼을 담고 있는 그릇으로, 우리는 우리의 몸으로 하나님께 영광을 돌려야 한다. 영, 혼, 육은 서로 뚜렷하게 구분된 것이 아니라, 유기적인 관계에 있고 서로 상호작용을 한다. 육체의 상태가 영과 혼에 영향을 미치고, 영의 상태가 육체와 마음에 영향을 미친다. 몸이 건강하면 기분도 좋지만, 몸이 병들면 심적으로나 영적으로 의기소침해진다. 나는 성경에 나오는

---

71) Evelyn Frost, Christian Healing (England: A.R. Mowbray & Co., 1954), 20-7.

인간론에 근거해 인간을 영혼과 육체 혹은 영, 혼, 육으로 나누고 이에 근거한 질병의 원인을 제시하고자 한다. 질병의 근본적인 치료 또한 인간의 구조에 근거해 유기적으로 설명하고자 한다.

질병의 원인

　한 통계에 따르면 자연 수명으로 죽는 사람은 10퍼센트 정도에 불과하고, 90퍼센트는 사고나 병으로 죽는다고 한다. 이렇듯 인간에게 고통과 죽음을 가져다주는 주요 원인이 질병이다. 한의학이 약 6천 년, 서양 의학이 히포크라테스(B.C. 460~370) 이후 약 3천 년 동안에 걸쳐서 발전해 왔지만, 아직도 정확한 병의 원인을 규명하지 못하는 질병들이 있다.
　의학에서는 질병의 원인을 여러 가지로 설명하고 병마다 이름을 붙여 그 원인을 규명한다. 질병은 주로 자연 법칙을 어김으로 생기며, 사고나 병균 등으로부터 온다. 바이러스는 관찰이 가능한 균이기에 투약, 수술, 초음파 등의 물리적인 방법으로 제거할 수 있다. 물론 인간의 부주의, 과식, 과로, 무절제, 비위생적인 생활, 사고 등으로 우리는 부상을 당하고 아프게 된다. 지나친 흡연과 알코올중독 등으로 인해 많은 사람들이 고통을 당하고 있다.
　그런데 성경이 말하는 병의 원인은 일반 의학에서 말하는 것과 큰 차이가 있다. 의학은 자연과학에 의지해 질병의 원인을 규명하나, 성경은 주로 영적 요소에서 질병의 원인을 찾는다. 예수님은 질병의 원인에 대해 밝히셨고, 이를 제거함으로 우리의 질병을 고치셨다. 성경은 인간의 더러운 죄와 악한 영으로 인해 사람들이 아플 수 있다고 말한다. 물론 일반 심리학이 동의하는 것처럼 마음의 상처가 질병의 원인이 될 수 있으며, 무절제한 생활이나 비위생적 환경도 병의 원인이 됨을 지적하고 있다. 성경이 제시하는 질병의 원인은 의학이나 심리학이 제시하는 것 모두를 포함하고 있을 뿐 아니라, 이들이 미처 파악하지 못한 부분까지도 밝히고 있다.

1. 죄

성경이 말하는 가장 근원적인 질병의 원인은 인간의 타락으로, 이는 의학이나 심리학이 파악하지 못한 영적 죄와 관련이 있다. 하나님께서는 아담과 하와를 완벽하게 건강한 상태로 창조하셨다. 인간은 하나님의 형상을 따라 육체적, 인격적, 영적으로 건강하게 지음을 받았다. 아픔이나 질병, 죽음은 에덴동산에 존재하지 않았다. 그들은 질병에 걸리지 않았고, 하나님의 보호로 건강의 복을 받았다. 이처럼 우리를 향하신 하나님의 본 계획은 우리가 건강한 것이었다.[72]

구약은 인간이 질병으로 인해 실존적으로 고통당하는 이유를 죄로부터 기인한다고 설명한다.[73] 이 세상에 질병이 들어온 이유는 처음 사람 아담이 마귀의 꾐에 빠져서 하나님의 명령을 어긴 죄 때문이었다. 만약 인간이 범죄하지 않았다면, 육신의 고통이나 연약함, 질병으로 고난을 당하지 않았을 것이다. 아담의 범죄로 인간의 영은 하나님과의 교제에서 끊어지게 되었다.[74] 죄가 들어오자 인간의 영은 죽고, 인간의 삶 자체에 저주가 들어오면서 육체적으로 질병과 고통, 괴로움, 죽음을 맛보게 되었다. 죄를 지은 아담에게 하나님은 다음과 같이 말씀하신다: "네가 흙으로 돌아갈 때까지 얼굴에 땀을 흘려야 먹을 것을 먹으리니 네가 그것에서 취함을 입었음이라 너는 흙이니 흙으로 돌아갈 것이니라"(창 3:19).

죄의 파괴력은 인간의 삶에 전적으로 영향을 미치게 되었다: "그러므로 한 사람으로 말미암아 죄가 세상에 들어오고 죄로 말미암아 사망이 들어왔나니 이와 같이 모든 사람이 죄를 지었으므로 사망이 모든 사람에게 이르렀느니라"(롬 5:12). 죄의 결과로 죽음이 인간에게 다가왔고, 흙으로 돌아가는 죽음의 시작은 질병으로부터 말미암는다.[75] 결국 사망은 죄의 결과이며, 질병은 죽음으로 가는 과정을 재촉한다. 죄로 인해 영혼은 죽게 되었고, 마음이 부패해지고, 육체에 질병이 들어오게 되었다. 그러므로 질병은 하나님의 인간의 죄에 대한 벌의 결과이다. 아담이 범한 불순종의

---

72) Norma Dearing, The Healing Touch, 117.
73) F. Martin, Healing, Gift of, 695.
74) William G. Bodamer, Jr., The Life and Work of Johann Christoph Blumhardt (Ph.D diss., Princeton Theological Seminary, 1966), 34. Norma Dearing, 20.
75) 조용기, 오중복음과 삼중축복, 24.

죄가 그의 후손들인 우리에게까지 영향을 미치게 되었고, 이 세상은 죄의 문제로 멸망할 수밖에 없다.

이스라엘 민족은 모든 복과 저주를 하나님과의 계약관계로 설명한다.[76] 질병과 죽음은 하나님의 율법을 어긴 것에 대한 하나님의 심판이다. 이스라엘 백성들은 고통과 병의 원인을 물리적·자연적 요인보다는 죄, 즉 하나님과 인간 사이의 잘못된 관계로 비롯된다고 해석하였다. 나라의 재앙과 질병은 하나님에 대한 불신에 대한 징계이다. 죄가 없으면 고난이나 질병도 없다. 하나님께서 율법과 계약을 어긴 이스라엘을 벌하기 위한 수단으로 고통과 질병을 사용하셨음을 알 수 있다: "내 규례를 멸시하며 마음에 내 법도를 싫어하여 내 모든 계명을 준행하지 아니하며 내 언약을 배반할진대 내가 이같이 너희에게 행하리니 곧 내가 너희에게 놀라운 재앙을 내려 폐병과 열병으로 눈이 어둡고 생명이 쇠약하게 할 것이요"(레 26:15~16).

우리가 모세를 통해 배울 수 있는 것은 모든 고통과 저주의 원인은 죄이며, 인간은 죄에 대한 책임을 져야 한다는 점이다. 죄와 질병은 동격으로, 병이 있는 것은 곧 죄악이 있는 것과 동일하게 여겼다. 아픈 사람은 죄로 인해 더럽혀졌기 때문에, 제사장이 될 수 없었다: "누구든지 너의 자손 중 대대로 육체에 흠이 있는 자는 그 하나님의 음식을 드리려고 가까이 오지 못할 것이니라 누구

---

76) Morton Kelsey, Healing and Christianity, 30. William Barclay, 43.

든지 흠이 있는 자는 가까이 하지 못할지니 곧 맹인이나 다리 저는 자나 코가 불완전한 자나 지체가 더한 자나 발 부러진 자나 손 부러진 자나 등 굽은 자나 키 못 자란 자나 눈에 백막이 있는 자나 습진이나 버짐이 있는 자나 고환 상한 자나 제사장 아론의 자손 중에 흠이 있는 자는 나와 여호와께 화제를 드리지 못할지니 그는 흠이 있은즉 나와서 그의 하나님께 음식을 드리지 못하느니라"(레 21:17~21). 질병과 불행은 죄를 지은 대가이므로, 결국 하나님으로부터 온 형벌로 해석할 수 있다.

이집트의 바로가 아브라함의 아내인 사라를 그의 궁전으로 데리고 갔을 때, 바로의 집은 전염병이 창궐하여 고통을 받았다(12:17). 아비멜렉이 사라를 데리고 갔을 때, 하나님은 그 집안의 모든 여인들의 태를 닫으셨다(20:18). 이집트에 내려진 열 가지 재앙은 바로의 마음이 굳었기 때문이었고, 결국 장자까지 잃게 되었다(출 38:8~10). 신명기는 불순종으로 인한 질병을 나열하고 있다: "여호와께서 애굽의 종기와 치질과 괴혈병과 피부병으로 너를 치시리니 네가 치유 받지 못할 것이며 여호와께서 또 너를 미치는 것과 눈 머는 것과 정신병으로 치시리니 맹인이 어두운 데에서 더듬는 것과 같이 네가 백주에도 더듬고"(신 28:27~9). 이스라엘 백성이 광야에서 메추라기를 먹을 때, 그들의 폭식은 역병을 불러왔고 결국 많은 사람들이 죽었다(민 11:33). 이스라엘 회중이 범죄했을 때, 염병이 내려서 많은 이스라엘 백성이 죽었다(민 16:41~50). 미리암이 모세를 시기하고 질투하자 문둥병에 걸렸다(민 12:1~10). 구약에서 모든 병은 하나님의 벌에 대한 대가이자 징계였다.

다윗 왕의 인구 조사로 인해서, 7만 명이 역병으로 죽었다(삼하 24:10~15). 유다 왕 여호람이 산당을 짓고 우상 숭배를 하자 하나님은 엘리야를 보내 다음과 같이 말씀하셨다: "너는 창자에 중병이 들고 그 병이 날로 중하여 창자가 빠져 나오리라"(대하 21:15). 이스라엘 왕이 하나님을 멀리하고 우상을 섬기면 반드시 하나님의 심판을 받았고, 그 대부분은 질병으로 인한 고통이었다. 특히 문둥병은 하나님의 저주의 병으로 알려져 있다. 미리암은 모세를 비방한 고로 문둥병에 걸렸다(민 12:10). 엘리사의 종이었던 게하시는 그의 탐욕으로 인해 문둥병에 걸렸다(왕하 5:267).

욥이 질병과 고난으로 고통당하고 있을 때, 그의 친구 엘리바스는 욥에게 "생각하여 보라 죄 없이 망한 자가 누구인가 정직한 자의 끊어짐이 어디 있는가"(욥 4:7)라고 질책하며 욥에게 회개할 것을 권고한다. 삼손이 범죄하여 눈이 멀게 되었을 때에 다음과 같이 절규한다: "주의 진노로 말미암아 내 살에 성한 곳이 없사오며 나의 죄로 말미암아 내 뼈에 평안함이 없나이다 내 죄악이 내 머리에 넘쳐서 무거운 짐 같으니 내가 감당할 수 없나이다 내 상처가 썩어 악취가 나오니 내가 우매한 까닭이로소이다"(시 38:3~5). 이스라엘 사람들의 사고를 담고 있는 탈무드에서도 죄는 고통과 질병의 근원이라고 말한다: "죄가 용서함을 받을 때까지 병자는 낫지 않는다", "특정한 죄는 특정한 질병을 가져온다", "문둥병은 비방, 살인, 거짓 맹세, 음탕, 건방짐, 도둑질, 인색함에서 온다",

"건강과 부는 하나님의 상이며, 질병과 가난, 불행은 신의 심판이다".[77]

이런 의미에서 죄는 사람의 눈에 보이지 않는 병으로 단정할 수 있다. 보이지 않는 죄가 보이는 것으로 나타난 결과 중 하나가 질병이다. 그러므로 병은 보이는 죄였다. 그러므로 질병은 복이 아닌 근본적인 죄와 불순종으로 인하여 하나님이 인간에게 내리신 저주이다(창 3:19, 출 15:26, 신 28:15~68).

예수님의 질병관을 살펴보면 구약에서 보는 것처럼 질병과 죄의 관계가 엄격하지 않다. 그러나 예수님도 신유를 행하실 때에 죄와 질병의 함수 관계로 설명하셨다: "건강한 자에게는 의사가 쓸 데 없고 병든 자에게라야 쓸 데 있느니라 나는 의인을 부르러 온 것이 아니요 죄인을 부르러 왔노라"(막 2:17). 한 중풍병자가 친구들에 의해서 지붕을 뚫고 내려왔을 때, 예수님은 그를 치유하시기 전에 먼저 그의 죄를 용서하셨고, 그 다음에 명령하심으로 치유하셨다(마 9:2, 막 2:5, 눅 5:20). 또한 베데스다 연못에서 38년 된 병자를 고치신 후, 다시는 죄를 짓지 말라고 권고하셨다(요 5:14). 이처럼 예수님의 신유는 죄 용서함과 함께 갔다.

성경은 우리가 성찬식에 참여할 때, 자신의 죄를 돌아보고 이를 회개한 후 참예해야 한다고 충고한다. 바울은 고린도교회 교인

---

77) George Foot Moore, Judaism in the First Centuries of the Christian Era (Cambridge: Harvard University Press, 1940), vol. ii, 248-256.

들에게 성찬식에 회개 없이 참석할 경우, 병에 걸리거나 죽을 수도 있음을 경고한다: "누구든지 주의 떡이나 잔을 합당하지 않게 먹고 마시는 자는 주의 몸과 피에 대하여 죄를 짓는 것이니라 사람이 자기를 살피고 그 후에야 이 떡을 먹고 이 잔을 마실지니 주의 몸을 분별하지 못하고 먹고 마시는 자는 자기의 죄를 먹고 마시는 것이니라 그러므로 너희 중에 약한 자와 병든 자가 많고 잠자는 자도 적지 아니하니"(고전 11:27~30).

교회 역사를 통해서도 죄와 질병의 연관성을 찾아볼 수 있다. 중세 교회에서는 병을 하나님의 율법을 범한 결과로 생각했다. 13세기의 자료를 보면, 사람이 아플 경우에는 신부가 먼저 가서 죄의 고백을 듣고 용서를 선포한 후에야 의사를 볼 수 있었다. 19세기의 영국국교회는 여전히 이 교리를 지지하고 있다.[78] 한국 교회도 질병을 죄와 관련시켜서 이해한다. 성결교의 이명직 목사는 질병의 원인을 여러 가지로 설명할 수 있으나 근본적으로 죄라고 해석한다. 이러한 이해는 김익두 목사나 이성봉 목사 등의 설교에서도 쉽게 찾아볼 수 있다. 하나님의 율법과 지혜를 따르는 자에게는 건강과 장수가 복으로 주어졌지만, 이를 어기는 자들에게는 불행, 질병, 사망이 따라왔다는 것이 성경의 주장이다.

그러나 모든 질병의 원인을 죄로만 단정하는 것도 문제가 있다

---

[78] William Henry Cope, Visitatio Infirmorum; Or, Offices for the Clergy in Praying with, Directing, and Comforting the Sick, Infirm, and Afflicted (General Books LLC, 2009).

고 생각한다. 질병과 저주가 죄의 결과가 아닌 경우도 있기 때문이다. 간혹 욥과 같이 믿음이 있고 생활면에서 모범이 되는 사람이 뜻하지 않는 사고나 질병에 걸리는 경우도 있다. 그러므로 병에 걸린 신자를 보고 '분명히 죄를 지어서 그럴 것이다' 란 단정은 금물이라 생각한다.

2. 귀신

고대 사회에서는 질병이 악령으로부터 온다는 생각이 광범위하게 받아들여졌다. 히브리 사람들도 악한 영이 질병의 원인이라고 생각했고, 이집트나 바빌론, 페르시아 등에서도 질병은 악한 영이나 어두움의 세력으로부터 온다고 해석할 정도로 공통적 현상이었다.[79] 예수님 시대의 유대인들은 악령의 존재를 믿었고, 귀신들이 사람들을 유혹하며, 타락시키며, 질병을 일으킨다고 믿었다. 당시에는 '귀신 들린 자'들이 많았는데, 이는 귀신이 들어와 병에 걸린 자를 지칭했다. 이 세상은 귀신으로 가득 차 있으며, 귀신은 사람을 지켜보고 때를 기다려 사람들에게 해를 가져온다고 믿었다.[80]

---

79) Morton Kelsey, Healing and Christianity, 30.
80) William Barclay, 23.

그러나 계몽주의와 현대 과학은 악이란 선의 부재 혹은 완전성의 부족이라 설명하면서 악령의 존재를 믿는 것은 진부한 미신으로 받아들여졌다. 영적 존재는 엑스레이나 초음파 등으로도 발견되지 않는다. 이에 영향을 받은 교회도 귀신의 존재를 부정하거나, 혹시 인정한다 하더라도 그 활동은 인정하지 않게 되었다.

그러나 성경은 영적 원수인 마귀와 귀신에 대해서 설명한다. 마귀는 처음부터 범죄한 자로 하늘에서 쫓겨 내려온 타락한 천사였다. 에덴동산에서 마귀는 아담과 하와를 유혹하여 하나님 앞에서 범죄하게 만들었다. 창세기 3장 14절을 보면, 하나님께서 아담을 타락시킨 뱀에게 "살아 있는 동안 흙을 먹을지니라"라고 하셨고, 인간에게는 "너는 흙이니 흙으로 돌아갈 것이니라" 말씀하셨다. 마귀는 흙으로 이루어진 사람의 육체를 집으로 삼고 해치고 괴롭히게 되었다. 인간의 육체가 흙으로 돌아가는 것, 즉 죽음의 출발인 질병의 근원적인 원인이 마귀에게 있음을 알 수 있는 대목이다.

죄를 짓는 자는 마귀에게 속한다. 죄의 결과로 인간에게 죽음과 질병이 왔다. 이처럼 병은 죄로부터 오고, 죄의 원인 제공자는 마귀이다. 결국 질병의 기원에 마귀가 있다. 마귀가 있는 곳에 죄가 있고, 죄가 있는 곳에 마귀가 있다: "도둑이 오는 것은 도둑질하고 죽이고 멸망시키려는 것뿐이요"(요 10:10). 마귀의 악이 인간 세상에 유입되었고, 인간을 질병과 저주, 죽음으로 몰아넣었다. 욥기를 보면 사탄이 욥을 쳐서 악창이 나게 하였다: "사탄이 이에 여호와 앞에서 물러가서 욥을 쳐서 그의 발바닥에서 정수리까지 종기가 나게 한지라"(욥 2:7). 사울 왕은 여호와의 신이 그를 떠나고 악신이 그에게 임하자 그를 괴롭혔다(삼상 16:14). 이와 같이 질병의 배후에는 마귀가 있어서 우리를 도적질하고 죽이고 멸망시키는 역사를 끊임없이 되풀이하고 있다.

질병의 원인이 귀신이라고 하면, 한국 교회에서는 흔히 기독교에 미친 샤머니즘의 영향을 말한다. 샤머니즘이 말하는 질병의 원인 중 가장 큰 비중을 차지하는 것이 귀신 들림이다. 개화 이전 한국 사회에서 치병은 악령 추방과 깊은 관계를 가지고 있었다. 그래서 귀신을 쫓는 축사를 강조하는 교회를 샤머니즘의 영향을 받은 것이라고 강조한다.[81]

특히 신약성경은 육체적 질병의 원인이 죄에 대한 하나님의 징계라는 해석보다는 사탄의 속박과 악한 영의 역사라고 설명한다.[82] 질병의 원인이 영적 원인인 귀신들로부터 시작된다는 말씀을 하신 분은 다름이 아닌 예수님이셨다. 예를 들면, 사람이 아프게 된 것을 죄의 결과로 이해하지 않고 "열여덟 해 동안 사탄에게 매인 바 된 이 아브라함의 딸"(눅 13:16)이란 표현처럼 악한 영적 존재가 육체적·심리적 질병의 원인이 된다고 밝히고 있다. "마귀에게 눌린 모든 사람을 고치셨으니 이는 하나님이 함께 하셨음이

---

81) 한국 교회 성령운동의 현상과 구조, 244.
82) William Barclay, 24.

라"(행 10:38). 여기서 마귀에게 눌려 억압되어 있다는 것은 마귀가 병과 약함을 가져와 사람들을 누르고 있다는 말이다.

예수님은 죄의 원인, 저주와 불행의 원인, 병의 배후는 외부로부터 비롯된 생물학적인 것이 아닌 악한 영의 영향이라고 말씀하셨다: "도둑이 오는 것은 도둑질하고 죽이고 멸망시키려는 것뿐이요"(요 10:10). 이 영적 세력은 사람을 육체적·정신적·도덕적으로 타락하고 아프게 한다. 귀신은 그리스도인의 영에는 들어올 수 없으나, 육신이나 생각을 공격한다. 자살의 영이 들어올 경우, 자신도 모르게 자살을 시도한다.[83] 예수님은 그 도적이 마귀임을 알려 주셨고, 마귀의 일을 멸하시려 이 땅에 오셨다(요일 3:8).[84]

그러므로 예수께서는 가시는 곳마다 귀신의 정체를 드러내시며 쫓으셨다. 사람으로 하여금 죄를 짓게 하고, 저주와 질병으로 고통당하는 이유가 귀신 때문이라는 사실을 가르쳐 주셨다. 병의 원인인 귀신을 쫓아내심으로 병마의 속박에서 아픈 사람들을 고쳐 주셨다.[85] 창세 이후 수천 년 동안 사람 속에 숨어 지내며 사람을 괴롭혔던 귀신의 정체가 예수 그리스도 앞에서 드러나기 시작했다.

장님이 되거나 벙어리가 된 사람의 경우, 그 질병의 원인은 선천적인 것도 있겠지만, 귀신 들림의 결과이기도 하다(마 9:32,

---

83) 찰스 & 프랜시스 헌터, 치유의 방법, 248-54.
84) 여의도순복음교회의 신앙과 신학 II, 202.
85) Morton, Healing and Christianity, 50. 여의도순복음교회의 신앙과 신학 I, 74-5.

12:22). 성경은 '귀신 들려 병들고', '귀신 들려 꼬부라지고', '귀신 들려 눈멀었다'고 기록한다. 예수님도 귀신을 쫓으실 때에, "더러운 귀신을 꾸짖어 이르시되 말 못하고 못 듣는 귀신아"(막 9:25)라고 말씀하셨다. 이는 '벙어리 되고 귀먹은' 자가 사람이 아니라 그 사람 속에 있는 귀신임을 뜻한다.[86] 벙어리 되고 귀먹은 귀신이 사람 속에 들어가 그 사람을 벙어리 되게 하고 귀먹게 만든다. 눈이 먼 영이 사람의 몸에 들어오면 그 사람도 눈이 멀게 된다. 이처럼 장님이 되게 하는 귀신, 문둥병을 일으키는 귀신, 심장병을 일으키는 귀신 등 그 질병 귀신들이 있다.[87] '병든 귀신'이라는 말이 적절한 말이다. 이처럼 성경은 병든 원인이 사람에게 있는 것이 아니라 귀신에게 있다는 것을 지적하고 있다.

우리는 예수님을 통해 귀신은 관념적 존재가 아닌 실존임을 알게 되었다. 예수께서 거라사의 광인에게서 귀신을 쫓으시자 사람에게서 쫓겨난 귀신들은 돼지에게로 들어갔고, 귀신들은 돼지 떼를 몰아서 바다에 빠져 죽게 했다(눅 8:32~33). 귀신은 사람 속에 들어가 사람을 통제하며 귀신의 영향 아래 있게 만들고, 병, 저주, 사고, 실패의 원인이 된다. 병은 사람이 들었지만 병균을 비롯한 질병의 조건들은 마귀가 공급하고 있다.[88] 이처럼 마귀는 병의 배후에서 악한 영향력을 행사하면서 우리를 죽이고 멸망시킨다(요

---

86) Morton, Healing and Christianity, 56.
87) William Barclay, 24.
88) 조용기, 오중복음과 삼중축복, 145.

10:10). 그러므로 성경은 우리의 싸움이 세상의 물질과의 싸움이 아닌 영적 싸움임을 강조한다: "우리의 씨름은 혈과 육을 상대하는 것이 아니요 통치자들과 권세들과 이 어둠의 세상 주관자들과 하늘에 있는 악의 영들을 상대함이라"(엡 6:12), "근신하라 깨어라 너희 대적 마귀가 우는 사자 같이 두루 다니며 삼킬 자를 찾나니"(벧전 5:8).

예수님은 어떻게 질병을 고치셨는가?: "저물매 사람들이 귀신 들린 자를 많이 데리고 예수께 오거늘 예수께서 말씀으로 귀신들을 쫓아 내시고 병든 자들을 다 고치시니"(마 8:16). 누가는 "사람들이 온갖 병자들을 데리고 나아오매" "예수께서 일일이 그 위에 손을 얹으사 고치시니" "귀신들이 나가며"라고 순서에 따라 논리적으로 사건을 기록했다. 이어 "귀신들이 나가며 소리 질러"라고 추가하였다(눅 4:40~41).

하르낙은 "이 세상과 세상을 둘러싸는 모든 공간에는 마귀들로 가득 차 있다. 이는 단지 우상 숭배를 말하는 것이 아니라, 말 그대로, 모든 삶은 그들에 의해서 지배되고 있다. 그들은 요람 주위를 맴돌고 있다. 이 세상은 지옥 그 자체이다"[89]라고 표현했다. 굳이 하르낙의 말을 인용하지 않더라도 성경은 육체적·정신적 질병이 귀신으로부터 온 것임을 명백히 말해 주고 있다. 귀신이

---

[89] Adolf von Harnack, Mission and Expansion of Christianity in the First Three Centuries (New York: G. P. Putnam, 1908), Vol. 1, 161.

질병의 원인임을 인정한다면, 질병은 단순한 육체의 상태가 아닌 영적 상태의 반영이라는 것을 인정할 수밖에 없다. 축사 사역자들은 불치병의 원인 중 대부분은 영적인 것이라고 주장한다. 교회는 하나님을 대적하고 사람을 죽이고 멸망시키는 것을 주 임무로 하는 악한 영인 마귀와 귀신이 분명히 존재하고 있음을 직시해야 한다. 그래서 우리는 주기도문에 나오는 것처럼 기도해야 한다: "우리를 시험에 들게 하지 마시옵고 다만 악(the evil one)에서 구하시옵소서" (마 6:13).

3. 마음의 상처

인간의 영, 혼, 육은 서로 깊은 영향을 주고받는다. 우리의 마음의 상태가 육체의 건강에 큰 영향을 미친다. 한 사람이 우연히 냉동 창고에 갇히게 되었다. 그 다음 날 그곳을 열어 보았더니 그 사람이 죽어 있었다. 사망 원인을 조사해 보니, 얼어서 죽은 것과 비슷한 증세였다. 그러나 그 냉동 창고는 고장 난 지 오래된 것이었다. 이처럼 심리적 절망과 공포가 사람에게 치명적인 질병이나 죽음을 가져다줄 수 있다. 부모로부터 학대 받던 아이들을 그 부모와 단절시켜 주었더니 감정적으로나 신체적으로 건강해졌다. 그러나 그 아이들을 다시 그 부모 곁으로 보냈더니 신체적 성장이 멈춘 결과도 있다.

현대 정신의학에서도 상한 마음으로부터 육신의 질병이 발생한다는 점을 인정한다. 인간의 마음이란 단순한 뇌와 신경세포의 반응이라기보다는 매우 복합적인 체제를 가진 것으로 알려져 있다. 성경에서도 마음의 고통이 질병으로 전이된다고 말한다: "사람의 심령은 그의 병을 능히 이기려니와 심령이 상하면 그것을 누가 일으키겠느냐"(잠 18:14). 여러 가지 심적인 고통과 스트레스가 질병으로 전이된다: "마음의 즐거움은 양약이라도 심령의 근심은 뼈를 마르게 하느니라"(잠 17:22).

프로이드는 인간이 합리적·이성적 존재라는 서구 사고 체계에 반향을 일으키는 무의식의 세계가 있음을 밝혔다. 그에 의하면, 인간의 의식 세계를 세 가지로 나누는데, 육체적 쾌락만을 추구하는 이드(id), 이상적인 세계를 추구하며 자아실현을 목표로 하는 초자아(superego), 그리고 세상에 적응하면서 이 관계를 조절하는 자아(ego)가 바로 그것이다. 무의식의 세계는 합리적 사고방식에 의해서 운행되는 것이 아닌 매우 복합적인 세계이다. 프로이드는 꿈을 분석함으로 자아의식 뒤에 숨겨져 있는 거대한 무의식의 세계를 해석했다. 무의식적 경험은 오감을 통해서 오는 경험만큼이나 인간의 삶에 중요한 의미가 있다.

심리학자인 칼 융은 수많은 정신병 환자들을 돌보면서 비물질적 세계가 실제이며 물질세계에 깊은 영향을 미친다고 해석했다. 인간은 백지 상태로 태어나는 것이 아니라 내적 세계인 원형(archetypes)이 있는데, 이는 조상 대대로 물려받은 정신적 유전이다. 인간의 감정은 교감신경을 통해 육체의 변화에 직접적인 영향을 미친다. 육체적 질병과 심리적 문제에는 밀접한 관계가 있는데, 마음을 진정시키는 것만으로도 심장박동과 혈압을 낮출 수 있다는 것을 발견했다.[90] 무의식적 세계가 인간의 행동, 생각, 감정 등에 큰 영향을 미치며, 심장박동이나 혈압 등과 같은 육체적 변화에도 큰 영향을 줄 수 있으며, 심지어는 육체의 질병에도 영향을 미친다는 연구 결과가 나오고 있다.

신유 사역자들에 의하면, 순환기 장애, 감기, 폐렴 등은 감정적 스트레스와 깊은 관련이 있다고 한다. 심리적 변화는 근육의 이완, 혈압, 내분비 등에 치명적 영향을 미친다. 만성적 소화불량은 긴장, 과로, 걱정, 근심에 대한 육체적 반응이다. 몸은 아픈데, 아무리 병원에서 검진을 해도 이상이 없는 경우의 대부분은 심리적인 것에 그 원인이 있다. 무의식적 공포나 분노는 우리의 심장, 신장, 위, 면역 체계에 큰 영향을 준다. 불면증, 두통, 심리적 장애는 스트레스에 대처하는 신경체계에 큰 손상을 가져다준다.[91] 육체적 질병은 걱정, 근심, 감정적 분노를 탈피하기 위한 수단이 될 수도 있다.

당뇨병에 걸린 상당수가 가족이나 친한 사람들을 최근에 잃었거나 개인적으로 심각한 위기에 봉착한 사람이었다는 연구도 있

---

90) Morton T. Kelsey, Christo-Psychology (New York: Crossroad Publishing Company, 1984).
91) Morton, Healing and Christianity, 226-7.

다. 개인적 위기가 왔을 때, 갑자기 인슐린 지수가 통제가 되지 않을 정도로 변하기도 하고, 단순한 감정적 변화로 인해 몸의 온도가 변하기도 한다. 스트레스를 많이 받을 경우, 외부의 바이러스와 싸워 줄 항체 형성에 지장을 준다. 의사를 찾는 환자의 3분의 2가 스트레스에 의해 기인한다고 한다.[92]

군이 심리학자들의 말을 인용하지 않더라도 우리는 마음의 병이 결국 육체의 질병으로 전이된다는 사실을 잘 알고 있다. 한 대학 교수가 정치에 연루되는 바람에 교수직에서 쫓겨나자 화병으로 인해 시력을 잃은 경우도 있다.[93] 자식, 가족, 직장, 대인관계 등으로 고심하는 사람들은 스트레스가 몸의 이상으로 나타난다. 사회가 발전하면 할수록 그와 비례하여 걱정, 염려, 불안, 공포, 두려움이 더 많아지며, 현대인들은 더 많은 스트레스에 노출되어 있다. 특히 부정적인 관념이 병을 불러일으킨다. 음식을 먹으면서 '체하려나' 하고 생각하면 체하게 된다. 흔히 '가슴이 얹혔다' 라는 표현은 심리적 부담감을 의미하는데, 이는 심리적 상태가 육체의 질병에 큰 영향을 줄 수 있음을 의미한다.

특히 남을 용서하지 못하고 정죄하고 비난할 때, 육체에 고통이 수반된다. 병은 받은 상처를 용서하지 못하고 마음에 담아 둠으로 생길 수 있다. 일시적 시각 장애, 귀머거리 증세, 반신불수

---

92) Sim I. McMillen, None of Theses Diseases (Westwood, NJ: Fleming H. Revell Company, 1963), 60.
93) 나겸일, 생명을 건 목회 이야기 (서울: 두란노, 2003), 138.

등의 질병은 몸 기관의 문제이기보다는 심리적 충격 내지는 히스테리의 증세일 수 있다: "너희는 하나님의 은혜에 이르지 못하는 자가 없도록 하고 또 쓴 뿌리가 나서 괴롭게 하여 많은 사람이 이로 말미암아 더럽게 되지 않게 하며"(히 12:15).

단지 삶의 의미를 잃어버린 것만으로 다양한 육체적 질병 증상을 가진 수많은 환자들을 만나게 된다. 삶에 대한 무의미 내지는 허무함이 질병을 불러일으킨다. 한국의 주부의 경우, 결혼을 한 후 아이들에게 삶의 의미를 두고 그들을 보살핀다. 그런데 그들이 대학에 가고 직장을 잡고 결혼을 하고 나면, 갑자기 삶에 대한 회의, 무엇을 해야 할지 모르는 불안 등으로 인해서 우울증에 빠지기도 한다. 무엇을 위해서, 왜 살았나 하고 삶을 돌아보면서 후회를 한다.

사랑 받고 사랑한다는 것을 느끼지 못하는 경우나 가족들과 함께 사는 사람들보다 혼자 사는 사람들이 많은 질병에 시달리며 수명도 짧다고 한다. 외로움, 격리, 소외 등이 감정적·육체적 질병을 유발하기 때문이다. 한 여인이 등에 심한 고통을 느껴서 잠을 자지도 못하고 움직이지도 못하게 되었다. 병원에 가고 약을 복용했으나 아무런 차도가 없었다. 그녀는 기도하던 중, '용서'라는 단어가 떠올랐다. 그녀를 심하게 괴롭히던 사람이 있었는데, 그를 무척 증오했었다. 자신을 괴롭힌 사람을 용서할 수 있는 마음을 달라고 기도한 후, 자신을 괴롭히던 사람에게 '당신을 용서한다'는 편지를 써서 보내는 순간, 등 고통의 치유함을 받았다.[94] 이런 경우 감정적, 내적 치유가 있은 후에야 육체적 치유가 일어난다. 이제는 의사들도 병원에 입원한 환자들에게 '마음을 편안히 가지셔야 병이 낫는다' 라는 말을 자주 한다. 이는 의사들도 마음의 병이 육체적 질병으로 나타난다는 사실을 인정하기 때문이다.

4. 하나님의 섭리

하나님은 고난을 통해서 우리를 연단하신다. 출애굽한 이스라엘 민족은 곧장 가나안 땅으로 들어가지 않았다. 그들은 광야를 통과하면서 연단을 받았다. 하나님은 이 연단 과정을 통해 이스라엘 백성들이 유일신 하나님만을 예배하기를 원하셨다. 고난은 당할 때는 힘들지만, 결국 굳건한 그리스도인으로 성장할 수 있도록 도와준다(벧전 1:6~8).

매우 드문 경우이기는 하나, 하나님께서는 질병을 그의 백성을 가르치고 훈련시키는 도구로 사용하셨다. 하나님의 특별한 뜻이 있는 질병이 존재한다. 하나님의 영광을 나타내기 위해서나 신자들을 연단시키기 위한 과정으로 허락하신 질병이 있다.

한번은 집에 전화를 했더니 다른 분이 받으셨다. "누구세요?" 하고 물었더니 이웃집 사람으로, 아버지가 지난밤에 발작을 일으

---

94) Nicky Gumbel, Alpha, 199-200.

키셔서 급히 병원으로 이송되셨다는 말을 전해 주셨다. 어느 병원으로 이송되셨는지를 물었더니, 당시 부모님이 살고 계시던 거창에서는 아버지를 치료할 수 없어 진주로 가셨다고 했다. 전화를 끊고 무작정 기차를 타고 진주로 내려갔다. 가면서 밤새도록 기도했는데, 마음속에 '죽을병이 아니다. 이 기회를 통해서 예수 믿게 하려는 것이다' 하고 말씀하시는 성령님의 세미한 음성이 들려왔다. 병원에 도착해 병실 문을 열자마자 병상에 누워 계시던 아버지와 옆에서 간호를 하고 계시던 어머니에게 "죽을병이 아니랍니다. 아버지도 이 기회에 예수님을 영접하셔야 합니다"라고 선포했다. 죽을 고비를 넘기신 아버지는 정말 인생에 대해서 진지하게 생각해 볼 기회를 가지셨고, 이것이 계기가 되어 교회에 나가시게 되었다. 나는 아직도 당시 아버지의 질환이 하나님께서 아버지에게 하나님을 영접할 수 있는 기회를 주신 것이라 믿고 있다.

태어나면서부터 소경 된 자가 있었다. 유대인들의 사고방식으로는 질병은 죄의 결과였다. 제자들이 예수께 물었다: "이 사람이 맹인으로 난 것이 누구의 죄로 인함이니이까 자기니이까 그의 부모니이까." 예수님은 다음과 같이 대답하셨다: "이 사람이나 그 부모의 죄로 인한 것이 아니라 그에게서 하나님이 하시는 일을 나타내고자 하심이라"(요 9:2~3). 여기서도 예수님은 질병을 개인의 죄나 귀신, 마음의 상처 등과 연관시켜서 말씀하시지 않으셨다. 그의 소경 됨은 하나님의 영광을 위한 것이었다.[95] 죽은 나사로를 살리신 예수님은 "이 병은 죽을 병이 아니라 하나님의 영광을 위함이요 하나님의 아들이 이로 말미암아 영광을 받게 하려 함이라"(요 11:4)고 설명하셨다.

사도 바울의 경우, 육체의 가시에 대한 언급을 한다. 성경학자들은 바울의 육체의 가시란 간질병이라고 추정한다. 간질이란 병은 자신도 통제할 수 없이 온몸이 떨리며 정신을 잃기도 하는 병이다. 신유 사역자 자신이 간질병으로 고통 받는다는 것은 역설적이다. 우리는 바울의 질병을 그의 개인적인 죄나 귀신에 의한 것, 혹은 마음의 고통으로부터 왔다고 해석하기에는 많은 문제가 있음을 알 수 있다. 바울은 자신의 육체의 가시를 없애 달라고 하나님께 간절히 기도했으나 결국 "내 은혜가 네게 족하도다"며 치료의 응답을 받지 못했다. 결국 그는 하나님께서 자고하지 않도록 하시기 위해 육체의 가시를 허락하셨다고 고백한다(고후 12:7~10). 사도 바울은 스스로 교만할 수 있는 많은 요건을 갖춘 인물이었지만, 자신의 약함을 인정함으로 오직 하나님의 은혜와 능력만을 바라보게 되었다. 질병은 일종의 훈련 과정으로, 이를 통해 믿음이 성숙한 그리스도인으로 성장하게 된다. 이런 의미에서 질병에는 하나님의 알 수 없는 섭리가 있을 수 있다.

우리가 자신이 가진 것을 의지하고 인본주의적으로 살려고 할 때, 하나님은 가시를 통해 하나님만을 의지하면서 살게 만드셨다. 가시를 통해 우리 자신이 깨어진다. 이런 의미에서 가시, 즉 육체

---

95) Millard J. Erickson, Christian Theology, 838.

의 질병은 하나님 사랑의 표현이다. 가시를 통해서 하나님께서 우리에게 보여 주시고자 하는 것은, 우리의 연약함과 이 세상은 영원히 살 수 있는 곳이 아니라는 점이다(히 9:27).[96] 병의 원인 중 여전히 하나님의 신비라고 말할 수밖에 없는 영역들이 있음을 알아야 할 것이다.

고통과 질병이 긍정적 역할을 할 때가 있다. 사람들은 심하게 아프게 되면 이전 자신의 생각과 고집을 내려놓고 하나님으로부터 전적인 도움을 받고자 하는 간절한 마음이 생긴다. 병원에 누워 있는 사람들에게 가서 전도하면 다른 경우보다 복음을 잘 수용한다. 이는 고통을 통해 사람들의 마음이 더 열려 있기 때문이다. 그러므로 고통 자체는 죄악의 결과가 아니다. 하나님의 질책을 전혀 받지 않는 사람은 하나님과 아무런 상관이 없는 자이다. 그레고리 감독(Gregory the Great)은 질병을 하나님께서 충실한 그리스도인을 훈계 혹은 훈련시키는 수단으로 해석했다. 질병을 통해서 우리는 우리의 죄를 회개하고 성결에 가까워진다. 질병은 사람을 겸손하고 신령하게 만들며, 이를 통해 우리의 신앙과 인격이 완성된다.[97] 하나님은 한 개인을 고통을 통해 훈련시키신 후, 하나님의 사람으로 쓰신다.[98]

---

96) 조용기, 오중복음과 삼중축복, 25, 160, 344-350. Millard J. Erickson, Christian Theology, 841.
97) Gregory the Great, The Book of Pastoral Rule (Crestwood, NY: St Vladimir's Seminary Press, 2007), II. 13.

한국 교회에서 하나님의 손에 크게 쓰임을 받은 사람치고 크게 안 아파 본 사람이 없다. 한경직 목사는 폐병으로 인해 한쪽 폐를 도려내야 했다. 그러나 그 연약한 몸으로 영락교회뿐 아니라 한국 교회를 이끌고 가셨다. 조용기 목사의 경우, 자신이 위대한 신유 사역자였으나 설교하던 도중에 쓰러지면서 약 10년간 심각할 정도로 아팠다고 고백한다. 그는 이 시기에 성령께서 그의 목회의 담임목회자가 되신다는 사실과, 평신도를 지도자로 양육해 사역하게 하는 교구 모임을 창출해 냄으로 오히려 생산적인 시간을 보낼 수 있었다. 온누리교회의 하용조 목사는 스스로를 '걸어 다니는 종합병원'이라고 말할 정도로 병이 많으셨다. 그가 폐결핵에 걸리자 주님은 그에게 목사가 될 것을 권고하셨다.[99] 그는 하나님을 원망하지 않고 오히려 "병을 통해 하나님의 은혜를 깨달았고, 아픈 사람에 대한 주님의 마음을 알게 되었다"[100]고 고백했다. 나겸일 목사의 경우에도 자신이 간암에 걸렸고, 이를 극복하는 과정이 교회 성장과 가족의 소중함을 알 수 있는 기회로 연결되었다고 고백한다.[101] 이처럼 하나님은 하나님의 특별한 이유와 목적을 가지시고 우리의 연약함과 질병을 통해 일하신다.

영국국교회의 병자 방문에 대한 지침서에는 병은 하나님의 직

---

98) 한국 교회 성령운동의 현상과 구조, 246.
99) 하용조, 하용조 목사의 큐티하면 행복해집니다 (서울: 두란노, 2008), 10-11.
100) 하용조, 사도행전적 교회를 꿈꾼다 (서울: 두란노, 2007), 54.
101) 나겸일, 생명을 건 목회 이야기, 162, 167.

접적 방문 혹은 선물이라고 기록하고 있다. 그러므로 목사는 병고침을 위한 기도도 중요하지만, 병자를 방문해서 질병을 통한 하나님의 목적이 무엇인지에 초점을 맞추어야 한다.[102]

5. 영적 유전

유전적 증상이란 선조들에 의해서 영향을 받는 영역으로, 일반적으로 그 가족 안에서 앓고 있는 질병이나 죄의 형태를 총칭한다. 나는 젊은 나이에 비해 머리숱이 별로 없다. 이는 아버지로부터 머리숱이 없는 것을 유전으로 받았기 때문이다. 이런 의미에서 대머리는 병이라기보다 유전의 영향 때문이다. 특별히 가계에 유전되는 질병이 있다면 그 자손에게도 그 질병이 유전되는 경우가 많다.

유전적 요소에는 육체적인 것과 영적인 것이 동시에 있다. 부모가 지은 죄로 인해서 자식이 고난을 당할 수 있다. 조상 대대로 섬기던 신이 있다면 그 신이 그 집안을 묶고 있다. 무당 집안에서 태어난 사람은 누구보다도 무당이 될 가능성이 높다. 가족이나 친척 중에 무당이 있으면 신앙생활 자체에 많은 어려움을 겪게 된

---

102) Morton Kelsey, Healing and Christianity, 7. Episcopal Church, The Book of Common Prayer (New York: New York Bible and Common Prayer Book Society, 1861).

다. 이는 영적 유전 요소 때문이다: "나 네 하나님 여호와는 질투하는 하나님인즉 나를 미워하는 자의 죄를 갚되 아버지로부터 아들에게로 삼사 대까지 이르게 하거니와 나를 사랑하고 내 계명을 지키는 자에게는 천 대까지 은혜를 베푸느니라"(출 20:5~6), "여호와는 그의 조상들의 죄악을 기억하시며 그의 어머니의 죄를 지워 버리지 마시고"(시 109:14), "내가 잠잠하지 아니하고 반드시 보응하되 그들의 품에 보응하리라 너희의 죄악과 너희 조상들의 죄악은 한 가지니"(사 65:6~7). 이처럼 자신이 인식하지 못하는 조상으로부터의 영향 때문에 어려움을 겪는 경우가 있다.[103]

6. 환경, 병균, 무절제

나의 첫째 아들은 아기 때부터 천식이 매우 심했다. 당시 살고 있던 학교 기숙사에서는 겨울에 난방을 잘 틀어 주지 않았다. 벽은 차가운 콘크리트로 이루어져 있었고, 겨울에는 방 안이 춥고 축축하게 습기가 찼다. 아들은 겨울만 되면 코가 막혀서 숨을 제대로 못 쉬고, 어떤 날에는 밤새도록 기침을 하면서 잠을 전혀 자지 못할 때도 있었다. 숨이 넘어갈 듯이 기침을 하면서 고통을 당

---

103) Norma Dearing, The Healing Touch, 91-4. 전용복, 기도와 치유사역 (서울: 서로사랑, 2002), 17.

하는 아이를 보니, 마음이 찢어질 듯 아팠다. 이 때문에 겨울이 되면 학교에 며칠 빠지는 것은 예사였다. 기침을 하는 아이를 붙들고 밤새 기도도 하고 병원에도 자주 데리고 갔다. 미국 병원에서는 천식에 대한 처방을 잘 해 주지 않아서, 한국 병원에 가서 독한 항생제를 투여하기도 했다. 몇 년을 기도해도 낫지 않았다. 그러던 중, 벽이 나무로 이뤄지고 겨울에 스팀도 잘 넣어 주는 아파트로 이사를 갔다. 그랬더니 천식기가 사라지면서 겨울에도 학교에 빠지지 않고 다니게 되었다. 이 경우는 질병의 원인을 죄, 악령, 마음의 상처, 영적 유전 등과 같은 요소로 설명하는 것보다 환경의 문제로 설명할 수 있다.

과학적 질병이란 영양분 결핍, 병원균, 바이러스나 독소 등으로 오는 질병을 뜻한다. 사람이 잘 먹지 못하고 잠을 자지 못하고 술, 담배를 과도하게 하면 병에 걸리는 것이 당연하다. 햄버거나 피자 같은 패스트푸드는 매일 먹으면 성인병이 생긴다. 오염물질에 많이 노출된다든지 좋지 않은 환경 속에서 살면 그 영향을 받게 되어 있다. 가난과 비위생적 생활환경도 사망과 질병의 주된 원인이다. 한번은 의료 선교 팀이 아프리카로 단기 선교를 갔다. 한 아이가 진료를 받기 위해서 왔는데 배가 산더미만 했다. 그 원인을 알고 보니 수백 마리의 회충 때문이었다. 며칠 동안 기거하게 하면서 회충을 제거하고는 마침내 정상이 되어서 돌아갔다. 1년 후, 같은 선교 팀이 같은 곳으로 다시 선교를 갔는데, 작년에 왔던 그 아이가 다시 배가 산더미만 해져서 진료를 받기 위해서 왔다. 원인은 똑같은 회충이었다. 이는 오염된 물과 음식물에 노출된 환경에 의한 질병이었다.

성경에서는 특히 위생에 관한 법들이 많이 나온다. 제사 드린 가축의 고기와 똥은 진 밖에서 불살랐다(출 29:14). 전염병 환자와 접촉한 자에 대해 정결케 하는 법을 가르쳤다(에 11:28). 깨끗한 식수를 사용할 것, 인체 배설물을 잘 처리할 것, 사체는 신속히 매장할 것 등에 대해서 자세히 설명한다. 심지어는 죽어 있는 짐승의 고기를 먹지 말라고 경고한다(신 14:21).

과로나 과식 또는 무절제한 생활 등으로 자신을 관리하는 데 실패하면 질병이 발생한다. 나겸일 목사의 간증을 보니, 초기 목회 때부터 무리할 정도로 새벽기도와 심방, 설교 준비 등으로 과로를 하셨다. 심지어는 40일 금식기도를 한 이후에도 몸을 돌보지 않고 평소와 마찬가지로 사역을 감당하던 중 몸에 무리가 왔고, 간암으로 인해 죽음의 문턱까지 가게 되었다.[104] 아무리 목회자라 하더라도 슈퍼맨이나 강철 인간이 될 수는 없다.

그리스도인도 과학을 인정하고 의학을 의지해야 한다. 간혹 너무 영적으로 치우치다 보면 자연적 원인에 의해서 질병이 발생했음에도 불구하고 죄나 영적 요인으로 병의 원인을 돌리는 극단주의자가 될 수 있다. 간혹 기도원에 가 보면 병원에 가서 쉽게 치료할 수 있는 병까지도 죄를 회개하지 않아서라든지 귀신으로 인해

---

104) 나겸일, 생명을 건 목회 이야기, 140-1.

병이 생겼다는 극단주의를 보게 된다. 독감에 걸린 한 학생으로 인해 반 아이들 전체가 독감에 걸렸다면 병원에 가서 처방을 받고 푹 쉬면 되는 것이다. 자연적 원인에 의해 발생한 질병은 과학적 방법으로 치료하면 된다.

위와 같이 다방면으로 질병의 원인에 대해서 알아보았다. 질병은 인간의 육체에만 그 원인이 있는 것이 아니라 영적 상태와 심리적 상태와도 큰 연관이 있다. 죄는 인간의 영혼을 타락시켰고, 그 결과로 인간의 육체에 해를 끼친다. 그리고 눈에 보이지 않는 영적 존재도 인간을 괴롭힌다. 마음의 심한 고통도 질병으로 나타난다. 이런 의미에서 질병의 원인을 영혼, 마음, 몸의 유기적 관계로 해석해야 한다. 의학처럼 육체만 치료해서도 안 되며, 심리학처럼 상처받은 마음만 다루어서도 안 된다.

예수님은 죄의 문제만 해결하신 것이 아니라 마음의 상처와 질병의 문제를 유기적으로 치료하셨다. 결국 회개를 통해 영혼의 죄사함을 받고, 내적 치유를 통해 상처 난 마음이 치료를 받고, 나아가 더러운 영을 축사할 때 몸이 온전해지는 것이다. 성경은 전인적인 치료를 권장한다. 영혼, 마음, 육체가 함께 건강할 때 비로소 완전한 치료를 경험할 수 있다: "평강의 하나님이 친히 너희를 온전히 거룩하게 하시고 또 너희의 온 영과 혼과 몸이 우리 주 예수 그리스도께서 강림하실 때에 흠 없게 보전되기를 원하노라"(살전 5:23).

어떻게 해야
신유를 경험할 수 있나?

한번은 한밤중에 전화 한 통을 받게 되었다. 내가 인도하던 성경공부 반에 속한 한 자매에게서 온 전화였는데, 평소 잘 알고 지내던 이웃집에 큰 일이 생겼으니 와 달라는 내용이었다. 택시를 타고 안양에 있는 그 집으로 갔다. 문제는 한 중학생이었는데, 어제까지만 해도 멀쩡했는데, 갑자기 정신이 이상해졌다는 것이었다. 내가 거실에 들어가 앉자, 그 중학생은 급히 방으로 들어가더니 문을 잠가 버렸다. 자초지종을 들어 보니, 반에서 늘 1등을 하던 이 학생은 이번 학기에 음악 점수가 나빠서 등수가 내려갔고, 이것을 걱정하던 중 집으로 성적표가 발송되었다. 결국 이를 발견한 엄마가 야단을 치자 갑자기 토하면서 이상 증세를 보였다는 것이다. 갑자기 아파트 밖에서 친구가 부른다면서 베란다로 가더니 뛰어내리려고 하는 것을 간신히 붙들었다는 것이었다. 또한 복도에서 친구가 부른다면서 문을 열고 나가기에 따라 나가 보았더니 아무도 없었다고 한다.

내가 보기에 충격에 의한 정신 질환이었고, 귀신 들림의 증세가 있었다. 나와 눈을 마주치지 않으려 했고, 붙들고 기도를 하면 온몸에 발작을 일으켰다. 그런데 아무리 낫게 해 달라고 결사적으로 기도를 해도 호전이 없었다. 결국 서울대학병원 정신과에 가서 진료를 받게 되었고, 정신분열증이라는 진단을 받았다. 그런데 입원한 지 며칠 되지 않아 병원에서 아이를 데리고 나가 달라는 전화가 왔다. 아이가 너무 폭력적이고 힘이 세서 다른 환자들에게 위협이 된다는 것이었다. 특별한 종교를 가지고 있지 않았던지라, 결국 아이의 어머니는 무당을 찾아갔고, 몇 백만 원을 들여서 병굿을 했다. 그럼에도 불구하고 호전이 없자 결국 온 가족이 마지막으로 하나님께 매달려 보기로 하고 교회를 나오게 되었다.

교구 식구들과 전도사님들이 지속적으로 방문을 해 예배드리고 기도하고 대화를 하던 중, 그 아이의 상태가 점차 호전되었고, 나중에는 결국 완치가 되었다. 정신이 돌아온 후, 그 아이에게 앞니가 반 정도 부러졌는데 왜 그렇게 되었는가를 물어보았더니, 그 동안 자신에게 일어났던 일에 대해 전혀 기억하지 못하고 있었다. 이를 통해서 '왜 낫지 않는가?' 하는 문제를 다시 생각해 보게 되었다. 내가 저질렀던 가장 큰 실수는 그 가정에 예수 그리스도를 전하지 않고 회개하게 하지 않은 상태에서 치유만을 위한 기도를 했다는 점이었다. 이 사건은 나에게 많은 것을 가르쳐 주었고, 신유가 어떻게 일어날 수 있는지에 대한 생각을 정리하게 했다.

불치의 병에 걸린 사람은 병원에 가고 무당을 찾아가고 다른 방법들을 다 동원해 본 후, 희망이 없으면 마지막으로 교회에 나와서 하나님께 매달리며 기도한다. 그럼에도 불구하고 여전히 많은 사람들이 병 고침을 받지 못한 채 평생을 불구로 살거나 죽어간다. 질병이 계속되는 것은 절대로 복이 아니다. 질병은 개인의 삶뿐 아니라 가족의 삶도 파괴시킨다. 어떤 방법으로든 질병은 제거되어야 할 대상이다. 그러나 교회에 나온다고 해서 저절로 병 고침을 받는 것은 아니다. 어떻게 해야 하나님의 신유를 경험할 수 있을까? 환자가 자신의 병이 빨리 낫기 위해서는 의사를 신뢰하고 그의 치료 방법에 동의하고 이를 따라야 한다. 사람들이 병에서 놓임을 받지 못하는 이유는 우리를 구원하고 치료하시려는 하나님의 방법을 외면하고 자기의 뜻과 의지, 생각대로 살려고 하기 때문이다. 이에 앞에서 제시한 질병의 원인에 이어, 이에 의한 성경적 질병 치료의 방법들을 제시하고자 한다.

1. 죄를 회개해야 한다

하나님은 죄를 싫어하신다. 그래서 우리에게 다음과 같이 명하신다: "여호와를 경외하며 악을 떠날지어다"(잠 3:5~7). 질병의 궁극적 치료는 질병의 원인을 제거함으로 시작된다. 질병은 본질적으로 죄와 관련이 있다. 질병은 하나님과의 단절에서 오며, 하나님에게서 분리되는 것은 영원한 생명에서 분리되는 것이다. 그러므로 육체의 질병 문제를 해결하기 전에 먼저 영적 문제를 해결해야 한다. 병 고침을 받기 위해서는 무엇보다도 죄의 문제를 해결해야 한다. 죄에서 해방될 때, 질병으로부터 해방된다. 죄로 인해 질병이 왔기 때문에, 죄를 사함이 없이는 신유가 일어날 수 없다.[105] 죄의 문제는 회개를 통해서 이루어진다. 자신의 죄를 인정하고 고백해야 한다.

구약성경에서 죄 사함의 문제는 질병의 치료와 직결되었다(시 3:2~3). 이스라엘 백성들이 하나님과의 계약과 율법에 충실했을 때, 그들은 건강하였고 복을 받았다. 그러나 그들이 하나님의 율법으로부터 벗어나거나 하나님을 불신하고 배반했을 때 저주가 임했는데, 저주 중 대표적인 것 중의 하나가 질병이었다(민 28:22). 그러나 그들이 회개하고 다시 하나님께로 돌아올 때, 그들의 질병을 고쳐 주셨다(신 32:24).[106] 이처럼 질병과 죽음에서의 건짐은 항상 죄의 회개와 깊은 관련이 있었다. 특히 구약에서 죄 사함과 신유는 같은 맥락에서 설명된다: "그가 네 모든 죄악을 사하시며 네 모든 병을 고치시며"(시 103:3).

죄의 문제가 해결되지 않은 한, 병에서의 완전한 치유는 불가능하다. 하나님은 죄인들이 나와서 그들의 죄를 고백할 때, 죄만 용서해 주실 뿐 아니라 병도 함께 고쳐 주셨다. 질병으로부터의 고침은 항상 죄의 고백과 용서가 뒤따랐다(시 30:2~5, 38:2~6,

---

105) 조용기, 오중복음과 삼중축복, 159-160.
106) 여의도순복음교회의 신앙과 신학 I, 72-3.

39:9~12).[107] 레위기에서 문둥병을 치료하는 방법이 나오는데, 이는 다름 아닌 제사장을 통해 속죄를 베푸는 것이었다(14:18~21). 질병을 치료받기 위해서는 죄 사함을 받아야 한다. 속죄의 결과는 죄 사함과 질병의 치료를 동시에 포함한다.

"그 거주민은 내가 병들었노라 하지 아니할 것이라 거기에 사는 백성이 사죄함을 받으리라"(사 33:24). 그리스어로 '나는 구원받았다' 라는 말은 '나는 치유 받았다' 라는 말과 같은 의미를 가진다.[108] 예수께서도 병자를 고치실 때, 죄의 용서와 질병의 치유가 서로 분리될 수 없는 것으로 연결시키셨다. 친구들에 의해 지붕에서 내려진 중풍병자에게, 예수님은 이르시기를 "작은 자야 네 죄 사함을 받았느니라 … 일어나 네 상을 가지고 집으로 가라"(막 2:5, 11)고 명하셨다. 중풍병자는 어떤 죄를 범했고, 죄와 병에 대한 번민이 함께 있었다. 그의 중풍병은 자신의 죄에 대한 결과로 인해서 왔다. 그러나 "네 죄 사함을 받았느니라"는 예수님의 말씀에 서기관들이 비난했다. 그러자 예수님은 "네 죄 사함을 받았느니라 하는 말과 일어나 네 상을 가지고 걸어가라 하는 말 중에서 어느 것이 쉽겠느냐"라고 물으셨다. "인자가 땅에서 죄를 사하는 권세가 있는 줄을 너희로 알게 하려 하노라"라고 말씀하심으로 스스로 죄를 사하는 권세가 있는 구세주이심을 선포하셨다. 그런

---

107) F. Martin, Healing, Gift of, 694-5.
108) Nicky Gumbel, Alpha, 198.

후, "네 상을 가지고 집으로 가라"고 하셨다.

예수님은 병을 고치시기 이전에 속죄가 더 현실적인 문제임을 보여 주셨다. 그래서 죄 사함을 먼저 선포하신 후, 곧장 병을 고쳐 주셨다. 이는 죄 사함과 병 고침을 같은 수준에서 설명하신 것이다. 그 사람은 용서 받기 전까지 치료를 경험할 수 없었다. 죄의식으로부터 해방되는 순간 질병에서의 치유가 온 것이다. 주변 사람들도 그가 용서함과 병 고침을 동시에 받았음을 인정할 수밖에 없었다.[109] 이처럼 죄의 용서는 구원뿐 아니라 질병의 치유와도 깊은 관계에 있다. 부패성의 제거는 우리를 죄에서 해방시켜 줄 뿐 아니라, 질병에서도 해방시켜 준다.[110]

인간의 죄는 오직 예수 그리스도의 대속을 통해 해결될 수 있다. 첫 아담이 범한 죄를 둘째 아담인 예수께서 다 짊어지시고 우리의 죄를 도말하셨다(고전 15:45). 예수님은 인간의 죄와 질병 때문에 우리의 연약함을 친히 담당하시고 병을 짊어지셨다(마 8:17): "친히 나무에 달려 그 몸으로 우리 죄를 담당하셨으니 이는 우리로 죄에 대하여 죽고 의에 대하여 살게 하심이라 그가 채찍에 맞음으로 너희는 나음을 얻었나니"(벧전 2:24). 예수 그리스도의 십자가에서의 대속과 부활로 인해 죽음과 죄의 세력은 파괴되었다: "그리스도 예수 안에 있는 생명의 성령의 법이 죄와 사망의

---

109) William Barclay, 44-45.
110) Russell Kelso Carter, The Atonement for Sin and Sickness (Boston: Willard Tract Repository, 1884), 11-16.

법에서 너를 해방하였음이라"(롬 8:2).

　병 고침 받는 것은 우리의 두 눈으로 볼 수 있지만, 죄 사함 받는 것은 눈에 보이지 않는다. 믿음은 자신이 죄 용서함을 받았다는 사실을 받아들이는 것이다. 우리는 죄악과 질병을 예수께서 담당하셨기에, 죄악과 질병을 거부할 권리가 있다. 우리가 용서받은 사람이라는 절대적인 믿음만 있다면 어떤 병에서든지 일어날 권리가 있다. 우리는 병자가 왔을 때, 병 고침을 받기 전에 먼저 죄가 무엇인지를 가르쳐야 한다. 그리고 모든 죄를 회개하고 버려야 함을 말해 주어야 한다. 즉 우리는 육체의 건강보다는 먼저 용서를 구해야 한다.

　기독교 신앙을 전혀 갖지 않은 병자가 찾아오면, 먼저 예수님의 대속에 대해서 가르치고 회개할 것을 권고해야 한다. 영국국교회의 병자를 위한 심방 지침서에서도 심방을 가서 병자에게 회개할 것을 심각하게 거론해야 한다고 나와 있다. 병자에게 먼저 병고침 받으라고 하기 전에 반드시 죄 사함부터 받아야 하며, 죄 사함을 받으면 선물로 고침을 받는다고 가르쳐야 한다. 자신이 지은 죄뿐 아니라 육신을 잘 관리하지 못한 것, 삶의 잘못된 태도와 습관들, 하나님이 보시기에 옳지 않는 생각들을 모두 회개해야 한다. 기존 신자들의 경우에도 하나님께 순종하지 못했던 죄들을 회개해야 치유의 능력이 나타난다.

　신유를 위해서 철야하고 금식하고 몸부림을 친다 하더라도 마음에 죄를 품은 자의 간구는 하나님께 상달되지 않는다: "내가 나의 마음에 죄악을 품었더라면 주께서 듣지 아니하시리라"(시 66:18). 우리의 죄를 주님 앞에 가지고 나와서 그분의 죄 사함의 능력으로 용서함을 받은 후, 치료하시기를 구해야 한다: "만일 우리가 우리 죄를 자백하면 그는 미쁘시고 의로우사 우리 죄를 사하시며 우리를 모든 불의에서 깨끗하게 하실 것이요"(요일 1:9). 그래서 우리는 "너희 죄를 서로 고백하며 병이 낫기를 위하여 서로 기도하라"(약 5:16)라는 말씀에 따라서 회개해야 한다. 예수님의 속죄 사역과 그 결과를 믿는다면 자연스럽게 병이 낫는다. 신유는 예수 그리스도의 대속에 근거하며, 속죄의 믿음을 가진 사람만이 병 고침을 체험할 수 있다.[111]

2. 믿음이 있어야 한다

구원을 받기 위한 유일한 조건은 믿음이다. 성령 세례를 받기 위한 유일한 조건도 예수 그리스도를 믿는 믿음이다(요 7:38~39, 갈 3:2): "네 하나님 여호와를 섬기라 그리하면 여호와가 너희의 양식과 물에 복을 내리고 너희 중에서 병을 제하리니"(출 23:25). 질병 치유를 위해서도 믿음이 있어야 한다. 예수님이 하나님의 아들이

---

111) R. N. A. Kydd, Healing in the Christian Church, 710. William Faupel, The Everlasting Gospel (Sheffield, England: Sheffield Academic Press, 1996), 29-30.

시며 구원자이심을 믿는 사람이 믿는 자이다. 예수 그리스도를 구세주로 믿고 시인한 사람은 원죄에서 해방되며, 동시에 육체적·정신적 질병에서도 자유함을 얻을 수 있다. 예수를 믿음으로 우리의 영혼이 구원받고 질병에서 놓임을 받는다: "내 이름을 경외하는 너희에게는 공의로운 해가 떠올라서 치료하는 광선을 비추리니"(말 4:2).

출애굽한 이스라엘 백성들이 하나님을 배역한 결과로 하나님께서 불 뱀을 보내어 물게 했고 많은 사람들이 죽어 갔다. 그때 하나님은 모세에게 놋 뱀을 만들어 장대에 달게 했고, 이를 쳐다본 사람들은 살 수 있었다. 독사에 물려 죽어 가는데, 놋으로 만든 뱀을 본다고 해서 살 리가 없다. 그러나 믿음을 가지고 본 자들은 살았다(민 21:9).

예수님도 도움이 필요해서 온 병자들에게 믿음을 요구하셨다. 예수님의 신유 사건을 분석해 보면, 환자의 믿음이 신유에서 결정적 역할을 담당했음을 알 수 있다.[112] 하루는 두 소경이 예수님을 따라오며 도움을 요청하였다. 예수님은 그의 뒤를 따라오면서 소리를 지르던 두 소경에게 물으셨다: "내가 능히 이 일 할 줄을 믿느냐." 그들은 대답했다: "주여 그러하오이다." 이에 예수님은 그들의 눈을 만지시며 "너희 믿음대로 되라"고 명하셨고, 그들의 눈은 밝아졌다(마 9:27-30). 이처럼 예수님은 병 낫기를 간구하는 사

---

112) Millard J. Erickson, Christian Theology, 838. Morton, Healing and Christianity, 64.

람에게 믿음을 요구하셨고, 그 믿음에 부합할 때 병을 고치셨다: "아무 데나 예수께서 들어가시는 지방이나 도시나 마을에서 병자를 시장에 두고 예수께 그의 옷 가에라도 손을 대게 하시기를 간구하니 손을 대는 자는 다 성함을 얻으니라"(막 6:56).

이러한 예는 예수님의 신유에서 자주 나온다. 혈루증을 앓던 여인이 있었다. 그녀는 12년 동안 의사를 찾아다니고 약을 복용했지만 효험이 없었다. 레위기에 의하면, 혈루증을 앓는 여인은 모든 종교 및 사회적 생활로부터 격리되었다(레 15:25~27). 이 여인은 질병의 고통뿐 아니라 가족들로부터도 떨어져 사회적 고립으로 이중 고통을 당하고 있었다. 그녀는 자신이 부정하다고 생각했기 때문에 예수께 나아와 그에게 고쳐 달라고 요청할 수 있는 처지도 아니었다.[113] 그러나 그녀는 예수님의 옷자락만 만져도 낫겠다는 믿음에 예수께 다가와 그의 옷자락에 손을 대었다. 그 순간 그 여인의 병이 나았다. 이때 예수님은 능력이 자신의 몸에서 빠져나간 사실을 아시고 그 여인을 찾으셨다. 그 여인이 두려워 떨며 그 앞에 엎드려 모든 사실을 아뢰었을 때, 주님은 "딸아 네 믿음이 너를 구원하였으니 평안히 가라 네 병에서 놓여 건강할지어다"(막 5:34)라고 선포하셨다. 믿음을 가지고 의식적으로 주님의 몸에 손을 대어 예수님의 능력을 받고자 할 때, 이적이 나타난다. 이처럼 믿음의 고백과 행위는 병 고침을 가져온다.

---

113) William Barclay, 47.

귀신 들린 아들을 둔 아버지가 찾아와 "무엇을 하실 수 있거든 우리를 불쌍히 여기사 도와 주옵소서"라고 요청하였을 때, 예수님은 그의 믿음 없음을 꾸짖으셨다. 그러자 그 아비는 "내가 믿나이다 나의 믿음 없는 것을 도와 주소서"라고 소리를 질렀다. 예수님은 귀신을 꾸짖으셨고 그 아이는 나음을 입었다(막 9:14~27). 하나님은 우리의 믿음이 완벽하기 때문에 고쳐 주시는 것이 아니다. 비록 완전한 믿음을 가지지 못했다 하더라도 솔직하게 고백하고 믿음을 달라고 고백할 때, 예수님은 역사해 주셨다. 우리는 우리 자신이 얼마만큼의 큰 믿음을 가지고 있는지 걱정할 필요가 없다. 하나님의 살아 계심과 그분의 선하심과 신실하심에 대한 겨자씨만 한 믿음만 있으면 된다. 우리가 해야 할 일은 믿는 것이고, 하나님의 일은 치유하시는 것이다. 자신에게 나아온 문둥병자에게 예수님께서 "내가 네게 무엇 하여 주기를 원하느냐?"고 물으셨을 때, 그는 "원하시면 저를 깨끗하게 하실 수 있나이다"라고 대답하였다. 예수께서 "내가 원하노니 깨끗함을 받으라" 하시니 그는 즉시 나음을 입었다(마 8:2~3).

반면 예수님은 믿음이 없는 사람이나 그를 받아들이지 않는 지역에서는 신유를 행하지 않으셨다. 그의 고향인 나사렛에 가셨을 때, 큰 이적을 행하지 못하셨다. 이는 그들이 믿지 않았기 때문이다: "그들이 믿지 않음으로 말미암아 거기서 많은 능력을 행하지 아니하시니라"(마 13:58), "그들이 믿지 않음을 이상히 여기셨더라"(막 6:6). 불신앙은 예수의 신유를 불가능하게 만들었다. 회당장의 딸이 죽었을 때, 예수님은 믿지 않는 자들을 방에서 내보내셨다(막 5:35~40). 이는 그들의 불신앙이 치유를 가로막았기 때문이다. 기도해 주는 자가 믿지 않거나 기도 받는 사람이 불신앙일 때에는 치료가 일어나지 않는다. 오직 믿음의 기도만이 병든 자를 구원시킬 수 있다(약 5:15). 오늘날 신유가 잘 나타나지 않는 것은 병 고치기를 원하시는 예수님을 믿지 않기 때문이다.

사람들은 치유 기도를 받으러 와서 무조건 치유를 위해 기도해 달라고 부탁한다. 그러나 이는 사람이 행할 수 있는 것이 아니라 오직 하나님께서 하시는 일이다. 하나님은 병을 고쳐 주실 때 우리에게 믿음을 요구하신다. 그러므로 우리는 하나님의 살아 계심, 하나님의 선하심, 하나님의 주권에 대한 믿음을 가져야 한다.

주님과의 개인적인 관계를 가지고 있지 않다면 치유는 불가능하다. 신유의 응답을 받기 위해서는 자신의 감정이 아니라 하나님의 말씀에 근거한 믿음을 가지고 하나님 나라에 속한 사람이 되어야 한다. 신유의 역사가 일어나기 위해서는 반드시 하나님을 개인적으로 만난 하나님의 자녀가 된 구원에 대한 확신이 있어야 한다. 믿음이 있을 때, 성령께서 임재하시고 그 병을 고쳐 주실 수 있다. 그리스도를 만나게 될 때 영적으로나 육체적, 감정적으로 치료를 받게 된다. 그러므로 병자의 병 낫기를 위해 기도해 주기 전에, 그 병자가 자신의 죄를 회개하고 예수 그리스도를 영접했는지를 확인해 보아야 한다: "당신은 살아 계신 하나님의 아들을 믿습니까?" 그 다음에 "예수 그리스도께서 당신을 고쳐 주신다는 사실을 믿으십니까?"라고 물어야 한다. 믿음이 없이는 하나님을 기쁘시게 할 수 없기 때문이다(히 11:6). 예수께서 병을 짊어지셨음에도 불구하고 이를 인정하지 않는 것은 예수님의 하신 일을 부인하는 것이다.[114]

이처럼 예수 그리스도께서 우리의 구주가 되신다는 것을 믿는 믿음은 우리 영혼의 구원 요소일 뿐 아니라, 신유를 위해서도 필요하다. 예수 그리스도의 십자가 보혈의 능력을 믿어야 한다. 믿음을 가지고 자신의 죄를 회개하고 죄 사함을 받았다는 사실을 받아들일 때, 죄의 결과물인 질병도 함께 고침을 받는다. 그리고 우리는 성경에 기록된 신유가 사실이고, 현재에도 일어날 수 있다는 것을 믿어야 한다. 하나님께서 우리의 병을 고쳐 주신다는 믿음 위에 설 때 신유는 일어날 수 있다.

3. 하나님의 말씀을 듣고 지켜야 한다

하나님의 말씀 안에는 하나님의 생명이 있고, 그 생명이 우리를 살린다. 예수님의 말씀이 곧 영이요, 생명이다(요 6:63). 말씀은 하나님의 능력 그 자체이기에, 하나님의 말씀을 듣게 될 때, 그 생명과 에너지가 우리 속에 들어온다. 말씀이 우리의 심령에 심겨질

---

114) 조용기, 오중복음과 삼중축복, 136.

때 죄와 죽음, 질병을 압도하게 된다: "내 아들아 내 말에 주의하며 내가 말하는 것에 네 귀를 기울이라 그것을 네 눈에서 떠나게 하지 말며 네 마음 속에 지키라 그것은 얻는 자에게 생명이 되며 그의 온 육체의 건강이 됨이니라"(잠 4:20~22). 주님의 말씀이 생명이기 때문에 죽은 자를 살리며 병자를 고친다: "하나님의 말씀은 살아 있고 활력이 있어 좌우에 날선 어떤 검보다도 예리하여 혼과 영과 및 관절과 골수를 찔러 쪼개기까지 하며 또 마음의 생각과 뜻을 판단하나니"(히 4:12). 하나님의 말씀을 듣고 받아들일 때 우리의 영혼이 구원받으며, 마음은 하나님께로 변하게 되고, 육체는 치유함을 받는다.[115]

요한복음을 읽어 보면, 예수님은 먼저 말씀을 전파하시고, 그 말씀을 증거하기 위해서 기적을 베푸셨다. 그는 자신을 인간의 영혼을 먹이는 살아 있는 떡이라고 소개하신 후, 허기에 차 있던 오천 명을 먹이셨다(요 6:1~14). 그는 이 세상의 빛이라고 소개하신 후, 태어나면서 장님이었던 사람을 고침으로 세상을 보게 하셨다(요 9장). 예수님은 "나는 부활이요 생명이다"라고 선포하신 후, 죽은 나사로를 살리셨다(요 11장).[116]

사도 바울은 루스드라라는 도시에서 한 앉은뱅이를 만나게 되었다. 이 사람은 구걸하러 온 걸인이 아니라 바울의 설교를 들으

---

115) 하용조, 변화받은 사람들 (서울: 두란노, 1999), 323.
116) William Barclay, 147.

러 온 사람이었다. 그는 바울이 전하는 예수 그리스도의 복음을 듣고 믿음을 가지게 되었다. 하나님의 말씀을 들을 때 그 말씀이 그 안에서 살아 넘쳤고, 그 안에서 성령의 역사가 일어났다. 바울은 그에게서 구원을 받을 만한 믿음이 생기는 것을 보았다. 바울은 인간의 이성이나 자연 법칙의 세계를 벗어나 믿음의 세계로 들어갔고, 앉은뱅이에게 "일어나라"고 명했을 때 그는 벌떡 일어났다(행 14:8~18). 이는 설교 도중에 일어난 일이었다: "그러므로 믿음은 들음에서 나며 들음은 그리스도의 말씀으로 말미암았느니라"(롬 10:17). 믿음은 하나님의 말씀을 들음으로부터 온다. 하나님의 말씀이 내 마음에 들어와 그 말씀대로 살아가고자 결단할 때, 우리의 육신이 강건해진다.[117] 말씀을 듣지 않고서는 믿음이 생길 방법이 없다.

하나님의 말씀이 없는 상태로 성령만 좇고 신유만 요구하는 사람은 위험에 빠질 가능성이 많다: "너희가 내 안에 거하고 내 말이 너희 안에 거하면 무엇이든지 원하는 대로 구하라 그리하면 이루리라"(요 15:7). 우리의 영혼과 육체가 강건해지기 위해서는 날마다 규칙적으로 생명의 양식인 말씀을 먹어야 한다. 우리가 구원받는 것과 질병에서 치료받는 것은 둘 다 하나님의 말씀으로 되는 것이다. 하나님의 말씀이 강력하게 선포되는 곳에 구원과 신유가 동시에 일어난다: "너희가 너희 하나님 나 여호와의 말을 들어 순

---

117) 손기철, 치유기도, 110.

종하고 내가 보기에 의를 행하며 내 계명에 귀를 기울이며 내 모든 규례를 지키면 내가 애굽 사람에게 내린 모든 질병 중 하나도 너희에게 내리지 아니하리니 나는 너희를 치료하는 여호와임이라"(출 15:25~26).

한번은 케냐에 단기 선교를 가서 말씀을 강력하게 전하는 동안 말씀을 듣고 있던 케냐 여인에게서 귀신이 드러났다. 이처럼 하나님의 말씀이 강력하게 선포되는 곳에 죄로부터의 놓임이 있으며, 질병이 낫고, 귀신이 하나님 말씀 앞에서 벌벌 떠는 것을 경험할 수 있다. 각색 병이 있어도 하나님의 말씀을 들으면 생명을 얻게 되고, 그 병에서 놓임을 받게 된다. 비록 병이 인간을 위협할지라도 주님의 말씀 앞에서는 병이 물러갈 수밖에 없다.

대부분의 신유 집회에서 찬양하고 하나님의 말씀을 선포한 후, 신유를 위해서 기도한다. 고구마 전도 왕으로 알려진 김기동 목사의 간증을 들은 적이 있다. 교통사고로 온몸이 만신창이가 되었고, 팔다리를 마음대로 움직이지 못하게 되었다. 하루는 교회 예배에 참석해서 박수를 치면서 찬양을 하던 중, 갑자기 마비되었던 팔다리와 온몸이 풀리면서 치유를 경험하였다. 이렇듯 말씀을 듣고 찬양하며 예배에 성공하는 사람이 신유를 맛볼 수 있다.

초대 교회에서는 예배 시 병자를 위한 세례식이나 성찬식을 베풀던 중, 병이 낫고 귀신이 쫓겨 가기도 했다.[118] 세례와 성찬식은

---

118) Saint Cyprian, The Epistles of St. Cyprian (Oxford: J. H. Parker, 1844), 15-16.

예수 그리스도의 죽으심과 부활의 생명력에 동참하는 영적인 면이 있기 때문이다. 신령과 진정으로 성찬식에 참석하거나 세례를 받던 중, 예수 그리스도의 속죄와 부활이 전해질 때 영혼·마음·육체의 생명과 건강이 돌아온다. 어거스틴은 한 의사가 물세례를 받는 순간, 그가 자신의 지병에서 치료되는 것을 목격하였다. 온몸이 마비되고 탈장으로 고통 받던 병자가 세례를 받고 치료되었다.[119] 중세 교회의 기록에 보면 버나드(Bernard of Clairvaux)가 집례하던 성찬식에 참석한 수많은 사람들이 치유를 경험했다고 한다. 병자는 힘써 예배에 참석하면서 진정으로 찬양하고 하나님의 말씀을 받아들일 때, 하나님의 능력을 맛볼 수 있다.

4. 기도해야 한다

예수님을 믿은 지 얼마 되지 않던 때의 일이다. 하루는 세수를 하면서 코를 푸는데, 갑자기 코피가 쏟아져 나왔다. 이전에 코피를 거의 흘려 본 경험이 없던 터라 순간 당황했다. 휴지로 코를 막고 한참을 기다린 후에야 멎었다. 그런데 문제는 그 다음 날부터 세수만 하면 코피가 걷잡을 수 없이 쏟아지는 것이었다. 일주일

---

119) Martin E. Marty and Kenneth L. Vaux ed., Health/Medicine and the Faith Traditions (Philadelphia: Fortress, 1982), 106.

동안 매일 아침 다량의 코피를 쏟다 보니, 나중에는 현기증까지 났다. 일주일째 되던 날, 어김없이 또 코피가 쏟아져 나왔다. 이제는 안 되겠다 싶어 쏟아지는 코피와 코를 두 손으로 부여잡고 앉은 채로 기도하기 시작했다: "하나님, 코피가 나옵니다. 코피를 멈춰 주세요. 주님의 보혈을 믿습니다." 한 1분 정도 기도하고 난 후 눈을 떠 보니 코피가 멎어 있었다. 그리고 더 신기했던 것은 그 다음 날부터 코피가 터지지 않았고, 그 이후로도 코피를 쏟지 않았다. 비록 작은 예지만, 이 사건은 병 고침을 위한 기도에 대한 나의 인식을 크게 바꿔 놓았다.

하나님은 우리의 기도에 응답하시는 분이시다: "너희가 내게 부르짖으며 내게 와서 기도하면 내가 너희들의 기도를 들을 것이요 너희가 온 마음으로 나를 구하면 나를 찾을 것이요 나를 만나리라"(렘 29:12~13). 자신의 죄를 회개하고 예수님을 구주로 영접한 후 꾸준히 말씀을 들었다 할지라도, 병 고침을 위해 예수님께 직접 간구해야 한다. 미리암이 그녀의 남동생 모세에 대해 비판하자 하나님은 그녀로 하여금 문둥병에 걸리게 하셨다. 이에 모세는 "하나님이여 원하건대 그를 고쳐 주옵소서"(민 12:13)라고 부르짖어 기도했다. 그러자 일주일 후 그녀는 고침을 받았다. 히스기야 왕이 병들어 죽게 되었을 때, 그는 하나님 앞에 살려 달라고 간절히 기도했다. 이때 하나님은 히스기야의 생명을 15년 동안 연장시켜 주셨다(왕하 20장).

신약에 나오는 숱한 신유의 사건들을 보면, 예수께서 먼저 병자에게 다가간 것보다 병자들이 먼저 예수님께 간절히 간청함으로 예수께서 신유를 베푸셨다는 사실을 발견할 수 있다. 예수님은 저 멀리서 문둥병자들이 예수님을 애타게 기다리고 있다는 사실을 이미 알고 계셨다. 그러나 예수께서 먼저 그들에게 다가가셔서 고쳐 주지는 않으셨다. 문둥병자들이 큰 소리로 애타게 예수님을 부를 때, 예수님은 가시던 발걸음을 멈추시고 그들을 고쳐 주셨다(눅 17:11~19). 가나안 여인이 귀신 들린 딸의 치유를 위해 예수님께 간청하였다. 이때 예수님은 "자녀의 떡을 취하여 개들에게 던짐이 마땅하지 아니하니라"고 박대하셨다. 그러자 그녀는 "개들도 제 주인의 상에서 떨어지는 부스러기를 먹나이다" 하며 끈질기게 간청했고, 예수님은 결국 그녀의 딸을 고쳐 주셨다(마 15:22~28). 예수님도 제자들에게 치유의 능력은 기도에서 나오는 것임을 말씀하시면서 기도를 강조하셨다. 이처럼 병든 사람이 치료에 대한 간절한 소원과 기대가 없다면 신유는 일어나지 않는다.

혹자는 하나님이 귀머거리가 아니므로 크게 기도할 필요가 없다고 주장한다. 하나님께서 누군가를 낫게 하려고 작정하셨다면 굳이 우리가 기도하지 않더라도 낫게 하신다는 주장이다. 심지어는 하나님이 낫게 하실 의도가 전혀 없으심에도 불구하고 하나님께 소리를 지르며 떼를 쓰는 것은 하나님의 주권을 넘보는 월권행위라고 비난하기도 한다. 그러나 성경을 읽어 보면 이것이 사실이 아님을 알 수 있다. 디매오의 아들인 소경 거지 바디매오는 치유자이신 예수님께서 지나가신다는 이야기를 들었을 때, 큰 소리로

"다윗의 자손 예수여, 나를 불쌍히 여기소서"(막 10:47)라고 소리를 질렀다. 주변 사람들이 "잠잠하라"고 주의를 주었지만 그는 평생에 다시 올 수 없는 기회를 잡기 위해서 더 소리를 질렀다. 결국 예수께서는 가시던 발걸음을 멈추셨고, 바디매오를 불러서 무엇하여 주기를 원하는지 물으셨다. 이미 예수님은 그가 왜 애타게 예수님을 부르고 있었는지를 잘 아셨다. 바디매오는 자신이 원하는 것을 단 한마디로 "선생님이여 보기를 원하나이다"(막 10:51)라고 고백했다. 이처럼 뚜렷하고 구체적인 목적을 가지고 간구하는 자가 응답을 받게 되어 있다.

초대 교회에서 수많은 신유의 역사가 나타났는데, 그 배경에는 신실한 기도가 있었다. 어거스틴은 고통스러운 수술을 앞둔 환자를 위해서 기도하던 중, 그가 수술을 받지 않고 나았음을 기록하고 있다.[120] 기도를 집중적으로 하고 싶을 때, 한국 교인들은 주로 기도원에 간다. 한국에는 약 500여 개의 기도원이 있는 것으로 추정된다.[121] 신자들은 여러 가지 목적을 가지고 기도원을 방문하는데, 그 이유 중 하나는 병 고침을 받기 위해서이다.[122] 몇몇 기도원에서는 금식 기도의 필요성과 능력을 강조한다. 최자실 목사의 경우, 신유를 위한 정기적인 금식을 강조한다. 그 근거로 다윗이 문제가 있을 때마다 하나님 앞에서 식음을 전폐하고 기도를 드렸고

---

120) Martin E. Marty and Kenneth L. Vaux ed., 106.
121) 박만용, 기도원 운동과 신앙 성장 (서울: 쿰란출판사, 1998), 73.
122) 한국 교회 성령운동의 현상과 구조, 127.

(삼하 12:6), 예수께서도 공생애 시작을 40일 금식으로 시작하신 것에 주목한다. 금식의 유익으로는, 인간의 기본적인 욕망인 음식을 멀리함으로 육체의 정욕을 제어할 수 있고 영적 능력을 받을 수 있다. 자신의 목숨을 내어놓고 하는 기도를 통해 수많은 사람들이 불치의 병에서 나았다는 간증들을 수시로 들을 수 있다.[123]

신유에 미치는 기도의 능력을 과학적으로 증명하긴 힘들지만, 미국 의학계에서는 종교가 병 고침에 긍정적 영향을 미친다는 연구 결과가 많이 나와 있다. 미국에서 병원 상담 목사로 연수를 받고 있을 때, 병원에 있는 도서관에서 종교적 믿음이 병 고침에 큰 도움이 된다는 기사를 읽은 적이 있다. 특히 기도를 하는 환자와 기도를 전혀 하지 않는 환자의 병 호전 상태를 지켜보았더니, 믿음을 가지고 기도하는 환자일수록 빨리 완전한 치유가 일어난다는 연구 결과가 나와 있었다.

우리는 신유를 위해서 기도해야 한다. 오늘날 신유와 기적이 많이 나타나지 않는 것은 기도하지 않기 때문이다. 기도하지 않는 것은 믿음이 없기 때문이다. 그리고 기도할 때, 하나님의 뜻대로 기도해야 한다. 기도해도 받지 못하는 것은 하나님의 뜻과는 관계없이 기도하기 때문이다.

우리는 병자를 위해서 기도할 때, 무엇을 위해서 기도해 줄 것인가를 물어보아야 한다. 가능하다면 분명하고 구체적으로 기도

---

123) 최자실, 금식기도의 능력 (서울: 서울말씀사, 1996).

할 때 큰 치유가 일어난다. 환자를 위해서 치유 기도할 때, 한 번 기도했다가 안 된다고 그만두면 안 된다. 육체적 치유를 위해 기도할 때, 오랜 시간 자주 기도하는 것이 유익하다.[124] 기도하자마자 병이 나으면 좋겠지만, 대부분의 암이나 정신질환, 우울증은 한 번의 기도로 치료되지 않는다고 한다.[125] 중요한 것은 당장 낫는 것이 눈에 보이지 않는다 할지라도 믿음을 가지고 끝까지 기도하는 것이다. 혼자서 기도하기 힘든 경우, 주변 사람들과 합심기도를 하면 좋다.

교회는 병자를 위해서 기도해야 한다. 교회가 신유 사역을 시작하려면, 신유를 위한 중보기도 팀이 먼저 운영되어야 한다. 신유 사역자의 경우도 혼자서 자신을 위해서 기도할 수 있겠지만, 기도 팀을 두어서 지속적으로 신유를 위해서 기도할 때 능력이 지속될 수 있다.

중보기도, 즉 다른 사람들을 위한 기도에 능력이 있다.[126] 믿음의 기도가 병자를 고친다: "너희 중에 고난 당하는 자가 있느냐 그는 기도할 것이요 … 믿음의 기도는 병든 자를 구원하리니 주께서 그를 일으키시리라 혹시 죄를 범하였을지라도 사하심을 받으리라 그러므로 너희 죄를 서로 고백하며 병이 낫기를 위하여 서로 기도하라 의인의 간구는 역사하는 힘이 큼이니라"(약 5:13~16). 병

---

124) Norma Dearing, The Healing Touch, 137-8.
125) 손기철, 고맙습니다 성령님, 235.
126) Norma Dearing, The Healing Touch, 125.

고침을 위한 기도는 모든 성도들이 할 수 있는 특권이며, 특히 믿는 자들이 함께 모여 육체의 질병을 위해 기도할 때 낫는 역사가 일어난다.

5. 관념을 바꾸어야 한다

예루살렘 양 문 곁, 베데스다 연못에 38년 된 병자가 있었다. 그의 병은 만성적인 것으로, 고칠 수 없었다. 천사가 물을 동하게 한 후 처음으로 들어간 사람은 고침을 받았다. 불행히도 그를 도와주는 사람이 없어서 그는 먼저 들어가지를 못했다. 그는 자신이 나을 것이라는 희망을 버리지 않고 38년 동안 연못가에서 기다리고 있었다. 그때 예수님께서 그에게 다가가셔서 "네가 낫고자 하느냐"(요 5:6)고 물으셨다. 그는 마음에 낫고자 하는 불타는 열망이 있었기 때문에 38년간 그 자리를 떠나지 않고 기다렸던 것이다. 이 사건에서 우리가 배울 수 있는 교훈은 희망을 포기하지 말라는 것이다. 만약 그가 희망을 포기했다면 기적은 일어나지 않았을 것이다. 우리는 자신의 병이 나을 것이라는 믿음과 희망을 가지고 계속 간구할 때, 신유를 경험할 수 있다. 신유가 일어나기 위해서는 자신의 병은 고칠 수 없다는 관념을 버리고 끊임없이 병 낫기를 간구하는 것이다. 신유의 약속을 부정적으로 생각하여 신유의 시대는 끝났다고 생각하는 사람들에게는 절대로 신유가 일어날 수 없다.

    많은 사람들이 '나는 병자다' 라는 관념으로 스스로를 병자로 만든다. 치유함을 받기 위해서는 무엇보다도 자신이 병자라는 관념을 버리고 예수님의 말씀을 의지해야 한다. 그랬을 때 병의 치료가 시작된다. 오늘날 사람들은 자기 병이 위중하다고 생각한다. 주님의 능력으로 고침을 받고자 나와서 기도하면서도, '제 병은 원체 오래된 병이어서 두고 봐야 할 것 같다' 고 자신이 앓던 병을 끌고 다닌다. 실제로 나았음에도 불구하고 병의 이력 때문에 순간적으로 일어난 이적을 실감하지 못할 때도 있다.

    하나님은 인격의 하나님이시기에, 인간의 의지와 생각을 초월하지 않으신다. 병을 완치하는 지름길은 자신의 병은 도저히 고칠 수 없는 중병이라는 관념을 제거하는 것이다. 우리 자신의 마음속에 '병을 내어 쫓아야겠다' 는 강한 의지가 있어야 쫓아낼 수 있다. 마음속으로 '이렇게 상태가 심한데 어떻게 나을 수 있겠어. 희망이 없어' 라고 생각한다면 신유가 일어나지 않는다.[127] 하나님께서는 기대하고 열망하지 않는 사람에게는 역사하실 수 없다. 질병의 대속함을 받기 원하는 사람은 건강을 열망하며 기도해야 한다.

    하루는 식도암에 걸려서 죽어 가던 한 여인이 조용기 목사를 찾아왔다. 주님은 치유자시라는 성경 말씀을 읽어 주고 안수 기도를 해 주었다. 그 이후로도 그 여인은 여러 차례 찾아와서 안수 기

---

127) 조용기, 나의 교회성장 이야기, 290.

도를 받았다. 그러나 전혀 차도가 보이지 않았다. 결국 조용기 목사는 그 여인에게 기도원에 가서 베드로전서 2장 24절 "그가 채찍에 맞음으로 너희는 나음을 얻었나니"라는 말씀을 만 번을 읽으면서 쓰고, 한 번 쓸 때마다 건강해진 모습을 그려 보라는 숙제를 내 주었다. 그 여인은 기도원에 들어가서 몰두해서 그 말씀 구절을 만 번을 쓰고, 숙제를 마친 후, 조 목사에게 돌아가서 이를 보여 주었다. 그때서야 그녀는 자신의 병이 나았음을 알게 되었다.[128] 이렇듯 자신의 고집을 버리고 하나님의 치료의 말씀을 받아들이고 믿을 때, 하나님의 말씀이 이루어진다.

바울은 루스드라에서 나면서부터 앉은뱅이가 된 사람을 일으켰다. 나면서부터 앉은뱅이가 된 사람은 현대 의학으로도 고칠 수 없다. 그러나 바울은 그가 말씀을 받고 믿음을 가지는 순간, 그 사람에게 "일어나라"고 소리를 질렀다(행 14:10). 이는 인간의 이성이나 자연 법칙을 벗어나는 것이다. 만약 우리의 관념이 이성이나 자연 법칙에 머물러 있다면 절대로 그런 일이 일어날 수 없다. 우리는 '하나님의 말씀에 설 것인가? 아니면 인간의 이성 편에 설 것인가?'를 결정해야 한다. 우리가 우리의 생각을 내려놓고 하나님의 초자연적 말씀에 근거해서 우리의 관념을 바꿀 때에 신유는 일어난다.

'어떻게 처녀가 아기를 낳을 수 있는가?', '어떻게 사람이 물

---

128) 조용기, 나의 교회성장 이야기, 354-6.

위를 걸을 수 있는가?', '어떻게 죽은 자가 살아날 수 있는가?' 도저히 있을 수 없는 일이라고 생각하는 순간, 성령의 역사는 멈추게 되고, 우리는 더 이상 하나님의 신유를 맛볼 수 없게 된다.[129]

그러므로 의심이 많은 사람은 신유를 경험할 수 없다. 신유 집회에서 자신의 고집이 셀수록, 교육을 많이 받을수록, 여자보다는 남자에게 신유가 잘 일어나지 않는다고 한다. 즉 자신의 신념으로 가득 차 있을 때 하나님은 들어오실 수 없으며, 신유를 경험하는 것도 힘들다. 자신의 고집을 버리고 비울 때, 하나님께서 그의 생명으로 채워 주신다. 많은 그리스도인 병자들이 "그가 찔림은 우리의 허물 때문이요 그가 상함은 우리의 죄악 때문이라 그가 징계를 받으므로 우리는 평화를 누리고 그가 채찍에 맞으므로 우리는 나음을 받았도다"(사 53:5)라는 성경 말씀을 잘 알고 있다. 그러나 이 말씀을 믿음으로 받아들이지 않는다. 믿음은 하나님의 말씀을 자신의 이성과 감정과는 관계없이 그냥 받아들이는 것이다. 기도를 마친 후에 비록 아직 몸이 불편하고 고통스럽더라도 이미 몸이 치료되었음을 믿음으로 마음 가운데 받아들여야 한다. 말씀에 의지해 이미 치유 받고 온전케 된 자신의 모습을 볼 수 있어야 한다.[130] 세상의 사고 체계를 버리고 믿음의 사고 체계가 마음에 자리 잡는 비결은 말씀을 읽고, 묵상하고, 이를 받아들이는 것이다.

---

129) 하용조, 변화받은 사람들, 325.
130) 조용기, 나의 교회성장 이야기, 337.

6. 순종해야 한다

열왕기하 5장을 보면 아람 왕의 군사장이었던 나아만 장군이 나온다. 그는 용맹한 장수였지만 문둥병으로 고통을 받고 있었다. 그가 하나님의 선지자인 엘리사를 만났을 때, 엘리사는 밖에 나오지도 않은 채 그에게 요단강에서 일곱 번 몸을 씻으라는 명령만 내렸다. 문둥병이 강에 가서 씻는다고 해서 치료될 리가 없다. 나아만은 그 명령이 이해되지 않았다. 하지만 그 말씀에 순종했을 때, 그의 피부가 어린아이의 것처럼 깨끗함을 받았다.

날 때부터 소경 된 자가 예수님께 와서 "보기를 원한다"고 간청했을 때, 예수님은 일반 상식과는 전혀 반대되는 명령을 내리셨다. 땅에 침을 뱉어 진흙을 이겨 눈에 바르고 "실로암 못에 가서 씻으라"고 명하셨다. 예수님은 그를 마치 소경이 아닌 정상인처럼 취급하여 실로암 못에 가서 씻으라고 말씀하신 것이다. 소경이 "보여야 실로암에 가지 않겠습니까?"라고 반문했거나 "내가 안수 받으러 왔지, 누가 더럽게 눈에 침에 버무린 진흙을 발라 달라고 했나?" 불평할 수도 있었다. 그러나 예수님의 비상식적인 명령에 순종한 소경은 앞을 보게 된다(요 9:1~7).

신유를 행하시는 예수님의 명령은 늘 우리의 이성의 테두리를 벗어나는 말씀을 하셨다. 손이 말라서 펴지 못하는 자에게 예수님은 "네 손을 펴라"고 말씀하셨다. 만약 그 사람이 "아니, 내 손이 오므라져 펴지 못하는 것을 보고도 그런 말을 하는가?"라고 반문했다면 신유를 경험하지 못했을 것이다. 이처럼 신유는 초자연적 하나님의 말씀에 무조건 순종할 때 일어난다. 신유가 일어나기 위해서는 하나님의 능력이 나타나야 하고, 동시에 인간의 반응으로 순종이 있어야 한다.[131]

베드로는 전도를 하러 떠났다가 8년 된 중풍병자를 만나게 된다. 베드로가 그 중풍병자를 보는 순간 성령께서 그를 고치신다는 확신이 들었다(행 9:34~5). 성령으로부터 이런 확신이 왔을 때, 베드로는 그 사실을 믿고 순종하였다. 강력한 성령의 감동이 와 "지금 일어나게 하라" 하셨는데, 만약 베드로가 '그럴 수 없습니다. 어떻게 중풍병자가 일어날 수 있습니까?'라고 생각했다면, 기적은 일어나지 않았을 것이다. 성령께서 말씀하실 때, 그것을 믿고 오직 순종하는 자에게 신유가 일어난다.[132]

순종은 기적을 불러일으킨다. 믿음을 행동으로 옮길 때 기적과 신유가 일어난다. 베드로는 밤새도록 그물을 내려서 물고기를 잡으려 했지만 날이 새도록 한 마리도 잡지 못했다. 그때 예수님이 나타나셔서 "깊은 데로 가서 그물을 내려 고기를 잡으라"고 명하셨다. 베드로는 평생 물고기를 잡은 어부였다. "당신이 누구기에 나보고 이래라저래라 하는 거야. 난 이 분야의 전문가야. 나보다 물고기 잡는 것에 대해서 더 잘 아는 사람은 없어"라고 거부할 수

---

131) William Barclay, 95.
132) 하용조, 변화받은 사람들, 87.

도 있었다. 그러나 베드로는 자신의 사고 체계, 자신의 경험을 내려놓았다. 그리고 "선생님 우리들이 밤이 새도록 수고하였으되 잡은 것이 없지마는 말씀에 의지하여 내가 그물을 내리리이다"라고 대답하였다. 그러자 잡은 물고기가 너무 많아 그물이 찢어지기 시작했다(눅 5장).

대학부 성경공부 교사로 봉사하고 있을 때의 일이다. 우리 성경 반에 속해 있던 한 자매가 보이지 않아서 연락을 했더니, 암이 발견되어서 서울대병원에 입원했다는 사실을 알게 되었다. 병원으로 심방을 갔는데, 무척 수척해진 그 자매는 위암으로, 온몸에 암세포가 전이되어서 3개월 정도 살 수 있다는 진단을 받았다고 말하면서 울기 시작했다. 부모님을 일찍 여의고 남동생을 돌보며 어렵게 공부하던 자매라 마음이 매우 아팠다. 주변에 친척 분들이 몇 분 서 계셨는데, 대부분 교회를 다니지 않는 분들이시고, 그 자매의 상태에 대해 포기를 한 눈치였다. 어떻게 할지를 모르겠어서 화장실에 가서 기도를 하는데, '손을 얹고 기도하라'는 성령의 음성이 내부에서 들렸다. 환자의 방으로 들어와 손을 얹고 기도하려는데, 방해 요인이 너무도 많았다. 물론 가장 큰 요소는 나의 내부적인 갈등이었다. 손을 얹고 기도하는 것은 별 문제가 되지 않지만, '낫지 않으면 어떻게 하나?', '주변에 서 있는 친척 분들이 어떻게 생각할 것인가?' 등의 생각에 사로잡혀 도저히 용기가 나지 않았다. 결국 심호흡만 몇 번 하다가 그대로 병실을 나와 버렸다.

일주일 동안 말씀을 묵상하는 가운데, 나 자신의 생각과 감정이 앞서서 성령의 명령을 거역했다는 사실을 깨닫게 되었다. 내가 의지해야 할 것은 하나님의 치유의 말씀이지, 나의 생각이나 감정이 아니었다. 다시 병원으로 찾아갔는데, 그동안 암이 급속도로 온몸으로 퍼져서 일단 급한 김에 위의 절반을 도려내는 수술을 받았다고 했다. 그 자매는 죽고 싶지 않다며 울었다. 여러 번 심호흡을 한 후, 일단 하나님의 말씀에 의지해서 손을 얹고 기도해야겠고 결단하고, 그 많은 믿지 않는 사람들 앞에서 손을 얹고 기도하기 시작했다. 마가복음 16장 17~18절 말씀을 의지해서 하나님은 불가능이 없으신 분이시라는 것을 공포한 후, 치유를 위해서 기도하고 손을 뗐다. 그러고는 곧장 병원에서 나왔다. 나는 말씀에 순종했고, 치료는 하나님의 선택에 달렸다고 믿었다.

일주일 후 다시 병원을 찾아갔는데, 놀랍게도 그 자매가 완치되어서 퇴원을 했다고 한다. 이 주 후에는 그 자매가 교회에 나왔다. 온몸에 퍼져 있던 암세포가 감쪽같이 완전히 사라졌는데, 이는 기적이라며 의사들이 놀랐다고 한다. 그 자매는 완치되어서 결혼하고 아이도 낳아서 믿음 안에서 신앙생활을 열심히 하고 있다.

이렇듯 신유는 어떤 상황에서든 성령의 인도하심에 순종하겠다는 작심이 있어야 한다. 자아가 강하거나 지나치게 이성적인 경우, 성령의 역사가 일어나기 힘들다. 자신의 생각으로 초자연적인 현상을 받아들이지 못할 때 성령은 역사하지 않으신다. 자기 생각이 많고 자기 말이 많은 사람들은 예수님의 말을 들을 귀가 없기 때문에 순종하지 못한다. 하나님의 뜻은 하나님의 말씀에 나타난다. 성령님의 음성을 듣고 교제하기 위해서는 자신의 고집과 자아를 내려놓아야 한다. 오직 그분의 말씀에 순종할 때 신유의 역사가 일어난다.

7. 믿는 사람의 도움을 받아라

간혹 병자 자신의 믿음보다는 주변 사람들의 믿음과 도움을 통해서 병이 낫는 경우가 있다. 하나님은 사람을 통해서 역사하신다. 특히 자녀가 아플 경우, 부모가 믿음을 가지고 나아갈 때, 그 자녀가 병에서 놓임을 받을 수 있다. 귀신 들린 딸을 가진 여인의 경우, 예수님께 나아와 자신의 딸을 고쳐 줄 것을 요청하였다. 예수님은 "자녀의 떡을 취하여 개들에게 던짐이 마땅치 아니하니라"고 거절하셨다. 그러나 그녀는 자신의 자존심을 앞세우지 않고 "개들도 아이들이 먹던 부스러기를 먹나이다"라고 응수했다. 결국 예수님은 그녀의 믿음을 칭찬하시고 그녀의 딸을 고쳐 주셨다(막 7:24~30). 아픈 것은 딸이지만 어머니의 믿음으로 딸의 병이 고침을 받은 것이다. 성경에는 딸이 회개는 했는지, 예수님을 믿었는지 등에 대한 언급이 없다. 예수님은 다만 어머니의 믿음을 보시고 딸을 고쳐 주신 것이다.

귀신 들린 아들을 둔 아버지의 경우에도, 그 귀신 들린 아들이 예수님을 믿고 영접했는지 아닌지에 대한 기록이 없다. 추정컨대,

아버지의 믿음은 적었고 아들은 귀신 들린 상태였던 것으로 미루어 보아 아버지와 아들 둘 다 예수님에 대해서 잘 알지 못했을 것이다. 그러나 그 아버지는 자신의 믿음이 적다는 것을 솔직히 고백하면서 예수님께 도움을 요청했을 때, 예수님은 그 아들의 귀신 들림을 고쳐 주셨다(막 9:24).[133] 중풍에 걸려 움직일 수 없는 사람이 침상에 눕혀진 채로 예수님 앞으로 나아왔다. 예수님이 계신 방 안으로 들어가려 했으나 사람이 많아 지붕을 뚫어서 매달아 예수님 앞에 내렸다. 결국 중풍병자는 친구들의 믿음에 의해서 구원을 받았다(막 2:1~12).

또 다른 예로, 백부장의 이야기가 나온다. 백부장은 자신의 하인이 병들자 아픈 하인을 대신해서 예수님께 나아왔다. 백부장은 그의 하인이 중풍병에 걸렸음을 고하고 병 고쳐 주기를 간구했다. 예수께서 그의 집으로 가고자 하셨을 때, 백부장은 "다만 말씀으로만 하옵소서 그러면 내 하인이 낫겠사옵나이다"라는 대단한 믿음의 고백을 하게 된다. 그는 군인으로서 상사는 명령을 내리고 부하들은 그 명령에 따라서 움직이는 것처럼, 예수께서 명령만 내려도 병이 나을 것이라는 믿음을 가지고 있었다. 그때 예수께서는 "이스라엘 중 아무에게서도 이만한 믿음을 보지 못하였노라 … 가라 네 믿은 대로 될지어다"라고 선포하셨다(마 8:5~13). 예수께서 말씀을 선포하시는 순간 하인의 병이 나았다. 예수님은 병자를 보

---

133) Millard J. Erickson, Christian Theology, 838.

지도, 만지시지도 않은 채로 그의 믿음만 보고 고치셨다.[134]

간혹 신유 집회 때 병원에 누워 있는 남편을 대신해서 아내가 안수를 받았는데, 병원에 누워 있던 남편이 병에서 고침을 받았다는 간증을 듣는다. 아픈 것은 남편이지만, 그 아내가 대신해서 안수 받고 치료받고 성령이 충만할 때, 병원에 누워 있던 남편이 병에서 놓임을 받은 것이다. 특히 어린아이가 아플 때 아이의 엄마를 위해 기도하면 신기하게도 아이가 낫는다. 이처럼 병자 자신이 믿음이 없고 기도의 능력이 없을 경우, 주변의 신실한 그리스도인에게 도움을 요청하면 큰 도움을 받을 수 있다. 확고한 믿음을 가지고 격려하며 돕고자 하는 사람과 함께할 경우 신유가 일어난다.[135] 반면 병자나 병자의 가족이나 친구들이 믿음을 전혀 보이지 않거나 도움을 주지 않을 경우, 오히려 치유가 매우 힘들어진다.

8. 안수 받는 것도 방법이다

예수님은 말씀을 선포하심과 병든 사람을 만지시거나 안수하심으로 치유를 행하셨다(마 8:15, 눅 4:40). 사도들도 병자를 위해서 손을 얹고 기도했다(행 9:17, 28:7~8). 기도하는 사람이 안수할 때, 성

---

134) William Barclay, 132.
135) 찰스 & 프랜시스 헌터, 치유의 방법, 197.

령께서 역사하시며 하나님의 능력이 병자에게로 흘러갈 수 있다. 한 심리학자의 연구 결과에 의하면 아픈 부위에 손을 얹고 기도한 후 에너지 장 측정 사진을 찍었더니, 기도 전보다 더 큰 에너지 장이 형성되었다. 이처럼 일반 심리학자들도 종교적 치료가 육체적·심리적 치료에 큰 도움이 된다는 연구 결과를 내놓고 있다.[136] 물론 안수자가 능력이 있거나 안수한 것 자체가 효험을 가지는 것은 아니다. 오직 능력 수여자는 하나님 한 분이시다. 하나님께서는 목사나 신유자를 그의 도구로 사용하셔서 그들을 통해서 역사하시는 것이다.

오늘날에도 신유 집회에서 신유의 능력을 가진 사역자가 예수의 이름으로 병자에게 안수할 때 신유의 역사가 나타난다. 미국의 신유 사역자인 찰스 헌터는 사람들의 귀를 직접 만지자 39명 중 38명이 그 자리에서 치유를 받았다고 한다.[137] 특히 성령의 은사를 받은 신유 은사자들의 안수 기도에는 능력이 있다. 간혹 안수 기도를 받을 때 사람들이 뒤로 벌렁 넘어가기도 한다. 이는 하나님의 성령의 능력이 그 사람에게로 흘러갔기 때문이다. 뒤로 넘어진 사람들은 바닥에 누워서 눈물을 흘리며 방언으로 기도하거나 개인적으로 성령님을 깊이 체험하고 있다.[138]

---

136) Kendall Johnson, Photographing the Non-material World (Aquarian Publishing Company, 1979).
137) 찰스 & 프랜시스 헌터, 치유의 방법, 45.
138) 손기철, 고맙습니다 성령님, 71.

안수 기도란 목사나 능력 있는 사람들만 할 수 있는 기도로 알려져 있다. 그래서 일반 성도들에게는 금기시 되어 있다. 그러나 성경을 읽어 보면 목사와 신유 은사자만 안수할 수 있다는 규정은 없다. 성경은 믿는 자가 손을 얹고 기도해야 할 것을 말하고 있다: "믿는 자들에게는 이런 표적이 따르리니 … 병든 사람에게 손을 얹은즉 나으리라"(막 16:17~18). 믿는 자라면 누구나 병든 자에게 손을 얹을 수 있다. 비단 목회자나 신유 사역자가 아니라 하더라도 모든 그리스도인들은 병자의 몸에 손을 얹고 기도해야 한다. 기도하는 사람은 다만 말씀에 순종하여 손을 얹는 것이고, 치료는 성령께서 하시는 것이다. 손을 얹을 때에는 주로 아픈 부위에 얹는 것이 좋다. 그러나 일반 성도가 머리에 손을 얹고 기도하는 것은 자제해야 한다.

아이를 가지지 못하거나 유산한 경우

　내 주변에는 유달리 아이를 가지지 못하거나 유산한 부부들이 많이 있었다. 결혼을 한 지 10년이 지나도록 아이가 생기지 않던 한 전도사님의 사모님은 아이가 있는 목사님의 집에서 아이의 신발을 훔쳐 와 이를 베개 밑에 두고 자고 있다는 황당한 이야기를 직접 들은 경우도 있다.

　한번은 존스홉킨스대학에서 박사 과정에 있는 친구 집에 놀러 간 적이 있다. 같이 워싱턴 D. C.와 볼티모어를 구경한 후, 친구의 집에서 저녁을 잘 먹고 담화를 나누다가 집으로 가야 할 시간이 되어 신발을 신던 중이었다. 그 친구가 갑자기 자신의 가정을 위해서 기도해 주고 갈 수 없냐고 물었다. 워낙 신앙생활도 공부도 열심인 친구인지라 큰 일이 있는가 싶어 이야기를 들어 보니, 결혼을 한 후 아이를 두 번이나 유산했다고 한다. 존스홉킨스 병원에서 진찰을 받아 보니 자궁이 약해져 다시는 임신이 어렵다는 이야기를 들었다고 한다. 그렇지 않아도 '왜 아이가 없을까?' 궁금했던 참이었다.

이야기를 들은 후 친구 부부 내외를 앉히고 아내와 함께 열정적으로 기도했다. 튼튼한 아이를 임신하고 다시는 유산하지 않게 해 달라고 간절히 기도한 후, 그 친구 집을 떠났다. 그 이후로 그 친구가 다른 곳으로 이사를 가는 바람에 오랫동안 연락이 끊어졌는데, 다른 친구로부터 이야기를 들어 보니, 두 아들을 두었으며, 매우 잘 자라고 있다고 했다.

성경에도 유달리 아이를 가지지 못한 경우가 많이 나온다. 성경은 여자의 태를 열고 닫는 것은 하나님께서 하신다고 기록하고 있다: "아브라함이 하나님께 기도하매 하나님이 아비멜렉과 그의 아내와 여종을 치료하사 출산하게 하셨으니 여호와께서 이왕에 아브라함의 아내 사라의 일로 아비멜렉의 집의 모든 태를 닫으셨음이더라"(창 20:17~18). 아브라함의 아내 사라는 아이를 가지지 못했다. 아브라함이 백 살이 되어서야 이삭을 낳았다. 이는 경수가 완전히 말라 버린 여인의 태를 하나님이 열어 주신 대표적인 경우이다. 라헬이 아이를 낳지 못하여 그녀의 언니인 레아를 질투하자 야곱은 "그대를 임신하지 못하게 하시는 이는 하나님이시니 내가 하나님을 대신하겠느냐"(창 30:2)고 대답하였다. 결국 하나님께서 라헬의 기도를 들으셨고, 그녀의 고통을 이해하셔서 그녀의 태를 여셨다. 그렇게 낳은 아들이 바로 요셉이었다(창 30:22).

마노아의 아내가 잉태하지 못하자 여호와의 사자가 그 여인에게 나타나 다음과 같이 말했다: "네가 본래 임신하지 못하므로 출산하지 못하였으나 이제 임신하여 아들을 낳으리니 그러므로 너는 삼가 포도주와 독주를 마시지 말며"(삿 13:2~7). 이에 그녀는 잉태하여 아이를 낳았으니, 그가 바로 삼손이다. 한나 또한 자식이 없음으로 인하여 여호와께 통곡하면서 오랫동안 기도하자 하나님께서 그녀를 생각하셨고, 마침내 잉태하여 아이를 낳았으니, 그가 바로 사무엘이다(삼상 1장).

아이를 가지지 못하는 이유에는 여러 가지가 있다. 그리고 현대 의학은 의학적 입장에서 아이를 가질 수 없는 경우를 설명한다. 그럼에도 불구하고 그리스도인은 태를 열고 닫으시는 것은 하나님이라 믿어야 한다. 아이를 가지고 싶거나 유산으로 인해 두려움이 있을 수 있다. 그러나 믿음을 가지고 지속적으로 하나님께 간구할 때, 하나님께서 그 태를 열어 주시고 잉태케 하신다. 아이를 임신했을 때, 부부가 매일 배에 손을 얹고 아이가 건강하게 자라며 산모가 안전하도록 기도해야 한다.

축사와 신유

현대인들은 이성과 과학에 근거해 보이는 세계만이 전부라고 생각하면서 보이지 않는 세계와 존재에 대해서 부정하고 무감각하다. 그래서 귀신이나 귀신 들림에 대해서 말하면 이를 원시시대에나 속하는 미신으로 취급한다. 나도 예수님을 믿기 전까진 그러했다.

그러나 성경은 보이지 않는 영적 존재에 대해서 말하고 있다. 성경에 나오는 대표적인 영적 존재는 하나님과 천사가 있으며, 인간도 육체 속에 영혼이 있으므로 영적 존재이다. 보이지 않는 악한 영적 존재로는 마귀와 귀신들이 있다. 안타깝게도 우리는 육체적 한계로 인해 영적 세계를 육신의 눈으로는 볼 수 없다. 에덴동산에서 마귀는 인간을 거짓말로 속여서 타락하게 만들었고, 귀신은 사람의 육체 속에 들어와 온갖 저주와 질병을 퍼뜨렸다. 악한 영은 인간을 멸망시키고 병을 주기 위해서 인간에게 들어온다.

성경에서 최초로 귀신을 쫓으신 분은 예수님이시다. 악령과의 싸움에서 처음으로 승리하신 분은 예수님이시다. 예수님은 질병을 치유하고 귀신을 쫓으심으로 인간을 구원하시는 하나님의 사랑과 능력을 증거하셨다.[139] 귀신은 병의 원인 중 하나로, 예수께서 귀신을 쫓으시자 병자가 나음을 입었다. 예수님은 우리를 죄에서 구속하셨을 뿐 아니라, 가시는 곳마다 마귀의 일을 무너뜨림으로 병마에서 사람들을 해방시켜 주셨다. 예수님 시대의 유대인들에게 귀신은 관념적 존재가 아닌 실질적인 존재였다. 악귀가 사람의 몸에 들어오면 질병에 걸리며, 인간은 악령의 힘을 이길 수 없다고 믿었다.[140] 귀신은 영적 존재로, 예수님을 한눈에 알아보았다: "나는 당신이 누구인 줄 아노니 하나님의 거룩한 자이니다" (눅 4:34). 예수님도 악한 영들을 쫓아내심으로 자신이 메시아이자 구세주이심을 밝히셨다: "하나님의 아들이 나타나신 것은 마귀의 일을 멸하려 하심이라" (요일 3:8).

예수님은 인간을 괴롭히는 악한 영들을 사정없이 꾸짖고 추방하셨다. 그리고 제자들을 택하셔서 귀신을 쫓는 권세를 주셨다: "내가 너희에게 뱀과 전갈을 밟으며 원수의 모든 능력을 제어할 권능을 주었으니 너희를 해칠 자가 결코 없으리라" (눅 10:19). 주님은 제자들뿐만 아니라 믿는 모든 자들에게 말씀과 예수님의 이름으로 귀신을 쫓으라고 명하셨다. 예수님의 이름은 귀신이 가장 두려워하는 권세를 가지고 있다. 몸에 질병의 기운이 나타나면 귀신이 나갈 때까지 "더러운 귀신아, 예수의 이름으로 명하노니 떠날

---

139) 여의도순복음교회의 신앙과 신학 I, 78.
140) William Barclay, 27.

지어다"라고 담대히 선포해야 한다.[141] 초대 교회의 경우, 귀신이 사람의 몸속에 들어가서 각종 정신적 문제와 질병을 일으킨다는 생각이 광범위하게 퍼졌다. 그래서 신유는 늘 축사와 함께 병행되었다.

탈무드는 예수님이 하나님이 아닌 악한 영의 힘을 빌려서 귀신을 쫓고 병자를 고쳤기 때문에 십자가에 달려 죽었다고 기록하고 있다. 바리새인들도 예수님이 바알세불을 힘입어서 귀신을 쫓는다고 비난하였다(막 3:22). 이는 예수님의 반대자들도 예수님에게 병을 고치고 귀신을 쫓아내는 능력이 있음을 인정하는 대목이다. 예수님은 이러한 비난에 대한 대답으로 그의 귀신을 쫓아내는 능력은 성령으로부터 왔음을 밝히셨다: "하나님이 나사렛 예수에게 성령과 능력을 기름 붓듯 하셨으매 그가 두루 다니시며 선한 일을 행하시고 마귀에게 눌린 모든 사람을 고치셨으니 이는 하나님이 함께 하셨음이라"(행 10:38). 예수께서도 오직 성령의 능력에 의지할 때에야 귀신을 쫓는 것이 가능하셨다.

땅 속에 뿌리가 박혀 있는 잡초의 경우, 땅 위로 나온 잎사귀만 제거한다고 해서 그 잡초가 없어지는 것이 아니다. 땅 속에 박혀 있는 뿌리를 제거해야 완전히 잡초를 제거한 것이다. 마찬가지로 귀신으로 인한 질병은 그 뿌리는 귀신이고, 잎사귀와 같이 밖으로 나타난 것이 질병이다. 질병의 원인이 영적 존재인 경우, 정신의

---

141) 하용조, 변화받은 사람들, 262-3.

학이나 심리 상담으로 치료할지라도 낫지 않는다. 그러므로 질병의 원인이 악한 영적 존재에 있을 경우, 수술을 하거나 악한 영을 내쫓아야 병이 낫는다.

심리학자인 칼 융은 마음, 감정, 육체를 치유하기 위해서 악의 세력을 물리쳐야 한다고 주장한다.[142] 악이란 실제적 존재로, 인간의 육체 및 심리에 직접적 영향을 미친다. 악령은 질병의 근원이며, 질병은 단순한 육체의 상태가 아닌, 영적 상태를 반영한다. 그러므로 육체에 나타난 질병뿐 아니라, 영혼의 상태 및 죄와 질병의 원인이 되는 원수까지도 치료해야 한다.[143] 악령은 인간의 힘에 의해서 통제가 불가능하며, 오직 신적 개입에 의해서만 놓임을 받는다. 이러한 융의 해석은 악령에 대한 초대 교회의 생각과 흡사하다. 초대 교부들은 이 악한 세력이 인간의 네 가지 측면(죄를 짓게 함, 심리적·정신적인 귀신 들림, 육체적 질병, 마침내는 죽음)에 큰 영향을 미친다고 보았다.[144]

조용기 목사도 질병이 악령의 역사라고 해석하며 악령 축출을 통한 치유를 강조한다. 하용조 목사는 그리스도인의 모든 생활에서 귀신을 묶는 기도를 해야 한다고 강조한다. 가정 예배를 드릴 때에도 귀신을 묶어야 한다. 집안에서 부부 싸움을 자주 하고, 소

---

142) Morton Kelsey, Discernment: A Study in Ecstasy and Evil (New York: Paulist Press, 1978).
143) 조용기, 오중복음과 삼중축복, 157.
144) Morton, Healing and Christianity, 250.

리를 지르며, 집에 들어가기만 해도 화가 나는 경우는 그 집에 귀신이 들어와 있기 때문이다. 귀신은 집에 조용히 들어와 부부를 이혼시키고, 자녀들을 파괴시키며, 부모 자식 간의 관계를 흩으려고 활동한다. 그래서 예수의 이름으로 귀신을 꾸짖고 그 활동을 묶을 수 있어야 한다.[145]

예수님을 영접한 지 얼마 되지 않던 무렵, 하루는 교회에서 기도를 하고 있는데, 갑자기 누가 툭 쳐서 뒤를 보았더니 학교 후배가 서 있었다. 갑자기 머리가 깨어질 듯 아프고 코에서 콧물이 걷잡을 수 없을 정도로 흘러내린다는 것이었다. 그러면서 나에게 기도해 줄 것을 요청했다. 다른 사람들이 병자를 위해서 기도해 주는 것은 여러 번 본 적이 있었지만 나는 한 번도 해 본 적이 없던 터라, 다른 사람을 찾아보라며 거절했다. 잠시 후, 다시 돌아온 후배는 아무리 둘러보아야 나 이외에는 아는 사람이 없다면서, 너무 아프니 기도해 달라고 간절히 요청했다. 할 수 없이 같이 서서 기도원에서 다른 분들이 하던 것처럼 "내가 나사렛 예수의 이름으로 명하노니, 두통을 일으키고 콧물을 흘리게 하는 질병아, 떠나가라"고 기도했다. 그런데 그 순간 매우 놀라운 일이 일어났다. 그 후배의 몸이 누가 엄청난 힘으로 민 것처럼 붕 뜨더니 뒤로 발랑 넘어지는 것이었다. 머리가 바닥에 심하게 부딪히는 소리도 났다. 나는 우선 내 눈앞에서 벌어진 일에 너무 놀랐

---

145) 하용조, 변화받은 사람들, 262-4.

고, 또 뒤로 넘어지면서 뇌진탕에 걸린 것은 아닌지 걱정이 되었다. 그 후배는 몇 분 후 눈을 떴고, 아무 일도 없었던 것처럼 벌떡 일어났다. 그러더니 이제는 머리도 안 아프고 콧물도 나오지 않는다며 고맙다고 했다. 이 사건은 나에게 악한 영이 질병의 원인 중 하나이며, 귀신을 쫓음으로 병이 나을 수 있다는 첫 번째 경험이 되었다.

귀신을 쫓는 방법은 신유를 경험하는 절차와 비슷하다. 무엇보다도 회개와 구원에 대한 확신이 있어야 한다. 죄를 고백할 때, 귀신은 떠날 수밖에 없다. 죄를 회개하지 않는 것은 악한 영에게 동의하고 있다는 뜻이다. 우리가 계속해서 죄를 범할 때, 악한 영은 우리를 떠나지 않는다. 그리스도인이지만 지속적으로 같은 죄를 반복적으로 짓거나 오랫동안 마음의 상처로 고통 받는 것은 악한 영의 억압을 받고 있다는 증거이다.

아무리 귀신을 쫓아도 나가지 않는 것은 회개하지 않기 때문이다. 한번은 물고기를 잡아서 햇볕에 말린 적이 있다. 물고기를 햇볕에 놓자마자 어디선가 눈에 보이지 않던 똥파리 수십 마리가 물고기에게 몰려왔다. 물고기의 냄새에 유혹을 느낀 파리들은 아무리 파리채로 때려잡아도 계속해서 몰려왔다. 결국 물고기 말리는 것을 포기하고 말았다. 이 모습을 보고 깨달은 것이 있다. 똥을 제거해야 똥파리를 제거할 수 있다. 우리 마음속에 수많은 죄악들이 있을 때 귀신들은 그 죄의 냄새를 맡고 달려든다. 아무리 충만하게 쫓아도 소용이 없다. 잠시 나갔다 하더라도 다시 들어올 수밖에 없다. 귀신들을 완전히 쫓을 수 있는 방법은 자신의 죄악을 드러내고 예수 그리스도의 보혈로 씻는 것이다. 그 외에는 다른 방법이 없다. '나는 그리스도인이다. 예수님이 나의 죄를 용서하시고 구원하셨다'고 인정해야 한다.

귀신을 쫓는 사람이 귀신의 정체를 알더라도 귀신 들린 본인이 '세상에 귀신이 어디 있냐?'며 귀신의 존재를 인정하지 않으면 귀신이 나가지 않는다. 귀신은 간첩과 같아 자신의 정체가 밝혀지는 것을 가장 무서워한다. 그러므로 귀신의 존재를 인정해야 귀신이 나간다.

축사를 하기 위해 병자를 세우고 그 눈을 쳐다보면 귀신 들린 사람의 경우 눈에서 악한 빛이 나타난다. 조금 전까지만 해도 멀쩡했던 사람이 갑자기 검은 눈동자가 돌아가면서 흰 눈동자를 내보인다. 이는 귀신에게 묶인 사람은 성령님의 빛이 임하는 것을 보지 않으려고 하기 때문이다. 갑자기 괴성을 지르고 발작을 일으키기도 한다. "나 안 나간다"고 소리를 지르기도 한다. 이런 증상들은 질병의 배후에 영적 문제가 있음을 증명해 준다. 이때 주님이 주신 권세로 귀신을 꾸짖어야 한다. 예수님의 이름에는 법적 권위가 있으므로 "예수께서 너를 저주하셨다. 예수의 이름으로 명하노니, 귀신이 나가라"라고 꾸짖으면 된다. 예수님의 이름으로 명할 때 귀신이 나가면서 사람은 뒤로 넘어간다.

꾸짖는 기도

예수님은 질병을 인격체인 것처럼 꾸짖으셨다: "예수께서 일어나 회당에서 나가사 시몬의 집에 들어가시니 시몬의 장모가 중한 열병을 앓고 있는지라 사람들이 그를 위하여 예수께 구하니 예수께서 가까이 서서 열병을 꾸짖으신대 병이 떠나고 여자가 곧 일어나 그들에게 수종드니라"(눅 4:38~39). 예수께서 질병을 꾸짖으신 것은 질병의 원인이 인격체인 귀신이었기 때문이다. 예수님은 병을 치유하실 때 귀신에게 명령을 내리셨다.

마귀의 최고 권세가 죽음인데, 예수님은 죽음을 깨뜨리고 부활하심으로 마귀의 권세를 깨뜨리셨다. 우리에게는 예수님의 부활 권세로 그들을 꾸짖을 수 있는 권세가 있다. 악한 영은 예수님의 이름으로 명할 때 떠난다. 초대 교회의 경우, 병의 원인이 귀신일 때, 예수 그리스도의 이름으로 명하면서 귀신을 꾸짖음으로 내어쫓았다.

질병이 낫기 위해 기도하는 또 다른 형태는 권세의 기도 혹은 명하는 기도이다. 질병을 향해 권위를 가지고 꾸짖을 때, 질병이 떠나간다. 우리는 종으로 구원받은 자들이 아니라 권세 있는 하나님의 자녀이다. 하나님의 권세는 예수 그리스도의 이름에 있다. 예수의 이름은 우리에게 구원을 가져다주고, 기적과 병 고침의 근거가 된다. 그러므로 우리는 이 이름에 의지해서 기도하고 명해야 한다. 믿음으로 명하는 기도는 신유에 매우 효과적이다.[146] 그러므로 우리는 "예수의 이름으로 명하노니, 질병들은 떠나갈지어다"

라고 선포하는 기도를 해야 한다. 우리는 "예수님이 피 값으로 나의 모든 죗값을 지불하셨다. 너희는 권세가 없다. 내 안에서 떠나라"고 명해야 한다. 신유 사역을 하는 노마 디어링은 암 환자를 위해서 다음과 같이 기도한다고 한다: "암세포들아, 예수의 이름으로 말라서 죽을 것을 명한다."[147] 이처럼 질병의 구체적인 이름을 부르면서 예수의 이름으로 묶고 꾸짖을 때 신유를 경험할 수 있다.

성령 충만과 방언 기도

인간의 이성이나 의지로는 귀신의 능력을 제어할 수 없다. 오직 성령의 능력으로라야 가능하다. 예수께서 이 세상에서 병자를 고치시고 귀신을 쫓으실 때, 성령을 힘입어서 이를 행하셨다(마 12:28, 눅 4:18). 제자들도 성령으로 충만하여 병자들을 고치고 귀신을 쫓아냈다. 승천하신 예수님은 오늘도 성령님을 통하여 이 세상에서 죄와 질병으로부터 우리를 구원해 주신다. 우리가 예수 그리스도를 구주로 영접하면 성령께서 우리의 영혼 속에 임재하셔서 능력을 주신다: "너희 몸은 너희가 하나님께로부터 받은 바 너희 가운데 계신 성령의 전인 줄을 알지 못하느냐"(고전 6:19). 우리가 마음의 문을 열고 성령님을 받아들일 때, 성령의 임재를 경험할

---

146) 홍영기, 조용기 목사의 영성과 리더십 (서울: 교회성장연구소, 2003), 23.
147) Norma Dearing, The Healing Touch, 129-31.

수 있고, 그 능력에 의해 병을 낫게 하고, 소경을 뜨게 하며, 병자들을 치료할 수 있다.

초자연적인 병의 원인은 초자연적으로 해결해야 한다. 우리가 악한 영을 대항할 수 있는 유일한 방법은 성령의 충만함을 통해서이다. 성령으로 충만할 때, 자신이 고침 받는 것뿐 아니라 다른 사람들을 위해서 기도해 줄 수 있는 능력의 사람이 된다. 우리에게 성령의 충만함이 있을 때, 믿음이 충만해지고 신유의 역사와 은사가 나타난다. 귀신이 우리의 육체에 질병을 가져온다 할지라도 이를 대항할 강력한 능력이 있으면 이길 수 있다.

특히 성령 세례를 받고 방언으로 충만하게 기도할 때, 우리는 새로운 힘과 능력을 공급받을 수 있으며, 이때 귀신은 견디지 못하고 떠나간다. 방언 기도에는 마귀로부터 보호하는 성령의 능력이 있다. 병자를 위해서 손을 얹고 방언으로 기도하면 귀신이 떠나간다.[148] 귀신을 쫓아도 도저히 나가지 않을 때, 방언으로 기도하면 견디지 못하고 나가기도 한다.

정신병의 치유

20세기 초에 정신병의 원인을 뇌 혹은 신경 전달 체계에 이상이 생긴 것으로 해석하면서 정신질환의 구체적인 원인을 발견할 수 있다는 낙관론이 팽배했다. 수많은 약품들이 개발되어서 우울

---

148) 김신호, 성령 세례 받으면 방언하나요? (서울: 서로사랑, 2011), 122-5.

증을 비롯한 수많은 정신병을 고칠 수 있을 것이라 믿었다. 그러나 정신 의학과 임상심리학이 발전함에도 불구하고 정신병의 심각성이 크게 대두되고 있다. 프로이드는 소원, 환상, 숨겨진 기억과 욕망들 등의 무의식적 억압을 자아가 억제하지 못할 경우, 비이성적 행동을 불러일으켜 정신질환으로 전이된다고 해석했다. 그 원인을 파악할 수 없는 것이 많아 정신병자를 치료하는 것은 보통 어려운 일이 아니다. 정신의학과 임상심리학에서 정신병의 원인과 치료에 대해서 활발히 연구하고 있으나, 환자들을 격리시켜 정신 치료나 약물 치료에 의존하고 있는 실정이다. 많은 정신병원들이 설립되어 정신병자들을 사회로부터 격리 수용하고 있지만, 정신분열증을 비롯한 노이로제 등의 정신병은 거의 치료 된 적이 없다.[149]

한번은 정신병원에서 일하고 있던 선배가 임상 수업 시간에 들어와 강의를 했다. 주로 정신질환 환자의 사례와 치료 과정을 설명했다. 수업이 다 끝나고 난 후, 개인적으로 질문을 했다: "정신병동에서 완치가 되어서 나가는 경우가 있습니까?" 그 선배는 이 질문에 매우 당황해 했고, "왜 그런 질문을 하냐?"고 되물었다. 그냥 결과를 알고 싶다고 말했다. 그 선배는 "아직까지 완전히 나아서 나가는 경우를 본 적이 없다. 상태가 더 나빠지지 않고 현상 유지만 되더라도 성공적이다"라는 이야기를 해 주었다. 유명한

---

149) Morton, Healing and Christianity, 49, 60.

심리학자인 칼 융의 경우, 35세 이상인 성인이 노이로제에서 치료된 경우를 본 적이 없다고 고백한다. 이토록 정신병 치료는 쉽지 않다.

정신병의 원인은 너무도 다양하다. 우선 뇌나 신경 전달 물질에 문제가 있을 수 있다. 갑작스런 정신적 충격을 받을 경우 정신병에 걸리기도 한다. 성경은 귀신 들림으로 인해 정신병에 걸릴 수도 있다고 말한다. 심리학과 정신의학에서는 비물질적 세계, 즉 영의 세계를 인정하지 않기에 이러한 성경의 제안을 거부한다.

예수님은 육체의 질병은 안수하심으로 고치셨고, 귀신 들림으로 인한 정신병은 축사를 통해서 고치셨다. 그의 치유 사역 중, 악귀를 쫓으심으로 악령의 눌림에서 해방되는 정신병 치료를 하신 기록이 여러 번 나온다(눅 8:2, 행 9:7). 성경에 나오는 흔한 만성적 질병은 정신병으로, 주로 귀신 들림이란 단어로 묘사되고 있다. 어릴 때부터 자주 불과 물에 들어가 죽으려고 시도했던 간질의 형태를 보인 아이가 있었다. 예수님은 "말 못하고 못 듣는 귀신아 내가 네게 명하노니 그 아이에게서 나오고 다시 들어가지 말라"(막 9:25)고 꾸짖고 명하셨다. 그러자 그 아이는 정상으로 돌아왔다. 이처럼 귀신에 의한 마음의 질병도 귀신이 떠나면 그 병이 곧바로 치유되는 것을 볼 수 있다.[150] 예수님은 악령의 세력을 파괴하는 것으로 그의 육체적·정신적 신유 사역을 이해하셨다(눅

---

150) 손기철, 고맙습니다·성령님, 164-5.

11:14~20, 요 12:31, 14:30). 초대 교회의 큰 특징 중 하나는 정신병을 귀신 들림의 현상으로 해석하고 성공적으로 귀신을 쫓아냈다는 점이다.[151]

한번은 내가 담당하고 있던 대학생 한 명으로부터 전화가 왔다. 그 학생은 아르바이트로 미용실에서 일하고 있었는데, 미용실 원장의 어머니에게 이상한 일이 생겨서 병원에 입원을 했는데, 나에게 병원으로 심방을 와 줄 것을 요청했다. 그래서 미용실 원장과 그 학생과 함께 할머니가 입원해 있는 병원으로 심방을 갔다.

병원에 도착하니, 그 할머니는 두 눈을 꼭 감고는 뜨지 않았다. 병원에서는 병명을 알 수 없다며 두고 보자는 말을 했다고 한다. 예배를 드리면서 자세히 관찰해 보니, 두 눈을 꼭 감고 손에 엄청난 힘이 들어간 것으로 보아 귀신 들린 것이 분명하다는 확신이 왔다. 찬송가를 부르고 기도를 하기 시작하자 온몸에 발작을 일으키기 시작했다. 그 야윈 팔에서 엄청난 힘이 나와서 두 손으로 잡아도 제어할 수 없었다. 워낙 귀신에게 억눌려 있는 상태라 그 정도만 하고 돌아왔다.

그 다음에 방문했을 때는 눈을 조금 뜨고 있기에, 손으로 눈을 벌리고 기도하기 시작했다. 기도를 시작하자 다시 온몸을 부들부들 떨면서 발작을 일으켰다. "예수님의 이름으로 명하노니, 귀신아 나가라"고 명령을 내리자 아무 말도 못하고 벌벌 떨기만 했다.

---

151) Morton, Healing and Christianity, 121.

상태가 조금씩 호전되어 가는 것이 눈에 보였다. 그 가족에게 나는 너무 멀리 떨어져 있어서 자주 오지 못하니, 주변에 열심히 기도하고 찬양도 뜨겁게 하는 사람들을 불러서 매일 예배를 드리라고 조언해 주었다.

하루는 증세가 더 악화되어 결국 정신병동으로 옮겨졌다는 이야기를 듣고는 다시 정신병동으로 찾아갔다. 그런데 오히려 눈을 완전히 뜨고 있었고 대화도 조금 가능해서, 예배를 드린 후 예수 그리스도를 영접하고 시인하는 기도를 따라하게 했다. 며칠 후, 그 할머니는 정상으로 돌아와 정신병동에서 나오게 되었다.

정신병자는 우선 상담을 해야 하는데, 횡설수설하기 때문에 이것부터 쉽지가 않다. 그러나 정신병자를 정신없는 사람으로 취급하면 고칠 수 없다. 정신병 환자를 정상인으로 인정하고 사랑의 관심을 보이면서 지속적으로 상담을 해야 한다. 과거에 믿었던 사람도 신앙을 점검하는 차원에서 다시 믿도록 권면해야 한다. 오랫동안 약물을 복용한 경우, 거의 혼수상태와 비슷해 자신의 의지가 약해져 있는 상태여서 고치기가 매우 힘들다. 약을 줄이면서 자신의 의지가 돌아올 때를 기다려야 한다.[152] 그리고 예수님을 영접하고 시인하게 해야 한다.

---

152) 전용복, 기도와 치유사역, 45.

내적 치유

인간의 몸은 육체와 마음이 서로 유기적이며, 정신 상태는 육체의 건강에 지대한 영향을 미친다. 육체적 질병이 나타나는 이유의 80퍼센트 이상이 안 보이는 정신 영역의 영향 때문이라고 한다. 그러므로 의사가 환자를 살필 때, 보이는 증상에만 신경을 쓰는 것이 아니라 그 증상을 가져온 근본적 원인을 알아내려고 한다.[153] 마음속에 시기, 질투, 분노 등이 고여 있으면 건강을 잃어버리고 육체적 질병으로 나타난다. 몸이 아픈 것은 외부적인 물리적 자극에 의해서 온 것일 수도 있지만, 우리의 정신적 질병과 더 큰 연관이 있다. 프로이드에 의해서 정신분석이 탄생했는데, 그는 육체와 마음은 밀접한 관계를 맺으며, 마음이 아플 때 육체적으로 아플 수 있다는 것을 밝혔다. 수많은 사람들이 마음의 평안을 잃고 괴로움 속에 살아간다. 그리고 몸에 이상이 생겨 의사를 찾아간다.

오늘날 대부분의 병은 스트레스에서 온다. 어린아이로부터 노

---

153) 홍성건, 하나님이 찾으시는 사람 (서울: 도서출판 예수전도단, 1998), 202.

인에 이르기까지 일상생활 속에서 많은 염려와 근심이 있다. 세상의 부귀, 영화, 권세, 돈에 대한 집착은 수많은 걱정과 근심을 불러일으킨다. 가정, 사업, 생활 문제 등이 마음을 짓눌러 잠을 이루지 못한다. 결국 염려와 근심은 사람의 몸에 이상을 가져와 몸이 아프게 한다. 많은 사람들이 육체적 질병보다는 마음의 상처를 입었을 때 더 고통스러워한다.

미국 국방부에서 전쟁을 마치고 돌아온 상이용사들을 조사한 결과, 신경 정신적 이상을 가지고 있는 대부분의 병사들이 정신적 문제가 있음을 인정했다. 그들이 전쟁터에서 겪은 정신적 충격이 육체적 이상을 불러왔다. 많은 군인들이 외적으로는 아무런 이상이 없었음에도 불구하고 심장과 위장 등의 신체적 고통을 호소했다.[154] 여성들은 나이가 들면서 관절염 등으로 많은 통증을 느꼈다. 연구 결과에 의하면 부부 싸움을 하거나 마음에 상처가 많은 사람들이 이런 증상을 더 많이 호소했다.[155] 이런 의미로 보아 외적으로 나타나는 질병보다 내면에 숨어 있는 마음의 질병이 더 심각하다고 할 수 있다.

미국 버지니아 공대의 조승희 사건에서 알 수 있듯이, 우울증, 걱정, 근심, 분노 등이 우리의 무의식에 묻혀 있다가 언제 시한폭

---

154) Edward Weiss and O. Spurgeon English, Psychosomatic Medicine: The Clinical application of Psychopathology to General Medical Problems (Philadelphia: Saunders, 1957).
155) 전용복, 기도와 치유사역, 191.

탄처럼 폭발할지 아무도 모른다. 이러한 사건들로 인해 정신적 질환은 암보다도 무서운 것으로 인식되어 가고 있다. 산후 우울증에 걸린 엄마가 아기를 무참하게 살해하기도 한다. 만성 질환의 증가로 인해 이제 의학은 병을 일으키는 새로운 요소로 마음의 상처에 주목하고 있다.

플라톤은 정신적 문제가 육체의 질병을 가져다줄 수 있기에 아픈 몸을 치료하기 전에 상처 난 마음의 치료가 우선시되어야 한다고 주장하였다. 신의 창조적 에너지가 인간의 전인을 치유할 때에야 육체의 질병에서 온전히 놓일 수 있다.[156] 이러한 필요성을 인문 과학과 자연 과학에서도 인정하면서 심리 치료가 보편화되었다. 그래서 요즘 의사들도 "마음이 평안해야 병이 낫습니다", "좋은 생각을 많이 하십시오"라고 권면한다.

예수께서도 이러한 점을 숙지하고 계셨다. 그의 치료는 단순한 육체적 질병에 국한되지 않고 포괄적이었다. 성경은 신체적인 치료뿐 아니라 회개하여 마음을 고치는 것(마 13:15)과 마음이 상한 것을 치료하는 것(눅 4:18) 등을 다양하게 다루고 있다. 삭개오와 우물가의 여인으로부터는 도덕적 치유가 나타난다. 죄의 회개와 상한 심령의 위로를 동반한 하나님의 평안과 기쁨이 우리 마음의 상처와 육체적 질병을 동시에 치유한다. 예수께서 부활 후 베드로와 대면하셨을 때, 그는 세 번 베드로에게 "네가 나를 사랑하느

---

156) Plato, Laches and Charmides (Indianapolis: Bobbs-Merrill, 1973), 156-7.

냐?"고 물어보셨다. 조용기 목사는 이 대목을 치유적 관점에서 해석한다. 예수님을 세 번 부인했던 베드로에게 세 번을 물어보심으로 베드로의 죄의식을 치료하신 것으로 해석한다.

우리는 특히 마음의 상처를 준 사람을 용서하지 못하고 정죄하고 비난한다. 미움과 마음의 상처는 영적인 열매를 맺지 못하게 방해하고, 생수의 강이 흐르지 못하게 한다. 미움, 시기, 질투, 분노, 공포 등은 사람들로부터 자유함을 박탈시키고 죄를 이길 수 있는 능력을 빼앗아 버려 하나님과의 관계를 단절시킨다. 특히 가정은 서로에게 사랑을 많이 주는 만큼 상처를 많이 주고받기도 하는 곳이다. 부모는 체벌을 가함으로 효과적인 인성교육이 된다고 생각한다. 그래서 자식에게 많은 상처를 준다. 이런 의미에서 부모는 자식에게 가해자이다. 상처의 일차적 책임은 자식에게 상처를 준 부모이며, 그들의 죄가 크다. 자녀들은 부모로부터 받은 상처로 인해, 부모를 용서하지 못하고 수치심과 절망감 속에 살아가게 된다. 간혹 주변에서 학대를 받은 사람들, 특히 아버지로부터 상처와 학대를 받은 사람들은 하나님을 고통을 주시는 분으로 생각한다. 용서하지 못하고 미움의 감정에 사로잡혀 있는 사람은 미움이 자기 생각과 마음을 지배하면서 귀신이 거할 곳을 제공하며, 온갖 질병이 발생할 여건을 조성하게 된다.

미움을 해결하는 유일한 방법은 용서 이외에는 없다. 우리는 하나님께서 우리를 용서해 주신 것처럼 다른 사람을 용서할 수 있어야 한다. 용서는 기도 응답의 중요한 조건이 될 뿐 아니라, 우리가 하나님으로부터 용서받는 전제 조건이 된다: "우리가 우리에게 죄 지은 자를 사하여 준 것 같이 우리 죄를 사하여 주시옵고" (마 6:12), "서로 친절하게 하며 불쌍히 여기며 서로 용서하기를 하나님이 그리스도 안에서 너희를 용서하심과 같이 하라"(엡 4:32). 폭력적인 가정에서 자란 사람이 아픈 경우, 다른 육체적 치유보다 먼저 하나님에 대한 인식이 치유되어야 한다. 예수님께 가까이 나아가 치유를 얻는 방법은, 하나님은 사랑이시며 가까이 다가갈 수 있는 분이시라는 것을 인식함으로 시작된다.[157]

특별히 미워하는 사람이 있을 경우, 육체의 질병 치유에 앞서 용서하는 데 시간을 드리며 기도해야 한다. 우리가 마음의 원수를 용서할 때, 용서의 기쁨과 은혜가 우리의 영, 혼, 육에 넘치면서 치료의 역사가 나타난다. 예수님의 신유를 경험하기 위해서는 우리의 죄 사함 문제를 해결 받고 자신과 이웃을 용서하는 생활을 해야 한다.[158] 신유 집회에서 많은 사람들이 단순히 자신의 가족 관계에서 오는 미움을 위하여 용서와 치유의 기도를 드린 후, 육체의 치유를 경험한다.

질병이 치료되지 않은 많은 경우는 마음에 큰 상처가 있는 경우이다. 이러므로 내적 치유가 필요하다. 심한 빈혈이 있는 소녀가 몇 개월간 치료를 받았으나 아무런 차도가 없었다. 결국 담당

---

157) Norma Dearing, The Healing Touch, 65-71, 167.
158) 조용기, 오중복음과 삼중축복, 330-1.

의사는 그녀를 요양소에 보내어 상담을 받게 했다. 일주일 동안 요양소에 다녀온 그녀는 정상으로 돌아와 있었다. 무슨 일이 있었냐고 의사가 물었더니, 그녀는 원한을 가진 사람을 용서하고 돌아왔다고 대답했다. 그녀의 정신 상태가 바뀌자 그녀의 혈액에 큰 변화가 일어났다. 이처럼 마음이 치료를 받자 그녀의 몸은 정상으로 돌아왔다.[159] 대화를 통해 문제에 직면하면서 심리적 치료를 통해 환자의 노이로제나 히스테리가 호전된다는 것이 증명되었다.

교회의 신유 사역에서도 이제 육체적 병 고침뿐 아니라 정신적인 측면도 강조하면서 점차 내적 치유의 중요성이 커져 가고 있다. 하나님께서는 종종 육체적 치료를 늦추시면서까지 상처 난 마음을 먼저 치료하는 것이 중요하다는 것을 가르치신다. 스트레스나 걱정, 근심, 상처가 해소되어야 진정한 행복과 건강한 삶을 영위할 수 있다. 육신의 질병이 위중하다 할지라도 마음에 평안이 넘치면 곧 질병의 문제는 해결된다. 예수께서는 우리의 상처받은 기억들에 들어오길 원하시고, 우리의 부끄러움, 수치, 죄책감, 하나님으로부터 분리되었던 것들을 치유하길 원하신다.

그러나 개인적으로 인간 스스로의 힘으로는 우리에게 상처 준 이들을 용서하거나 용서받는 것이 불가능하다고 생각한다. 진정한 내적 치유는 성령의 능력을 통한 내적 상처의 치유를 통해서만 가능하다. 몸의 질병이 당장 나았다 할지라도 그 병의 근원이 되

---

159) William Barclay, 44.

는 마음의 병이 치유되지 않으면 다시 어려움을 당하게 된다. 성령 세례를 받아야 진심으로 하나님께서 우리를 용서하셨음을 받아들일 수 있게 되면서 자신의 죄악을 깨닫고 다른 사람을 용서할 수 있는 마음이 생긴다. 성령으로 인한 내적 치유를 통하여 어린 시절의 상처와 회개해야 할 부분들이 깨달아지며, 내면의 상처와 쓴 뿌리가 제거되기 시작한다. 우리가 과거의 수치심과 고통, 외로움 등을 내어놓을 때, 성령께서 역사하신다.[160]

우리에게 상처를 준 그 사람에 대한 모든 것을 주님께 올려 드려야 한다. 자신의 쓰라린 상처들을 하나님 앞에 고백하고 회개하며 하나님께서 치유해 주시도록 기도해야 한다. 용서가 되지 않는다면 그 마음도 주님께 고백하고 그분께 도움을 청해야 한다. 상처를 준 사람에 대해서 자신이 잘못한 것은 없는지도 돌아보아야 한다.[161] 이렇게 우리가 우리의 마음을 하나님께 열 때, 성령은 우리의 마음에 들어오셔서 상처 난 마음을 치료하시고, 상처를 준 사람을 용서할 수 있는 마음을 주신다.

나도 성격이 강한 편이라 일상생활에서 많은 상처를 주고받는다. 마음의 상처가 누적되다 보니 나의 언어와 행동도 부정적이고 파괴적이 되어 버린다. 결국 어쩔 수 없는 죄인임을 자각하며 하나님께 무릎을 꿇을 수밖에 없다. 마음을 가로막고 있는 미움, 공

---

160) 손기철, 고맙습니다 성령님, 51.
161) Norma Dearing, The Healing Touch, 85-8.

포, 불신앙, 패배 의식, 죄책감 등을 회개하고 용서해 달라고 기도한다. 그리고 미워하는 사람들, 상처를 준 사람들을 용서할 수 있는 마음을 달라고 기도한다. 이는 나 자신의 능력으로는 할 수 없는 일이기 때문이다. 성령께서 감동하시면 그들을 위해서 기도하고 축복한다. 그럴 때 성령을 통한 치료의 기쁨과 평안이 마음에 넘쳐나게 된다.[162]

---

162) 전용복, 기도와 치유사역, 55. 조용기, 오중복음과 삼중축복, 153.

신유의 은사

　전도의 사명이 특정한 몇몇 사람에게만 국한되어 있는 것이 아니듯이, 치유를 위한 기도도 특정한 사람에게만 제한되어 있는 것이 아니다. 신유는 특정한 사람, 특정한 시간에만 주어진 특별한 은사가 아니라, 모든 믿는 자들에게 주어진 선물이다. 하나님의 전능하심과 그 말씀을 믿고 의지하는 자는 누구나 신유를 위해서 기도할 수 있으며, 치료의 기적을 행할 수 있다. 아픈 자를 위해서 기도하는 것은 모든 신자들에게 주어진 하나님의 명령이다: "믿는 자들에게는 이런 표적이 따르리니 곧 그들이 내 이름으로 귀신을 쫓아내며 새 방언을 말하며 뱀을 집어올리며 무슨 독을 마실지라도 해를 받지 아니하며 병든 사람에게 손을 얹은즉 나으리라" (막 16:17~18). 하나님은 완전히 성화된 사람을 찾으시는 것이 아니라 말씀에 순종하는 자들을 찾고 계신다. 그래서 우리는 병이 낫든지 아니든지를 떠나서 본인이 아프거나 병든 자를 보면 치료하시는 하나님을 믿고 기도해 줘야 할 사명을 가지고 있다.[163]

---

163) Nicky Gumbel, Alpha, 199.

우리에게 주어진 병 고침의 권세는 예수님으로부터 온 것으로, 신유는 그분의 이름과 보혈의 능력을 통해서 이루어진다. 그러므로 신유의 능력이란 예수 그리스도를 영접하고 그 말씀을 의지하는 모든 자들에게 나타나는 하나님의 능력이다. 부활의 능력, 성령의 능력이 우리 자신 속에 있다는 것을 인정하는 순간, 그 능력이 나타난다. 예수 그리스도를 통한 신유의 능력은 제자들에게 전수되었고, 초대 교회를 거쳐서 오늘날까지도 지속되고 있다.

신유가 보편적인 은사이기도 하나, 신유의 은사는 또한 성령의 은사이기도 하다. 신유의 은사란 사람의 능력이 아닌 성령님의 능력을 힘입어 병을 고치는 것을 말한다. 그리스도인은 구원의 경험 이후 이차적 성령 세례를 통해 능력과 은사를 체험할 수 있다. 오순절 마가의 다락방에서 제자들과 120여 성도들은 성령 세례를 체험했다. 성령 세례의 주목적 중 하나는 사역을 감당하기 위한 능력을 받는 것이다. 예수께서 하늘로 승천하신 후, 성령께서 그리스도인들이 전도를 감당할 수 있도록 각종 은사를 공급하고 계신다. 성령은 자신의 의지에 따라 이 은사들을 공급해 주시는데, 성령의 은사는 전적으로 성령의 주관 하에 있다.

성령께서는 병 고치는 은사를 직분을 주심과 같이 계속 주고 계시다. 우리는 성령 세례를 통해 병 고치는 은사를 간구할 수 있다. 하나님은 신유 은사를 사모하여 간절히 구하는 자들에게 이러한 특별한 은사를 주신다. 특별히 성령께서 합당한 자에게 이 은사를 주셔서 치유의 능력이 나타나 생명을 회복시키는 신유의 능력을 행하는 자들이 있다: "다른 사람에게는 같은 성령으로 믿음을, 어떤 사람에게는 한 성령으로 병 고치는 은사를"(고전 12:9), "하나님이 교회 중에 몇을 세우셨으니 … 그 다음은 병 고치는 은사와 서로 돕는 것과 … 다 병 고치는 은사를 가진 자이겠느냐 다 방언을 말하는 자이겠느냐 다 통역하는 자이겠느냐"(고전 12:28, 30). 신유 은사자는 하나님의 치유 능력을 나타내도록 부름을 받은 자로, 다른 사람들보다 신유의 역사가 더 강하게 나타난다. 이때 신유 사역자는 성령의 능력을 통해 하나님의 사랑을 전달하는 중간 매개자의 역할을 한다.

신유 은사자가 되기 위해

신유 은사자가 되어 주님의 사역을 감당하기 위해서는 성령의 병 고치는 은사를 간절히 사모해야 한다(고전 12:9). 은사자는 하나님께서 질병을 치료하신다는 믿음을 가지고 치유를 위해서 열심히 기도해야 한다. 하루는 벙어리 귀신 들린 아들을 둔 아버지가 예수님의 제자들에게 와서 병을 고쳐 달라고 요구하였다. 그들은 그 아이를 고치려고 모든 방법을 다 동원하면서 귀신을 쫓았으나, 쫓지 못했다. 그때 예수께서 오셔서 "믿음이 없는 세대여 내가 얼마나 너희와 함께 있으며 얼마나 너희에게 참으리요" 하시고는 귀신을 쫓아내시면서 그 아이의 병을 고쳐 주셨다. 민망해진 제자들은 나중에 예수님께 여쭈었다: "우리는 어찌하여 능히 그 귀신을 쫓아내지 못하였나이까." 이에 예수께서는 "기도 외에 다른 것으로는 이런 종류가 나갈 수 없느니라"(막 9:29)고 말씀하셨다.

하나님께서 우리에게 성령의 권능을 주셨지만 우리 속에 이적이 없는 이유는 기도하지 않기 때문이다. 우리는 하나님의 약속을 믿고 지속적으로 기도해야 한다. 신유 사역자는 기도하고 또 기도해야 한다. 신유를 위해서 기도했음에도 불구하고 낫지 않더라도 계속해서 기도하고 인내해야 한다. 어떤 경우에는 금식 기도를 해야 한다. 신유 사역자는 기도하는 데 많은 시간과 체력을 쏟아야 하며, 이는 매우 힘든 과정이다.

신유의 은사를 받았다고 하더라도 처음부터 능력이 나타나는 것은 아니다. 세계적인 신유 사역자들의 간증을 들어 보면 신유를 위해서 아무리 기도해도 낫지 않아서 고민에 빠진 적이 있다고 한다. 아무리 안수하면서 기도해도 낫지 않고, 결국엔 죽기도 한다. 기도해도 낫지 않아서 실망할 때, 결국은 자신을 포기하게 될 때, 그때부터 하나님께서 쓰시기 시작하신다. 신유 사역자가 세상적인 가치관과 지식으로 가득 차 있을 땐, 성령께서 역사하실 수 없다. 자신의 이성적인 판단과 자존심을 내려놓고 오직 하나님의 위대하심과 말씀을 따르려고 결단할 때, 그때부터 성령께서 우리를 통해 역사하기 시작하신다.[164]

신유 사역자는 말씀과 성령의 은사에서 균형을 이루어야 한다. 성령님의 음성이라고 생각한 것이 성경 말씀에서 벗어난다면, 하

---

164) 손기철, 고맙습니다 성령님, 144. 찰스 & 프랜시스 헌터, 치유의 방법, 122.

나님의 음성을 잘못 들은 것이거나 하나님의 음성이 아니다. 자신이 들은 음성이 하나님의 말씀인지, 사탄이 주는 생각인지를 분별하는 것이 중요하다. 성령께서는 늘 성경 말씀을 통해서 말씀하신다. 이에 마틴 루터는 다음과 같은 말을 했다: "성령은 성경을 수레 삼아서 오신다."

은사를 주신 목적은 자기 자신의 개인적 유익을 위한 것이 아니라 섬기라고 주신 것이다. 그리스도를 섬기기 위해, 그리스도의 몸인 교회의 덕을 세우기 위해서 주신 것이다(고전 14장).[165] 신유를 통해 하나님의 몸인 교회의 덕을 세울 수 있어야 한다. 성령의 능력을 의지해서 병을 낫게 하는 목적은 병 고침을 받음으로 주님을 위해서 봉사할 수 있고 복음을 전파하는 것에 두어야 한다.

예수께서 병을 고치실 때, 그의 마음은 긍휼과 사랑으로 가득 차 있었고, 이러한 마음이 병자들을 고치게 하였다. 예수님은 사람들이 길을 잃어버린 양 떼처럼 헤매며 질병에 시달리는 것을 긍휼히 여기셔서 그들을 고치셨다(마 14:14). 그의 사랑의 능력은 죄와 저주와 질병과 사망을 뛰어넘는다. 예수께서 그의 공생애를 통해서 병자를 고쳐 주신 가장 큰 이유는 사람들의 고통을 이해하고 사랑하셨기 때문이다. 그는 신유 사역을 통해 그의 인간에 대한 사랑과 긍휼을 표현하셨다.

신유자는 병자에 대한 정죄를 멈추고 사랑과 긍휼로 그들을 대

---

165) 하용조, 바람처럼 불처럼, 111-3.

해야 한다. 잃어버린 영혼, 상처받은 영혼, 병으로 고통 받는 영혼들을 볼 때 사랑과 긍휼의 마음을 가져야 한다. 예수님은 선한 사마리아인의 예를 드시면서 진정한 이웃이 누구이며, 그 사랑의 표현이 어떻게 나타나야 하는지를 보여 주셨다. 병자를 위해 기도하는 것은 그를 불쌍히 여기고 사랑하는 마음으로 행해야지, 믿음이 없어서 병에 걸렸다든지, 귀신 들린 것도 모르냐며 얕보는 식이 되어서는 안 된다. 만약 마음이 판단과 정죄로 가득 차 있다면, 성령의 사랑과 능력은 흘러가지 못할 것이다.

신유자는 신유 사역을 지속적으로 감당하기 위해 성령으로 충만해야 하고, 철저히 성령을 의지해야 한다. 성령의 음성을 듣고 순종하며 움직일 때 신유의 역사가 일어난다. 병자가 있을 때, 도와주고 싶은 마음은 있으나 성령께서 은사를 공급해 주지 않으시면 절대로 되지 않는 것이 신유이다. 또한 그분이 돕고 싶어도 은사자가 움직이지 않으면 안 된다. 은사를 주시는 성령님을 믿고 의지하며 함께 동역하는 것이다. 신유는 독립된 은사가 아니고 하나님께서 함께 역사하시는 것이다. 하나님께서 함께 역사하지 않으실 때에는 아무리 기도해도 신유가 일어나지 않는다. 아무리 능력 있는 목사라도 항상 병자를 고칠 수 있는 것은 아니다. 방언은 본인이 말하고 싶을 때 할 수 있고, 말하기 싫으면 그만둘 수도 있다. 그러나 신유는 하고 싶다고 해서 할 수 있고, 하기 싫다고 해서 그만둘 수 있는 것이 아니다. 그러므로 우리의 의지가 전적으로 성령의 의지에 순종해야 한다.

신유자는 성령의 음성에 민감해야 하고 그 음성에 순종해야 한다. 성령은 불순종하는 자에게 역사하지 않으신다. 내가 처음 예수님을 믿었을 때, 신유의 은사가 나타났다. 신기하게도 사람들을 위해 기도해 주면 병 고침이 나타났다. 그런데 결정적으로 몇 번의 불순종을 하게 되었다. 하루는 시골집에 내려갔다가 부모님이 다니시던 교회의 성도 분이 간암에 걸려서 생사를 헤매고 있다는 이야기를 들었다. 기도하던 중, 마음속에 '가서 기도하라' 는 미세한 음성이 들렸다. 이 음성은 이후에도 계속되었다. 그러나 나는 교회 다니는 일개 대학생에 불과했고, 그 교회 교인도 아니며, 그 교회의 담임목사님도 계시는데 다른 교회 교인이 가서 기도하는 것은 교회의 질서를 깨는 것이라는 생각 등으로 인해서 결국 가지 않았다. 가서 기도했는데 낫지 않으면 어쩌나 하는 두려움도 있었다. 서울로 올라온 지 며칠 후, 어머니에게서 전화를 받았다. 간암에 걸린 그분이 결국 돌아가셨다는 것이었다.

이렇게 몇 차례의 합리적인(?) 불순종을 하는 동안 결국 신유의 능력은 완전히 사라지게 되었다. 그 이후로 아무리 병자를 위해서 기도해도 낫지 않았다. 마치 하늘이 막힌 것처럼 몇 년 동안 아무리 기도해도 나의 감기조차 낫지 낳았다. 하나님은 기도하는 자에게 신유의 은사를 주신다. 그러나 은사자가 임의로 사용하거나 성령의 음성에 순종하지 않으면 이를 거두어 가신다.

성령으로 충만한 자가 손을 얹을 때 하나님의 능력이 기도를 받는 사람에게로 흘러간다. 이를 능력 전이라 하는데, 성령의 능력이 사역자를 통해서 다른 사람에게 흘러가는 현상이다. 예수님이 무리에 의해서 둘러싸여 있을 때, 혈루병에 걸린 여인이 예수님의 옷자락에 손을 대었다(막 5:25~34). 예수님은 누군가가 자신의 몸에 손을 대었고 자신의 능력이 빠져나갔음을 밝히셨다. 간혹 기도를 많이 하고 성령의 충만함이 넘칠 경우, 그 사람의 몸에 손을 대거나 옷자락에 스쳐도 병이 낫는 경우가 있다. 베드로의 경우, 그 그림자에 스쳐도 병이 나을 정도로 능력이 대단하였다. 바울이 지닌 손수건을 만지기만 해도 병의 나음이 있었다(행 19:11~12). 멀리 떨어져 있는 뇌수종에 걸린 아이를 위해 손수건에 기도한 후 이를 보냈더니, 그 수건이 아이의 손에 닿는 순간 뇌수종이 제거되었다는 사례도 있다.[166]

어떤 신유 은사자의 경우, 병자를 위해서 기도하는 순간 자신 안에 있는 능력이 병자에게로 흘러가면서 병자가 낫고, 대신 그 병자의 고통과 아픔이 신유자에게로 역 전이되는 것을 경험하기도 한다. 한 신유자는 병자의 급성 통증이 낫기를 위해서 기도했는데, 그 병자는 나아서 돌아가고, 오히려 신유자 자신이 급성 통증을 느꼈다.[167] 나의 경우에도 아픈 사람을 위해서 기도해 주고 나면 온몸에 힘이 하나도 남아 있지 않는 탈진을 경험하며, 오히려 온몸이 아프기까지 한다. 병자를 위해서 기도해 주는 것은 영

---

166) 찰스 & 프랜시스 헌터, 치유의 방법, 181-3.
167) William Barclay, 51.

적, 심적, 육체적 에너지를 모두 소비하는 중노동(?)이다. 이를 위해서 신유 사역자는 평소에 운동과 건강에도 세심한 주의를 기울여야 한다.

신유 사역자에게는 조심해야 할 부분이 있다. 우선 사역자는 교만해서는 안 된다. 신유는 절대로 사람의 능력으로 하는 것이 아니다. 하나님께서 함께하시고 그 능력을 부어 주실 때에 일어난다. 오직 하나님의 능력만이 병든 자를 치유할 수 있다. 하나님이 보시기에 그 사람의 신앙이 완벽하기 때문에 쓰시는 것이 아니다. 치유 능력은 하나님의 능력에 근거하고, 신유자는 성령의 대리자일 뿐이다.[168]

많은 사람들이 한 번 신유의 은사를 받으면 이 능력을 영원히 소유할 수 있다고 생각한다. 발전소에서 전기를 보내면 집에서 스위치를 켜야 불이 들어온다. 그러나 발전소에서 전력이 공급되지 않으면 스위치를 아무리 켜도 불이 들어오지 않는다. 신유자는 철저히 자신에게는 아무런 치유의 능력이 없음을 고백해야 한다. 신유자가 할 수 있는 일은 아무것도 없다. 은사는 자신의 것으로 소유된 것이 아니라, 다만 우리가 은사의 통로로 사용될 뿐이다. 병 고치는 은사는 마치 직분과 같아서 직분이 주어진 동안에만 그것을 위해서 일할 수 있다. 그러니 자신에게서 능력이 나타난다고

---

168) Morton, Healing and Christianity, 67. 찰스 & 프랜시스 헌터, 치유의 방법, 53.

교만해서는 안 된다. 하나님의 은사가 나타나기 시작하면 주어진 여건 속에서 지속적으로 사용해야 한다. 하나님이 은사를 주시더라도 이를 사용하지 않으면 없어질 수 있다.

신유 사역자는 병자를 위해서 안수하면서 기도했는데 낫지 않는다고 해서 두려움을 가져서는 안 된다. 만약 질병을 고치는 것이 신유 사역자 자신에게 달려 있다고 한다면, 신유자는 자신이 충만하지 않으면 기도해 주는 것을 거절하게 될 것이다. 신유자는 치유를 책임질 수 없고 다만 하나님의 도구로 사용된다는 사실을 받아들이고 인정할 때, 치유의 유무와 상관없이 손을 얹고 기도할 수 있는 담력이 생기게 된다.[169] 그러므로 기도해 주었는데 당장 낫지 않는다 해서 실망하거나 낙심할 필요가 없다. 치유를 받든 받지 못하든 그 결과는 우리의 것이 아니다. 치유의 책임은 전적으로 하나님의 섭리에 달려 있다. 인간은 오직 하나님의 협력자일 뿐, 치유는 하나님께서 하시는 것이다. 신유자는 다만 말씀에 의지해서 병자를 위하여 기도할 뿐이다.

기도했음에도 불구하고 병이 낫지 않는 경우, 병자가 충분한 믿음을 가지지 못한 것으로 정죄해서는 안 된다.[170] 정죄는 상황을 더 나쁘게 만들 수 있다. 기도를 받은 사람이 수치심을 느끼지 않도록 인격을 존중해 주어야 한다. "병이 낫지 않는 것은 당신이

---

169) Norma Dearing, The Healing Touch, 120-2. F. Martin, Healing, Gift of, 697. 손기철, 고맙습니다 성령님, 139, 190.
170) Are Miraculous Gifts for Today?, 18.

아직 믿음이 없어서이다", "당신에게 아직 고백하지 않는 죄가 있다" 는 등의 판단은 보류해야 한다. 그렇지 않아도 병이 낫지 않아서 속이 상한데, 믿음이 없다는 말까지 듣게 되면 이중적으로 상처를 받게 된다. "믿음대로 되라"는 말도 은사자가 할 수 있는 말이 아니다. 신유자가 할 수 있는 일은 지속적으로 기도하면서 병자를 격려하는 것이다.

영분별의 은사

특정 신유 사역자의 경우, 병자의 아픈 부위가 환상으로 보이기도 하고 특정한 사람이 낫는 것을 미리 보는 경우도 있다. 이 은사가 임한 경우, 어떤 사람을 위해서 기도할 때 그 사람의 문제를 정확히 알고 도와줄 수 있다.[171] 조용기 목사의 경우, 설교를 마친 후 신유를 위해서 기도하다 보면, 하나님께서 특정한 사람의 특정한 병이 낫는 것을 환상으로 보여 주신다고 고백한다. 또한 손기철 장로의 신유 집회에 참석했더니, 설교 끝에 오늘은 특별히 어떤 병이 낫는다는 선포를 하셨다. 오늘은 성령께서 어떤 질병을 치료하기를 원하신다는 말씀을 주시기도 하고, 어떤 경우에는 구체적으로 회중석 어느 자리에 앉은 사람의 병이 치유되었다는 음성을 듣기도 한다고 한다.[172]

---

171) 손기철, 고맙습니다 성령님, 157.
172) 손기철, 고맙습니다 성령님, 161.

간혹 질병의 배후에 있는 악령을 환상으로 보기도 한다. 환자의 질병이나 들어간 귀신을 구체적으로 알수록 신유에 큰 도움이 된다. 한번은 고등부 교사를 하고 있을 때였다. 한 여고생이 머리가 너무 아프다면서 상담을 하러 왔다. 치료를 위해서 병원에도 가고 약도 복용했으나 정확한 원인을 알 수 없었다고 한다. 기도를 해 주었는데, 그 다음 주에도 머리가 여전히 아프며 잠을 제대로 자지 못했다고 했다. 혹시나 해서 꿈에서 본 것을 물어보았더니, 몇 주째 계속해서 같은 꿈을 꾸고 있는데, 어떤 검은 옷을 입은 한 여자가 매일 꿈속에 나타나서 첼로를 켠다는 것이었다. 두통이 영적인 것과 관련이 있다는 확신이 들어서, "이 첼로 귀신아, 예수 그리스도의 이름으로 명하노니 나와라"라고 명했다. 이 말을 하자마자 귀신이 드러났고, 잠시 후 그 학생은 입에 거품을 물고 기절을 했다. 잠시 후 정신이 돌아왔고, 그 이후로 두통이 사라지게 되었다.

이처럼 신유와 축사를 위해 영분별의 은사가 있으면 더 도움이 된다. 구체적인 병명을 알거나 귀신의 정체를 알고 기도하고 꾸짖으면 효과적인 사역을 감당할 수 있다. 악한 영의 정체를 정확하게 알아서 성령님의 빛 아래 세울 때, 병자의 혼과 육을 묶고 있던 영의 정체가 탄로 나면서 그 사람에게서 떠나간다.[173]

---

173) 손기철, 고맙습니다 성령님, 165, 205.

병 고침 받은 이후

하나님은 우리를 구원하시기 위해 병을 고쳐 주신다. 하나님의 말씀이 추상적인 것이 아닌 우리의 삶 속에서 실질적으로 체험된다. 태양 빛과 열기를 통해 태양을 느낄 수 있듯이, 하나님의 살아계심을 하나님의 능력으로써 알게 된다. 신유를 체험한 사람은 치유가 우리를 사랑하시는 하나님의 은혜임을 깨달아야 한다.

하나님의 신유를 직접 경험한 사람은 신유 사건이 그의 삶에 절대적인 영향을 미친다. 신유는 명백한 신앙 체험이다. 병에서 놓임을 받은 사람들은 평생 이를 잊을 수 없으며, 하나님을 떠날 수도, 부인할 수도 없다. 태어나면서부터 소경이었던 사람이 예수님을 만나서 눈을 뜨게 되었다. 바리새인들은 진상 조사에 들어갔고 소경의 부모를 불러서 문책을 했다. 바리새인들은 이미 회의를 통해 예수가 메시아라는 사실을 인정하는 유대인들을 회당에서 쫓아내기로 결정을 내렸다. 그 소경의 부모는 유대인 회당으로부터 축출 당할지도 모른다는 두려움 때문에 아무런 진술을 하지 않았다. 그러나 그 소경의 경우는 달랐다. 그는 보지 못하다가 보게 되었다. 인류 역사상 태어나면서부터 소경이 된 사람이 눈을 뜬 경우가 없었다. 그는 바리새인들 앞에서 굴복하지 않고 자신이 경험한 예수의 신유 이야기를 자신 있게 대답했다. 그리고 예수님의 능력을 증거했다(요 9장).

하나님의 살아 계심과 역사하심에 대해 확고한 믿음을 가지게 되면, 자신과 하나님과의 관계를 다시 생각하여 하나님께로 가까이 나아가게 된다. 이를 통해서 신앙생활에 열심을 내게 된다. 내 주변에서도 불치병에서 고침을 받은 사람들이 하나님의 은혜에 감사해서 이전의 구습을 벗어 버리고 완전히 새로운 삶을 사는 것을 자주 목격한다. 치유 사역은 믿음을 견고하게 하고 하나님의 자녀로 주님의 영광을 위해 살도록 하기 위한 것이다.

하나님의 놀라운 은혜를 체험한 자라면 이 사실을 깨닫고 늘 감사해야 한다. 손기철 장로가 신유 사역을 시작하면서 가장 놀라는 사실 중 하나는, 병 고침을 받은 사람들이 하나님께 감사하지 않는다는 점이다. 죽을병에 걸려서 죽어 가던 것을 하나님께서 살리시고 은혜를 주셨지만 이에 감사하지 않는다. 이는 비단 그의 이야기일 뿐만 아니라 예수님에게도 실제로 일어났던 일이다. 예수께서 수많은 병자들을 고쳐 주셨지만 예수님께 진심으로 감사하는 사람이 정말 얼마 되지 않는다. 열 명의 문둥병자가 있었다. 그들은 예수님께 부르짖으며 치유를 간청하였다. 예수께서는 그들에게 제사장에게로 가서 몸을 보이면 나을 것이라 말씀하셨다. 그들은 제사장에게 가던 중 문둥병을 고침 받았다. 그러나 정작 돌아와서 감사의 말을 전한 것은 한 명뿐이었다. 예수님도 깜짝 놀라시면서, 나머지는 어디 가고 이방인만 와서 하나님께 감사를 드리는지 의아해 하셨다. 많은 병자들이 치료를 받는 과정에서 살아 계신 하나님이 직접 찾아오셨지만, 그들의 반응은 의외로 무덤덤하기만 하다.[174] 사람들은 치료함을 받았음에도 불구하고 하나님께 영광 돌리며 감사하지 않는다.

나도 치병을 위해서 심방도 가고 기도도 해 주었지만, 대부분 어쩌다 나았지 하는 표정만 짓지, 감격해 하거나 감사하는 경우를 거의 보지 못했다. 한번은 열심히 심방 가서 기도해 준 사람이 나았다는 이야기를 다른 사람을 통해서 듣고 너무 기쁜 나머지 찾아갔는데, 정작 본인은 시큰둥한 표정이어서 내가 괜히 찾아간 게 아닌가 하는 마음에 멋쩍었던 적이 여러 번 있다. 그렇다고 신유자에게 감사하거나 사례를 표하라는 말이 아니다.

우리는 병 고침을 받고 하나님께 감사하고 영광을 돌려야 한다. 또한 주변에서 진심으로 기도해 주신 분들에게도 감사해야 한다. 신유 사역자는 하나님을 의지해 낫게 해 달라고 기도하던 중 실제로 그 병이 나을 때 많은 감동을 받는다. 그런데 병 고침을 받기 직전에 그토록 간절했던 사람이 정작 병 고침을 받고 나자 하나님께 감사하지도 않고, 심지어는 교회를 등지는 모습을 보면서 씁쓸했던 기억이 난다.

신유를 경험한 사람들은 자신을 치유하신 하나님께 감사드리

---

174) 손기철, 고맙습니다 성령님, 150-1.

고, 자신의 믿음으로 고백하고 인정해야 한다. 믿음과 입술의 고백은 서로 밀접한 관련이 있다: "사람이 마음으로 믿어 의에 이르고 입으로 시인하여 구원에 이르느니라"(롬 10:10). 마음 가운데 믿음이 있어도 이것을 입술로 선포하지 않으면 아무런 기적이 일어나지 않는다.[175] 마음으로 믿은 것을 입술로 선포하지 않는다는 것은 결국 믿지 않는다는 것을 밝힐 뿐이다. 병 고침을 받은 후, 그 사실을 의심해서는 안 된다. 마귀는 계속해서 우리 마음에 의심을 가져다준다. 이는 기도의 원리와 마찬가지다. 새벽 기도를 나오고 금요 철야에 나와서 아무리 열심히 기도한다 하더라도 돌아가면서 '이 기도가 정말 하나님께 상달이 되려나?'라고 의심하는 순간, 그 기도의 효능은 없어지고 만다. 의심이 기도를 막듯이 또한 병 고침을 막는다. 병 고침을 받고도 집으로 돌아가던 중, '혹시 낫지 않은 것 아니야?'라고 의심하거나 두려워한다면 병에서 해방된 것이 아니다. 병 고침을 받은 후, 믿음으로 병에서 해방되었음을 선포하고 믿어야 한다.

의심은 '그 병은 불치병이야. 한순간의 기도로는 나을 수 없어' 등으로 우리가 치료 받은 사실을 부정하게 한다. 치료 받은 사실이 자꾸 의심이 될수록 치료 받은 사실을 담대하게 선포해야 한다.[176] 자신의 병이 호전되거나 나을 경우, 하나님께서 자신을

---

175) 조용기, 나의 교회성장 이야기, 359.
176) 조용기, 오중복음과 삼중축복, 162.

고쳐 주셨음을 받아들이고, 믿고, 긍정적인 고백을 해야 한다. 자신의 감정에 의한 믿음이 아니라 하나님의 말씀에 의거하여 긍정적인 고백을 할 때, 신유의 효과가 지속된다.

신유를 경험한 자는 예수 그리스도께서 하나님의 아들임을 알게 된다. 하나님께서는 우리의 치료를 통해 하나님의 하신 일이 드러나며 이를 통해서 영광 받기를 원하신다. 우리는 신유를 통해 예수 그리스도를 증거해야 한다. 신유가 나타날 때, 이를 통해서 사람들이 예수님이 하나님이심을 믿게 된다. 따르는 이적은 복음을 증거한다. 말씀은 신유를 증거하고, 신유를 통해서 말씀이 증거된다. 그러므로 자신의 신유의 사실을 이웃들과 공유해야 한다. 결국 신유가 복음을 전하는 도구가 되어야 한다.

예수께서 거라사의 광인을 고치셨을 때, 그는 예수님을 따라가기를 희망했다. 그러나 예수님은 그가 그의 가족과 친구에게로 가서 하나님께서 어떤 선한 일을 행하셨는지를 증거하라고 말씀하셨다: "집으로 돌아가 주께서 네게 어떻게 큰 일을 행하사 너를 불쌍히 여기신 것을 네 가족에게 알리라"(막 5:19). 병을 낫게 하는 목적은 복음을 전파하는 데 있다. 죽은 나사로가 살아났을 때, 죽었다가 살아난 나사로를 본 수많은 사람들이 예수님을 믿었다: "이 병은 죽을 병이 아니라 하나님의 영광을 위함이요 하나님의 아들이 이로 말미암아 영광을 받게 하려 함이라"(요 11:4). 우리가 예수께서 우리에게 행하신 신유를 체험했고 이에 진정으로 감사한다면, 우리는 증거자의 삶을 살아야 한다. 우리의 경험을 다른

사람들에게 나눠야 한다. 이를 통해 예수 그리스도의 삶과 능력, 사랑이 전해지게 된다.[177]

자신이 치유 받은 경험을 공개적인 장소에서 진솔하게 나누는 것은 다른 병자들에게도 많은 유익을 준다. 치유 받은 사람의 간증을 들을 때, 동일한 병을 가진 다른 사람들이 치유되는 경우도 있다. 손기철 장로의 월요치유집회 때, 한 사람의 자신의 병이 나았다는 치유 간증으로 인해서 그 자리에 있던 동일한 질병을 가진 20여 명이 동시에 치유되는 것을 목격했다고 한다.[178]

병자는 병이 나은 이후로도 꾸준히 자신의 육체를 돌보아야 한다. 더 완벽한 치료를 위해서 약품을 복용하고 충분한 영양 공급과 휴식을 취해야 한다. 조용기 목사의 간증을 보면, 하루는 심장병으로 병상에서 죽어 가고 있던 한 여인이 치유함을 받고 곧장 교회에 와서 간증을 하고 너무 기쁜 나머지 춤을 추면서 몸을 심하게 움직였다. 그날 밤 그녀는 결국 죽었다.[179] 이처럼 병은 치료를 받았지만 그동안 연약했던 육체가 회복되기까지 어느 정도 시간이 걸린다. 예수님은 그를 따라다니던 사람들이 배가 고프자 육체적으로 연약해질 것을 걱정하시면서 직접 기적을 베푸셔서 그들을 배불리 먹이셨다. 잠시 있다 없어질 육체이지만 예수께서도 배고픈 그들의 육체를 도우셨던 것이다.

---

177) William Barclay, 64.
178) 손기철, 고맙습니다 성령님, 154.
179) 조용기, 나의 교회성장 이야기, 304-7.

신앙의 기본 체력은 항상 중요하다. 교회의 예배와 말씀 생활을 통해서 영적 힘을 지속적으로 공급받아야 한다. 말씀의 기초 위에 굳건히 서야 성령의 인도함을 받을 수 있다. 성령의 사역과 하나님의 말씀은 절대로 분리될 수 없다. 그러므로 성경공부나 기도 생활을 열심히 함으로 영혼을 강건하게 해야 한다. 주님의 몸인 교회를 섬기는 봉사, 교인들 간의 교제에도 적극적으로 참석해야 한다. 하나님께서 치료해 주신 건강과 힘을 주님의 일을 하는데 사용해야 한다. 병자는 치유함을 받은 후, 습관적인 죄를 회개하고 그만두어야 한다. 거짓된 삶, 음란한 삶 등을 버리고 거룩한 생활을 해야 한다. 더 이상 육체의 정욕을 따라서 살 것이 아니라 성결의 삶을 살도록 노력해야 한다.

위의 사항들을 강조하는 것은 병이 나았다가 재발하는 경우가 있기 때문이다. 치유를 받은 사람도 시간이 지난 후 다시 같은 병으로 고생할 수 있다. 어떤 사람은 신유 집회에서 안수를 받고 병 고침을 받았는데, 집에 가자마자 그 병이 다시 재발하였다. 그 이유는 병 고침을 받기는 했지만, 여전히 그 마음속에 죄와 의심이 있었기 때문이다. 믿음이 흔들리면 치료도 흔들린다. 회개하고 병에서 나았다가 다시 세상으로 돌아가 죄를 지을 경우, 병이 재발하기도 한다. 예수 이름의 권세로 병 고침을 받고 귀신을 내어 쫓아 강건하게 된 후 우리 속에 하나님을 모시고 있지 않으면 귀신이 다시 들어올 수 있다. 귀신이 쫓겨 나간 빈 마음속에 성령님을

모셔 들여 우리 몸을 하나님의 거룩한 성전이 되게 해야 한다.[180]

---

180) 조용기, 오중복음과 삼중축복, 334. 조용기, 나의 교회성장 이야기, 288-9.

신유에 대한 기타 질문들

1. 병원에 가거나 약을 복용하면 안 되나요?

믿음에 근거한 신유를 지나치게 강조하다 보면, 병원에 가거나 약을 복용하는 것을 믿음을 완전히 잃어버린 증거라고 가르치는 경우가 있다. 예수님은 이 세상에서 교회를 지었지 병원을 짓지 않았다면서 의료 행위 자체가 비신앙적이라고 비난한다. 심지어는 의학과 약품 자체를 사탄의 모조품이나 독약으로 주장하는 사람도 있다. 심지어 안경 끼는 것을 반대하기도 한다. 이런 주장을 하는 교회나 목회자들은 주변에 병든 자가 있을 때 병원에 가거나 약을 먹는 것보다 하나님의 능력을 힘입어 믿음으로 치유해야 한다고 강조한다.[181] 병을 믿음이 연약해지거나 죄로 인한 하나님의 형벌로 해석해서, 금식하면서 회개해야 한다고 가르치기도 한다. 하나님께서 고쳐 주실 것이므로 절대로 세상의 방법에 의지해서는 안 된다고 가르친다.[182]

---

181) Faupel, The Everlasting Gospel, 124.

한번은 한 목사님의 사모님이 아프셨다. 병원에 갔더니 위험한 상태라면서 약을 지어 주고는 복용할 것을 권했다. 그 목사님과 사모님은 약을 받아 온 후 하나님의 말씀을 묵상하는 가운데, 약을 복용하는 것은 하나님의 뜻이 아니라는 결론을 내렸다. 그래서 약을 쓰레기통에 버리고 믿음으로 낫기를 간구하였다. 그러나 안타깝게도 사모님은 얼마 후 돌아가셨다. 이와 같이 자신이 믿는 믿음과 반대가 된다고 해서 병원에 가서 치료받거나 의약품을 복용하는 것을 거부함으로 죽는 경우도 있다.

이처럼 치료의 방법으로 오직 신유만을 너무 강조하다 보니, 의학에 의존하는 것 자체가 사탄의 방법, 세상의 방법을 따르는 것이 되고 만다. 실제로 암 초기여서 병원에 가서 간단하게 수술 받으면 될 것을, 하나님의 방법으로 고쳐 보겠다고 기도원에 들어가서 기도하다가 조기 치료의 기회를 놓쳐 생명이 위험해지기도 한다. 이들은 선교지에 의사를 파송하거나 병원을 짓는 것도 불가하다고 한다.

과연 성경은 의학과 약품에 대해서 반대하고 있는가? 그러나 성경을 보면 하나님께서도 의학의 수단을 통해서 치료받는 것을 허락하셨다. 의사를 통해 상처를 싸매거나 부러진 뼈를 바로 하는 치료 행위가 성경에 자주 나온다. 하나님께서는 치료의 효과가 있

---

182) Vinson Synan, The Holiness-Pentecostal Tradition (Grand Rapids, Michigan: William B. Eerdmans Publishing Company, 1997), 81.

는 허브나 기타 치료 약품을 사용하는 것 또한 허락하셨다: "이사야가 이르되 무화과 반죽을 가져오라 하매 무리가 가져다가 그 상처에 놓으니 나으니라"(왕하 20:7).[183]

예수님도 의학적 행위에 대해서 반대하지 않으셨고, 오히려 건강한 사람은 의원을 볼 필요가 없고 아픈 사람들이 의사를 찾아간다고 언급하셨다(마 9:12). 제자들은 치료에 기름을 사용하기도 했다: "많은 귀신을 쫓아내며 많은 병자에게 기름을 발라 고치더라"(막 6:13). 예수님은 선한 사마리아인의 비유에서 선한 사마리아인이 강도를 만나 죽게 된 것을 기름과 포도주를 그 상처에 붓고 싸매 주었다고 설명하셨다(눅 10:25~37). 바울은 만성적 위장병을 앓았던 디모데에게, "자주 나는 병을 위하여는 포도주를 조금씩 쓰라"(딤전 5:23)고 권면하였다. 이는 당시에 기름과 포도주를 일종의 소독약 및 연고로 사용했음을 보여 준다.

그러므로 병원에 가서 의사의 도움을 받거나 약을 복용하는 것은 죄가 아니기에 전혀 죄책감을 느낄 필요가 없다. 병원을 가거나 약을 복용하는 것을 비 신앙적이라며 비난하는 것은 바람직하지 못하다. 신유를 믿는다고 해서 자연 치료나 의학적 치료를 무시하거나 부정해서는 안 된다. 의사나 의약 사용도 하나님의 치료의 도구이다. 칼빈은 의학은 하나님의 선물이라고 표현했다.[184] 하

---

183) F. Martin, Healing, Gift of, 695.
184) Paul Tournier, A Doctor's Case Book in the Light of the Bible (Highland Book, 1983), 215.

하나님은 신유를 통해서도 고치시지만, 의사나 병원을 통해서도 고치신다. 약물, 수술, 방사선 치료요법 같은 치료는 사람들이 외적 상처에서 오는 고통이나 우울증, 스트레스 등에 맞설 수 있도록 도와준다.[185] 의학의 발전에 의해서 생긴 부산물도 결국 하나님이 창조하신 자연물에 대한 발견이므로 자연 과학을 통한 치료의 방법도 하나님의 지혜로부터 온다.

나도 오랫동안 무좀과 비듬으로 인해서 고통을 받았다. 약은 전혀 사용하지 않고 오랫동안 기도만 했는데 좀처럼 나아질 기색이 보이지 않았다. 그래서 무좀약을 꾸준히 바르고 비듬 제거 샴푸를 사용했더니, 눈에 띄게 좋아졌다. 또한 꽃가루 알레르기로 인한 비염으로 고생한 사람이 아무리 기도를 해도 낫지 않았으나, 오렌지주스와 사과주스를 많이 마셨더니 비염이 사라졌다고 한다.[186] 관절염의 경우, 관절 속에 병균이 염증을 일으킨 것이기에, 신유가 일어난 후에도 남아 있는 균은 의술을 통해 제거해야 한다.

물론 하나님께는 전혀 구하지 않고 모든 것을 의사와 의약으로만 고치려고 하는 태도도 문제이다. 역대하 16장에는 아사 왕 이야기가 나온다. 그는 왕이 된 지 39년에 그 발이 병들어 심히 중하게 되었다. 그가 병이 들자 여호와께 구하지 아니하고 의원들에게

---

185) Norma Dearing, The Healing Touch, 167.
186) 찰스 & 프랜시스 헌터, 치유의 방법, 199.

만 구하였다. 그는 결국 고침을 받지 못하고 죽게 되었다. 이는 치료의 하나님을 무시한 결과이다: "아사가 왕이 된 지 삼십구 년에 그의 발이 병들어 매우 위독했으나 병이 있을 때에 그가 여호와께 구하지 아니하고 의원들에게 구하였더라 아사가 왕위에 있은 지 사십일 년 후에 죽어 그의 조상들과 함께 누우매"(대하 16:12~13). 이는 치료의 과정에서 의사가 필요하지 않다는 것이 아니라, 먼저 하나님을 철저히 의지해야 한다는 뜻이다. 궁극적인 신유는 하나님께 있음에도 불구하고 하나님께 구하지 않고 의원의 손만을 의지해서는 안 된다. 의술이 없어서 죽어 가는 사람들보다 신유의 하나님을 믿지 못해서 죽어 가는 사람들이 더 많다. 어떤 질병이든 궁극적인 치유자는 하나님이시다.

그러면 어떻게 해야 할까? 우리는 질병에 걸리면 하나님을 의지해야 한다. 그리고 세상의 의학적 도움을 받아야 한다. 귀신이 원인인 병의 경우, 귀신을 추방한 후라 하더라도 아직 몸에 잠재한 병균이 남아 있기 때문에 이를 멸하기 위해 지속적으로 투약하거나 수술을 받아야 한다. 이처럼 신유를 위한 기도와 병원 치료가 서로 병행되어야 한다. 하나님은 신유 사역자도 쓰시고, 현대 의학과 자연에서 나온 의약품도 쓰신다.

2. 왜 당장 낫지 않나요?

　예수님은 하나님으로 완전하신 분이시다. 그러므로 예수께서 행하신 치유는 100퍼센트 그 자리에서 즉각적으로 일어났다. 이는 예수께서 무엇보다도 질병의 원인을 정확하게 파악하셨고, 병자들의 죄악과 심리적 상태를 잘 알고 계셨기 때문에 가능했다. 예수님의 신유 특징 중 하나는 그 신유의 결과가 즉각적으로 나타났다는 점이다. 소경이 그 자리에서 눈을 뜨고, 중풍병자도 그 자리에서 일어났다. 예수께서 기도하시자 조금씩 병세가 호전된 것이 아니라, 역사하시는 바로 그 자리에서 즉각적으로 신유의 역사가 나타났다. 온전한 신유를 경험하기 위해 자신이 기도할 시간이 필요하다거나 병자에게 더 기도하면서 기다려야 한다는 말씀을 하신 적이 없다.

　그러면 우리의 치유는 어떠한가? 미국에서 Healing Touch를 운영하고 있는 노마 디어링에 의하면, 신유를 위해서 기도하면 그 자리에서 대략 10퍼센트의 사람들이 완전히 고침을 받는다고 한다. 80퍼센트 정도는 어느 정도 호전되며, 나머지 10퍼센트는 아무런 변화도 없다.[187] 데이비드 루이스(David Lewis)의 연구에 의하면, 신유 집회에 참석한 사람들 중 32퍼센트는 완전 치유를 받았다고 대답했다. 심리적 문제로 기도 요청을 한 자들 중의 50.5퍼

---

187) Norma Dearing, The Healing Touch, 139.

센트가 완전 치유를 경험했고, 축사를 받은 사람들 중 68퍼센트가 악령으로부터 놓임을 받았다고 응답하였다. 그러나 42퍼센트는 아무런 것을 느끼지 못했다고 대답하였다.[188]

물론 기도하는 그 자리에서 앉은뱅이가 일어나고 소경이 눈을 뜨는 경우도 있다. 그러나 대부분의 치유는 빨리 일어나지 않는다. 기도했음에도 불구하고 아무런 변화도 일어나지 않는 경우가 훨씬 더 많다. 이 경우에는 질병의 원인에 따라 다른 형태의 치유가 필요하다. 숨겨진 은밀한 죄를 고백해야 하는 경우가 있고, 귀신 들림으로 인한 병은 축사를 행해야 한다. 심리적 고통은 내적 치유나 가족의 치유 등이 선행되어야 육체적 치유가 이루어진다. 특히 마음의 상처는 수년에 걸쳐서 만들어지기에, 고통스러운 기억들을 정면으로 맞서는 용기가 필요하며, 치유의 과정이 자연히 느릴 수밖에 없다.

왜 우리에게는 신유가 즉각적으로 일어나지 않는가? 신유 사역자는 예수님이 아니다. 완전하지도 성화되지도 않은 인간일 뿐이다. 신유 사역자는 늘 준비되어 있어야 하고, 기도하고, 겸손하며, 사랑에 가득 차 있어야 한다. 성령님과의 끈을 놓는 순간 더 이상 그에게서는 신유를 기대할 수 없다. 한 사람의 온전한 신유 사역자가 탄생하기 위해서는 많은 시간과 시행착오 및 내려놓음이 필요하다. 이는 우리가 예수님을 영접했다 하더라도 예수님과

---

188) R. N. A. Kydd, Healing in the Christian Church, 701.

같은 온전한 성화를 이룰 수 없기 때문이다. 이는 한순간에 이루어지지 않으며, 훈련의 시간이 걸린다.

우리는 하나님께서 누구를 언제 어떻게 고치실지에 대해서는 전혀 알 방법이 없다. 이는 우리의 영역이 아닌 하나님의 영역이다. 신유를 위해서 기도하다 보면, 치료의 양상이 사람과 상황에 따라 매우 다름을 알 수 있다. 이는 인격이신 하나님께서 각 사람의 성격과 기질에 따라 다른 방법으로 치유하시기 때문이다.[189] 성경을 보면, 예수님의 치유 방법이 획일적이지 않고 매우 다양함을 알 수 있다. 어떤 경우에는 말씀으로 고치시기도 하고, 어떤 경우에는 침을 뱉어 고치시기도 하고, 안수하심으로 병을 고치시기도 하고, 비상식적인 명령을 내림으로 고치시기도 한다. 어떤 사람은 기도를 지속적으로 하던 중, 종양의 크기가 점차 작아지는 것을 경험했다. 어떤 이들은 기도를 받았을 때 아무런 변화가 없다가, 아침에 일어났을 때 완전한 치유를 경험하기도 한다. 치유에는 일정한 패턴이 없다. 그러나 우리가 신유를 위해서 기도하는 순간, 하나님은 그 순간부터 일하기 시작하신다. 그러므로 어떤 형태이든지 치유는 일어난다는 것을 믿어야 한다.

니키 검블은 병원에 있는 교인의 심방을 갔다가 우연히 다운증후군에 걸린 한 여인의 셋째 아이가 심장에 문제가 있어서 수술을 받고 있는 것을 보게 되었다. 그녀는 그에게 자신의 아들을 위해

---

[189] Norma Dearing, The Healing Touch, 118.

서 기도해 달라고 요청했고, 그는 기도해 주었다. 며칠 후, 아들의 심장이 크게 호전되어서 퇴원을 했다. 6개월이 지나 니키 검블이 다시 그들을 보았을 때, 그녀는 자신의 아들이 다운증후군에서 고침을 받지는 못했지만, 그의 심장이 정상적으로 돌아왔으며, 이전에는 듣지 못했는데 듣게 되었다고 크게 기뻐하는 것을 보았다. 그녀는 계속적으로 조금씩 나아질 것이라는 믿음을 고백했다.[190] 이처럼 기도하는 순간부터 신유가 시작되나, 병이 완전히 낫기까지 오랜 인내의 시간을 보내야 하는 경우도 있다.

3. 왜 낫지 않나요?

신유 사역자들의 공통 고민 중 하나는 '신유를 위해서 기도하면 과연 100퍼센트 고침을 받는가?'라는 질문이다. 그들의 공통된 의견은 하나님께서 치료자 되시기에 모든 사람들이 치료를 받을 수 있다고 주장한다. 모든 병자들을 치료하는 것이 예수님의 뜻이기 때문에 예수님은 치료를 원하여 나아오는 모든 병자들을 고치셨다(마 8:16, 행 5:12~16). 예수님은 그 앞에 나아와 무릎을 꿇은 모든 병자들을 단 한 번의 실패 없이 치유하셨다. 예수님 앞에 나아온 병자들이 믿음을 고백할 때 고쳐 주시기도 했지만, 때로는

---

190) Nicky Gumbel, Alpha, 201-2.

병자의 믿음이 적거나 없더라도 자신의 능력을 사용하여 병을 고치고 귀신을 쫓아내셨다. 이는 예수님의 하나님 되심, 죄 없으심, 철저한 순종 그리고 성령의 동행하심 등이 있었기 때문에 가능한 것이었다.[191)]

그런데 우리의 현실은 어떠한가? 신유 집회에서 낫는 사람들보다는 낫지 않는 사람들이 더 많다. 자신의 죄를 고백하고, 하나님의 말씀을 듣고 믿어 순종하고, 치유를 위해서 기도하고, 신유 집회에 참석해서 안수를 받더라도 모든 질병이 100퍼센트 자동적으로 치유되는 것은 아니다.[192)] 어떨 때에는 병자를 위해서 기도할지라도 병이 더 심하게 되기도 하고, 어떤 경우에는 병든 사람이 죽기도 한다. 치유 받은 사람은 기뻐하지만, 간절한 소망을 가지고 신유 집회에 참석했음에도 불구하고 치유 받지 못한 사람은 깊은 절망감을 가지고 돌아간다. 치유가 지연될수록 믿음이 연약한 성도들은 시험에 들 수밖에 없다. 하나님께서 다른 사람은 택하셔서 고치셨지만 자신은 버림받았다고 오해하기도 한다. 이처럼 여전히 치료받지 못하고 병들어 있는 수많은 그리스도인들을 어떻게 설명할 것인가? 치유 받지 못한 채 죽은 신자들의 문제를 어떻게 설명할 것인가?

---

191) Keith Warrington, The Role of Jesus as Presented in the Healing Praxis and Teaching of British Pentecostalism, 79, 88.
192) Keith Warrington, The Role of Jesus as Presented in the Healing Praxis and Teaching of British Pentecostalism, 74-5.

신유 은사자에게 가장 고통스러운 순간은 성도들 가운데 치유 받지 못하고 실망하면서 돌아가는 모습을 볼 때이다. 왜 기도했는데 낫지 않는 것일까? 예수님의 제자들도 병이 낫지 않는 것에 대해서 고민을 했다. 귀신 들린 아들을 데리고 온 아버지의 경우, 제자들이 아무리 수고를 해도 귀신을 쫓아내지 못했다. 세계적인 신유 사역자인 오랄 로버츠의 경우, 비록 그가 몇 십 년간을 신유 사역자로 하나님과 교회를 섬겼지만, 모든 사람들이 다 낫는 것은 아니라는 결론을 내렸다. 의사이면서 신유 사역자였던 컬리스의 경우, 다른 사람들의 신유를 위해서 기도했지만, 정작 자신은 심장 문제로 지속적인 고통을 받았다고 고백한다. 캐더린 쿨만과 피터 와그너의 경우에도, 많은 사람들이 치유를 받고 있지만, 치유 받지 못한 사람들에 대해서는 납득할 만한 해답을 가지고 있지 않다고 고백한다. 하나님은 왜 불공평하게 어떤 사람은 특별한 은혜로 낫게 해 주시고 어떤 사람은 고쳐 주지 않으시는 것일까? 왜 치유 받지 못하는 사람이 생기는 것일까? 이 질문은 마치 '왜 의인에게 고난이 있는가?' 라는 질문과도 유사하다.

나는 이를 칼 바르트의 명언 중 하나인 "하나님은 하나님이시고 인간은 인간이다"는 명제에서 인간이 행하는 신유의 한계성을 지적하고 싶다. 하나님은 자연만물을 지으신 창조주이시다. 하나님은 생명을 주기도 하시고 거두기도 하시는 분이시다. 있는 것과 없는 것, 부와 빈을 주관하시는 분이시다. 인간은 하나님의 섭리의 비밀을 알 수가 없다. 예수 그리스도의 십자가의 보혈은 모든 인류를 위해 흘리신 것이다. 그러나 모든 인간이 다 구원받는 것은 아니다. 우리는 믿음을 가지고 기도한다. 그러나 우리가 한 모든 기도가 다 응답 받는 것은 아니다. 성령의 은사가 있으나 모든 사람들이 다 은사를 받는 것은 아니다. 인간에게는 한계가 있다.

신유 은사를 받은 자라 할지라도 자신이 원할 때에 자신의 마음대로 병자를 고칠 수 있는 것은 아니다. 모든 질병을 항상 고칠 수 있는 신유 사역자는 존재하지 않는다.[193] 인간은 예수님처럼 항상 효과적인 신유 사역을 위한 준비가 되어 있지 않다. 그러므로 하나님의 신유가 모든 사람들에게 가능하다는 말은 할 수 있지만, 신유 사역자를 통해 질병이 반드시 낫는다는 것은 그 누구도 보장할 수 없다. 신유의 결과는 전적으로 하나님의 손에 달려 있는 문제이기 때문이다.

한번은 케냐에 단기 선교를 간 적이 있다. 선교사님이 운영하는 교회에서 주일 예배를 인도하던 중, 한 여인이 휠체어에 앉아 있는 모습이 눈에 들어왔다. 며칠 전 그녀를 보던 날부터 성령님의 내적 음성이 들려왔다. 그 주일 예배가 그 교회에서의 마지막 집회였기에, 하나님의 말씀을 선포한 후 그 휠체어에 앉아 있던 여인을 붙들고 신유를 위한 기도를 시작했다. 분명 성령의 음성을 들었고 한동안 기도했지만 결국 그 여인은 일어서지 못했다. 물론 그 여인을 위해서 기도할 때 통역자를 찾았지만 옆에 없어서 아무

---

193) Are Miraculous Gifts for Today?, 212.

런 상담을 해 주지 못한 것도 큰 부담이었다. 예배를 마친 후, 마치 주변 사람들이 '능력도 없으면서 왜 기도하냐?' 라고 조롱하는 것 같아 아쉬움과 혼란으로 온몸에 힘이 빠졌다. 이처럼 기도를 했음에도 불구하고 아무 일도 일어나지 않을 때, 기도를 하는 사람이나 기도를 받는 사람이나 서로 곤혹스러울 때가 있다.

그러나 신유의 유무와는 관계없이 그 여인을 위해서 기도하라는 성령님의 음성을 들은 것은 사실이기에 치유를 위한 기도를 시도한 것 자체는 후회하지 않는다. 신유 은사를 받은 사람은 병든 사람들을 위해 기도할 때, 병자가 당장 낫지 않더라도 의기소침하거나 힘들어 할 필요가 없다고 생각한다. 당장 눈에 보이는 치유가 일어나지 않았다 할지라도 성령의 음성에 순종하여 기도했기 때문이다. 신유자는 단지 하나님의 도구로 쓰임 받았다는 것과 하나님이 우리를 사랑하신다는 사실을 기억하고 힘을 내야 한다. 그리고 기도를 했음에도 낫지 않았다 하더라도 실패로 단정 지을 수 없다.[194]

우리는 병이 낫지 않는다고 해서 하나님을 원망할 수 없다. 포도원의 비유를 보자. 어떤 사람들은 아침 일찍 포도원에 가서 일을 했고, 어떤 사람은 점심시간에, 어떤 사람들은 오후 늦게 포도원에 일하러 들어갔다. 날이 저물자 포도원 주인은 임금을 나눠 주었는데, 아침 일찍 들어온 사람이나 오후 늦게 들어온 사람들에

---

194) 손기철, 고맙습니다 성령님, 116.

게 똑같은 임금을 주었다. 아침 일찍 들어온 사람들이 불평을 했다: "나중 온 이 사람들은 한 시간밖에 일하지 아니하였거늘 그들을 종일 수고하며 더위를 견딘 우리와 같게 하였나이다." 그러나 주인은 말한다: "친구여 내가 네게 잘못한 것이 없노라 네가 나와 한 데나리온의 약속을 하지 아니하였느냐 네 것이나 가지고 가라 나중 온 이 사람에게 너와 같이 주는 것이 내 뜻이니라." 이처럼 하나님께서는 하나님의 방법으로 일하신다. 그러므로 자신의 병이 당장 낫지 않았다고 해서 하나님이 자신을 사랑하지 않는다는 식으로 해석해서는 안 된다.

　미국 하버드대학의 경우, SAT를 2,400점 만점을 받은 학생이 떨어지는 반면, 1,600점을 받은 학생이 들어가기도 한다. 그렇다고 만점을 받고 떨어진 학생이 학교를 대상으로 소송을 걸 수는 없다. 왜냐하면 입학 사정관의 권한대로 학생을 뽑았기 때문이다. 마찬가지로 사람이 하나님의 자비하심에 형평성의 문제가 있다고 문제 제기를 할 수는 없다. 단지 나에게도 그러한 은혜를 달라고 기도할 수밖에 없다.

　하나님은 주권자이시다. 그분에게는 치료의 능력이 있지만 항상 똑같은 방법으로 치료하지는 않으신다. 이는 우리가 하나님께 드리는 기도가 100퍼센트 우리의 뜻대로 결정되지 않는 것과 똑같은 원리이다. 우리는 문제를 우리의 방법대로 해결해 달라고 하나님께 기도하지만, 하나님은 하나님의 방법대로 그 문제를 해결하신다. 마찬가지로 당장 병이 낫게 해 달라고 기도한다고 해서

100퍼센트 우리가 원하는 방법과 원하는 시간에 해결되는 것이 아니다. 그분만이 누가 낫고 언제 나을지를 결정하신다.[195] 신유에 관한 한 우리에게는 아무런 권한이 없다. "병자가 낫는다면 이는 하나님으로부터 온 것이다. 당신이 낫지 않는다면 하나님은 이 질병을 감당할 만한 힘을 주실 것이다."[196] 우리는 왜 어떤 사람은 낫는 반면에 어떤 사람은 치료가 일어나지 않는지에 대해서 정확하게 알 수 없다. 병자가 나을지 아닐지, 혹은 언제 나을지는 하나님의 뜻에 달려 있다. 그러므로 병자는 당장 낫지 않는다 하더라도 예수님을 부인하거나 교회를 떠나서는 안 된다. 우리는 병자를 위해서 기도하라는 하나님의 명령에 순종하여 지속적으로 병자를 위해서 기도해야 한다.

4. 타 종교에는 신유가 없나요?

기독교에만 신유가 있고 다른 종교에는 신유가 없는 것일까? 전통적으로 모든 종교는 마음의 치유와 육체의 치유에 대해 관심을 가지고 있다. 질병과 죽음의 문제는 인간이 겪는 고통 가운데 가장 본질적인 것으로, 사람들은 자신의 힘으로 해결하기 힘든 이

---

195) Keith Warrington, The Role of Jesus as Presented in the Healing Praxis and Teaching of British Pentecostalism, 73.
196) R. N. A. Kydd, Healing in the Christian Church, 701.

문제들을 종교에서 해결 받기를 갈망해 왔다. 많은 사람들이 현대 의학으로도 고치지 못하는 불치의 질병에 걸렸을 때, 인간의 한계를 느끼고 종교에 귀의하게 된다.

대부분의 원시 종교는 질병을 치료하는 제사 제도를 가지고 있다. 고대 그리스에서는 아폴로 신의 아들이었던 아이스쿨라피우스라는 신을 섬겼는데, 이 신은 치료의 신이다. 아픈 사람들은 그를 모시는 신당에 가서 하룻밤을 자면서 꿈이나 비전을 통해 치유를 받았다. 그들은 독 없는 뱀을 치유 능력을 가진 매개체로 보았고, 그 뱀들은 오늘날에 의학을 상징하게 되었다.[197] 힌두교와 불교에도 육체적 건강을 위한 제의가 있다. 불교인들은 자신이나 가족이 아프면 절에 가서 불공을 드린다.

성경에서도 이방 신에게 신유를 간구하는 장면들이 나온다. 아하시야 왕이 난간에서 떨어져 병들었을 때에, 그는 여호와 하나님께 묻지 아니하고 다른 신인 에그론의 바알세붑에게 자기의 병이 나을 것인가를 물어보았다(왕하 1:2). 신약에 베데스다 연못가에 거주하던 38년 된 병자 이야기가 나온다. 가끔 천사가 내려와 물을 동하게 하면 그때 먼저 들어간 사람이 병이 나았다. 이렇듯 천사도 병을 고치는 행위를 할 수 있다고 믿었다.

예수께서 귀신을 쫓아 병을 고치시자 당시 사람들은 예수님이 바알세불을 힘입어서 귀신을 쫓아내고 병을 고쳤다고 해석했다.

---

197) Morton, Healing and Christianity, 37-8.

어떤 사람들은 예수님의 신유를 보고 귀신이 들려서 그러한 일을 행한다고 말했다. 이는 당시에 신의 이름과 능력을 빌려서 병 고치는 행위가 성행했음을 암시한다. 그러나 예수님은 "사탄이 사탄을 쫓아내면 스스로 분쟁하는 것이니 그리하고야 어떻게 그의 나라가 서겠느냐"(마 12:26)라고 대답하셨다. 즉 사탄도 자신의 나라를 위해서 같은 편인 귀신을 쫓아내지 못한다는 사실을 의미한다. 오직 귀신을 쫓을 수 있는 것은 마귀보다 강한 힘을 가진 주님이 오셔서 저희를 결박할 때에야 가능한 것이다. 예수님은 바알세불을 힘입어서 귀신을 쫓으신 것이 아니라, 하나님의 성령으로 귀신을 쫓아내셨다고 말씀하신다.

1876년 미국의 에디(Mary Baker Eddy)는 '크리스천 사이언스'(Christian Science Church)를 조직하고, 질병에 대한 새로운 해결책을 제시했다. 그녀는 초월주의의 영향을 받았는데, 초월주의란 물질 세계를 초월하여 영적인 세계에 가치를 두는 19세기 미국 철학이다. 그들에게는 영적인 것만이 실재요, 물질과 육체는 환상에 불과하다. 질병이란 정신적 장애의 결과로 생긴 환상으로, 질병을 환상이라고 인식하는 순간 질병에서 구원받는다고 주장한다. 질병에 대한 치료는 바른 지혜를 얻음으로 가능하다고 주장했다.[198] 그러나 물질은 결코 환상이 아니며 질병의 고통 또한 실재이기 때문에, 이를 부정한다고 해서 이 고통에서 벗어날 수 있는 것은 아

---

198) Mark A. Noll, Christianity in America (Grand Rapids: Eerdmans, 1983), 339-341.

니다.

시베리아나 한국의 샤머니즘에서도 무당을 통해 치유의 역사가 일어났다. 무당은 신의 중개자로 신의 능력에 의지해 병자의 마음과 육체의 질병을 고쳤다. 내가 어렸을 적, 시골에서는 누가 아프면 무당을 불러 푸닥거리를 통해 병 고침을 받았다. 무당은 화를 면하고 복을 얻기 위해 초월적 존재에 의존하며 귀신을 달래서 병을 치료하는데, 실제로 병이 낫는 경우가 발생한다. 이처럼 귀신도 초자연적 역사를 행할 수 있다. 경우에 따라서 인간의 질병을 호전시켜 자신을 숭배하게 만든다.

시내산에서 부름을 받은 모세가 바로의 앞에서 지팡이를 던지니 뱀이 되었다. 그러자 이집트의 마법사도 흉내를 내어서 작대기를 던지니 뱀이 되었다. 이처럼 사탄도 하나님의 능력을 흉내 낼 수 있는 능력이 있다. 그러나 악령에 의한 치료는 미혹하기 위한 사탄의 속임수에 불과하다. 일시적으로 낫는 것처럼 보이지만 결국 마지막에 가서는 더 큰 저주와 고통을 가져다줄 뿐이다.[199] 신병에 걸린 무당이 신내림을 통해 일시적으로 병에서 고침을 받지만, 그 일을 그만두려 하면 더 심한 병에 걸리거나 죽기도 한다.

우리는 타 종교에서 일시적으로 병이 낫는 것과 예수님의 신유를 구별할 수 있어야 한다. 결국 기독교와 타 종교에서 신유의 차이점은 병을 고치는 신이 누구인가 하는 문제이다. 교회에서의 신

---

199) 조용기, 오중복음과 삼중축복, 133.

유 사역은 악한 영의 힘이 아니라 성령의 능력에 의해서 이루어진다. 타 종교에서는 질병의 원인을 초자연적 존재에 두며, 그들 신의 이름을 빌려서 병 고치는 것을 흉내 낸다. 기독교의 치유는 귀신을 완전히 추방하면서 병을 뿌리째 뽑는 것이다. 타 종교에서의 치유는 같은 편에 있는 악령들끼리의 타협과 협조에 의해서 병을 이용한다. 반면 기독교에서의 신유는 죄의 회개와 깊은 관련을 가지면서 하나님 형상에로의 회복에 초점을 맞춘다. 그러나 타 종교에서의 치유는 죄의 회개와 하나님에 대한 믿음을 강조하지 않는 우상 숭배에 근거한다.

의학/심리학/신유

　인간은 단순한 물질적 존재가 아닌 영, 혼, 육의 통합체이다. 그러므로 질병의 원인은 이 세 가지 요소 중 하나라도 손상을 입으면 나타나는 것이다. 그러하기에 질병에 대한 통전적 치유가 필요하다.

　한 조사에 의하면 환자들 중 25퍼센트만이 의학의 도움으로 낫는다고 한다. 즉 의학만으로는 질병을 완전히 고칠 수 없다는 결론이 나온다. 다른 한 조사에 의하면 긍정적 사고방식을 가진 환자들이 그렇지 않은 환자들보다 훨씬 치료가 빨랐다. 살고자 하는 의지가 전혀 없을 경우, 아무리 치료가 가능한 병에 걸려도 죽을 수 있다. 반면 불치의 암에 걸려도 긍정적 사고로 낫는 사람들이 있다. 의사를 믿고 약품에 대한 긍정적 사고를 할수록 병 호전에 큰 도움을 준다고 한다. 중병에 걸린 환자가 세계적 명성을 가진 의사를 만나면 치료가 된다고 한다. 왜냐하면 마음속에 '이제는 살았다'는 믿음이 생겼기 때문이다.[200] 걱정과 절망은 건강에 치명적이며, 희망과 사랑은 치료를 촉진시킨다. 수술을 앞두고 환자가 지나치게 긴장하거나 두려워할 경우 수술을 늦추어야 한다.

왜냐하면 환자들이 어떤 태도를 가지느냐에 따라 질병에서 회복되는 정도가 다르기 때문이다. 이처럼 우리의 정신적 태도가 질병을 극복하는 데 큰 영향을 미친다.

주변에 사랑하는 사람들이 많이 있을수록 살고자 하는 의지가 강해지며 병의 호전이 빠르다. 한 연구에 의하면 사랑을 받지 못하고 신체적 접촉이 적었던 고아원에서 자란 아이들이 여러 병에 노출되며 일찍 죽는다는 연구 결과를 내놓았다. 그리고 혼자 사는 사람이 질병으로 죽을 확률이 높았다.[201]

특히 종교적 믿음은 공포나 침울한 감정을 치료하는 특효약이다. 현대 신학자와 목회자들이 신유에 대해서 침묵을 지키고 있는 반면에, 오히려 심리 치료사나 의사들은 종교와 믿음이 환자들의 치유에 큰 도움이 된다는 의견을 밝히고 있다. 사람들의 종교적 태도가 육체적 건강에 큰 영향을 미치는데, 전반적으로 종교를 가진 사람들이 무신론자들보다 육체적·정신적 건강 상태가 양호하다는 결과가 나왔다. 종교적 경험이 사람들을 참담한 고통에서 창조적 삶으로 전환시켜 주기 때문이다.

이제는 의사들도 기도와 명상으로 혈압을 낮추는 등 육체적 질병 치료에 큰 도움이 되기 때문에 이를 적극적으로 이용하라고 권

---

200) Jerome D. Frank, Persuasion and Healing (Baltimore: Johns Hopkins University Press, 1973), 66. Henry K. Beecher, The Powerful placebo, Journal of the American Medical Association 159 (December 24, 1955): 1602-9.
201) James Lynch, The Broken Heart: The Medical Consequences of Loneliness (Basic Books, 1978).

면하고 있다.[202] 미국 의학 대학에서는 환자를 이해하고 수련의들을 돕기 위해서 종교적 믿음에 대한 과목도 가르치고 있다. 이는 의사들도 종교적 믿음과 건강 사이에 깊은 관계가 있음을 인정하기 시작했다는 증거이다.[203] 앞에서 예를 들었던 정신분열증에 걸렸던 중학생 환자의 경우, 서울대병원 의사가 통제 불가능한 그를 병원에서 내보내면서 마지막으로 한 말이 있다: "이 아이는 종교의 힘이 아니고서는 고칠 수 없을 것 같습니다."

미국의 병원 중에는 원목 제도를 두고 있는 곳이 있다. 목회자들이 병원에 거주하면서 아픈 사람들을 상담해 주는데, 그들이 요구할 경우 기름을 바르고 손을 얹고 기도한다. 나는 이제 한국 병원도 원목이나 심리 상담가를 고용해 상담을 해 주고 내적 치유를 행하며, 동시에 수술을 받거나 약품을 복용하는 통전적 치료가 함께 가야 한다고 생각한다. 신유와 축사를 동시에 강조하는 기독교 병원이 설립되었으면 한다. 정규 병원처럼 전문 의사가 정기 검진을 하고 수술을 집도하고 약을 제공하며, 전문 심리 상담가가 이야기를 들어 주고, 더불어 하나님의 말씀이 선포되면서 기도하는 그런 병원이 설립되었으면 하는 게 개인적인 바람이다.

교회에서도 환자들이나 정신병자들에 대한 관심을 가지고 꾸준한 치료 상담을 제공하면서 신유를 위한 기도를 병행해야 한다.

---

202) Herbert Benson, Beyond the Relaxation Response (Kerkley, 1985).
203) Morton Kelsey, Healing and Christianity, 2-3.

특히 정신병의 경우, 임상 심리학의 도움을 받으면서 영적 치유가 병행되어야 한다. 교회는 질병의 치유를 위해서 끊임없이 기도해야 하지만, 신유가 전혀 일어나지 않거나 호전되지 않을 경우, 육체의 질병에만 관심을 가질 것이 아니라 악한 영적 존재의 유무나 신앙 상담과 감정 및 내적 치유를 통해 진단해 보아야 한다. 이제 교회도 병자를 상담할 때 죄의 회개뿐만 아니라 마음의 질병이나 악한 영적 존재를 고려한 통전적 치유를 제공해야 한다.

신유에 대한 주의점

　예수께서 제자들에게 복음을 전하고 병든 자를 고치라고 명하셨다. 돌아온 그들은 예수께 다음과 같이 보고했다: "칠십 인이 기뻐하며 돌아와 이르되 주여 주의 이름이면 귀신들도 우리에게 항복하더이다." 그때 예수께서는 "귀신들이 너희에게 항복하는 것으로 기뻐하지 말고 너희 이름이 하늘에 기록된 것으로 기뻐하라"(눅 10:20)고 말씀하셨다. 우리는 이 말씀처럼 신유의 핵심이 무엇인지를 알아야 한다. 결국 병 고침을 통해 드러나고 전해져야 하는 본질은 예수 그리스도이시다. 병 고침 받는 것은 이 땅에서 잠깐의 기쁨을 준다. 그러나 이것으로 만족해서는 안 된다. 속죄함 받고 영생을 얻는 것이 영원한 것이기 때문이다. 우리는 병 고침에만 흥분할 것이 아니라, 병을 고치시는 하나님의 아들 예수 그리스도를 볼 수 있어야 한다. 신유를 통해 궁극적으로 예수 그리스도를 믿고 영접해야 한다. 병이 나은 후 다시 세상으로 돌아가는 것은 신유의 본질을 망각한 것이다.
　그런데 많은 병자들은 예수의 피의 능력에 대해서 알기를 거부하고 무조건 병만 낫기를 원한다. 그들의 바람은 오직 현재의 고통과 질병에서 해방되는 것일 뿐, 예수님에 대해서는 전혀 관심이 없다. 하나님의 관점에서 자신의 병을 보지 못하고 치유를 받느냐 마느냐에만 치중한다. 예수님이 누구인지도 모르면서 병만 낫기를 원하는 것은 미신과 다를 바가 없다. 성경 말씀을 떠나 체험과 신유만을 간구하는 것은 기복적인 행위이다. 그러므로 하나님의 은혜를 망각하고 신유에만 치우치는 것은 매우 위험한 태도이다. 예수님을 배제한 신유에 대한 과도한 강조는 은혜의 체험을 경시할 수 있으며, 신비적 경험만 자랑하게 만들 가능성이 높다. 우리는 자신의 유익을 위해 하나님을 수단으로 사용해서는 안 된다.

예수님은 영생의 길을 알리고 믿게 하기 위해 신유를 행하셨다. 예수님은 신유를 행하심으로 사람들이 하나님의 사랑을 알기를 원하셨다. 예수님은 병자들을 치유하시면서 역동적인, 살아 계신, 사랑이신 하나님을 소개하였다. 신유의 핵심은 하나님과의 관계 치유이다. 진정한 회개를 통해 예수 그리스도를 구주로 영접하고 하나님 중심의 신앙생활을 할 때 은혜로 주시는 것이 신유이다.[204] 신유를 통해 도달해야 할 궁극적 목표는 인간의 행복과 건강보다 예수 그리스도를 알고 하나님께 영광 돌리는 것이다. 불신자가 병이 나아 하나님의 자녀가 되고, 믿음이 연약했던 신자가 신유를 통해서 자신의 믿음이 확고해지고 믿음의 관계 속으로 들어가는 것이 신유의 기본 목적이다. 신유 은사는 결국 예수 그리

---

204) 전용복, 기도와 치유 사역, 15. 조용기, 오중복음과 삼중축복, 42.

스도께로 인도하는 역할을 감당한다. 그러므로 병이 낫고 건강해진 것으로 모든 것이 다 해결되었다고 생각해서는 안 된다.

이 세상에는 절대적 건강이 존재하지 않는다. 예수 믿고 신앙생활을 잘하면 앞날이 형통하고 육체가 강건하며 아무 문제없이 살아갈 수 있을 것이라고 생각하면 큰 오산이다. 성경이 약속하는 육체적 건강이란, 하나님의 뜻을 이루면서 살아가기에 부족함이 없는 건강을 말한다. 나이가 들면서 늙고 병약해지는 것은 자연의 이치이다. 진정한 의미의 건강은 그리스도께서 재림하실 때에야 얻을 수 있다.[205]

미국 TV 광고에서 능력이 나타난다는 초록색 손수건을 파는 목사를 본 적이 있다. 아마 바울의 흉내를 낸 듯하다: "하나님이 바울의 손으로 놀라운 능력을 행하게 하시니 심지어 사람들이 바울의 몸에서 손수건이나 앞치마를 가져다가 병든 사람에게 얹으면 그 병이 떠나고 악귀도 나가더라"(행 19:11~12). 이 광고의 요점은 이 손수건을 가지면 병이 낫는다는 것이었다. 이처럼 성경의 내용을 상업적 동기를 가지고 장사하는 것은 바람직하지 못하다고 생각한다.

기도를 해 준 사람이 병이 나았을 경우, 그 대가로 돈이나 다른 것을 요구해서는 안 된다: "가면서 전파하여 말하되 천국이 가까이 왔다 하고 병든 자를 고치며 죽은 자를 살리며 나병환자를 깨

---

205) 조용기, 오중복음과 삼중축복, 133.

끗하게 하며 귀신을 쫓아내되 너희가 거저 받았으니 거저 주라"(마 10:7~8). 문둥병에 걸렸던 나아만 장군은 그의 문둥병 치유를 받고 이에 대한 감사의 표현으로 엘리사에게 헌물하기를 원했다. 그러나 엘리사는 이를 받지 않았다. 그는 나아만 장군을 고친 이가 자신이 아니라 하나님이시라는 사실을 알았기 때문이다. 그러나 나중에 그의 종이었던 게하시가 이를 탐내서 거짓으로 고하여 이 헌물을 받자 자신이 문둥병에 걸려서 멸망의 길로 떨어지게 되었다(왕하 5장).

어떤 교회나 기도원에서 돈을 받고 치병 기도를 해 주는 경우가 있다. 이는 비성경적 태도이다. 신유의 은사는 하나님께서 거저 주신 은사이다. 그러므로 신유는 인간의 돈으로 사고 팔 수 없는 하나님의 선물이다.[206] 하나님께서 주신 선물을 이기적인 목적을 가지고 사용해서는 안 된다. 케이시(Edgar Cayce)의 경우, 엄청난 신유 사역을 펼쳤지만, 그가 병 고친 후 물질을 요구했을 때 그는 신유의 능력을 잃어버렸다.[207] 물론 병 고침을 받고 난 후, 교회나 선교 단체에 감사 헌금을 통해 하나님께 감사를 표현하는 것은 문제가 없다고 생각한다.

신유 사역자는 병자가 나을 것이라고 약속해서는 안 된다. 병자도 자신의 병을 위해 기도해 준 신유 은사자만을 바라보아서는

---

206) 조용기, 오중복음과 삼중축복, 133.
207) Morton, Healing and Christianity, 316.

안 된다. 왜냐하면 신유자가 병을 고치는 것이 아니기 때문이다. 신유자로부터 안수만 받으면 무조건 병이 낫는 것으로 아는 사람들이 있다. 그래서 신유자의 손을 끌어다가 자신의 아픈 곳에 대고 힘 있게 눌러 달라고 요구한다. 우리가 항상 잊지 말아야 할 사실은 신유 사역자는 다만 기도할 뿐, 병을 고치시는 것은 하나님이시지 사람이 아니라는 것이다. 신유자의 능력은 자신이 아니라 예수 그리스도의 피의 능력에서 나오는 것이다. 사람에게는 병을 고칠 수 있는 능력이 없다. 베드로가 8년 된 중풍병자를 만나자 그에게 "애니아야 예수 그리스도께서 너를 낫게 하시니 일어나 네 자리를 정돈하라"라고 말했다(행 9:34~35). 베드로는 애니아를 낫게 하실 이가 자신이 아닌 예수님이라는 사실을 누구보다도 잘 알고 있었다.[208] 그러므로 신유 사역자를 예수님으로 착각해서는 안 된다. 신유 사역자는 예수 그리스도의 도구일 뿐이다.

그러므로 신유자를 우상시하면 안 된다. 하나님께서 신유의 능력을 차단하시는 순간, 신유 사역자가 할 수 있는 것은 아무것도 없다. 은사를 가지고 교회 안에서 높고 낮음, 중요한 것과 덜 중요한 것을 구분해서는 안 된다. 은사를 가진 사람일수록 나보다 남을 낫게 여길 줄 알아야 한다.

루스디아에서 나면서부터 앉은뱅이 된 사람을 바울이 일으켰다. 이 엄청난 기적을 본 사람들은 너무도 놀랐고 "신들이 사람의

---

[208] 하용조, 변화받은 사람들, 86.

형상으로 우리 가운데 내려오셨다"(행 14:11)고 야단법석을 떨었다. 여기서 바울이 한 행동이 신유자들이 어떻게 행동할 것인가에 대한 정답이 된다. 바울은 자신의 옷을 찢으며 '우리는 신이 아니다'라고 해명했다. 우리도 신유의 은사를 가진 사람을 특별하다고 생각해서는 안 된다. 하나님께서는 그가 특별해서 신유의 은사를 주신 것이 아니다: "너희에게 성령을 주시고 너희 가운데서 능력을 행하시는 이의 일이 율법의 행위에서냐 혹은 듣고 믿음에서냐"(갈 3:5). 많은 신유자들은 자신에게서 능력이 조금만 나타나면 교만해지고 결국 타락하게 된다. 신유자는 늘 자신이 인간이며 피조물임을 고백해야 한다.[209]

몇몇 기도원의 경우, 신학적 교육을 제대로 받지 못하여 신비주의를 강조하는 사례가 있다. 한번은 어떤 기도원을 갔더니, 안찰로 병을 고친다면서 남자의 경우 웃통을 벗겨서 눕게 한 후, 몇 사람이 둘러앉아서 찬송가를 부르면서 안찰을 하는 것을 본 적이 있다. 그야말로 온몸이 시뻘겋게 될 때까지 때렸다. 간혹 안찰 때문에 목숨을 잃거나 소송을 당하는 사례가 있어서 사회적 물의를 일으키기도 한다. 이처럼 신유나 축사를 위하여 물리적인 방법을 사용해서는 안 된다. 그렇지 않아도 병에 걸려 연약한 사람을 귀신을 쫓거나 병을 고친다는 이유로 매질을 하거나 몸의 어느 부분을 때리는 등의 압박을 가하는 일은 절대로 행해서는 안 된다.

---

209) 하용조, 변화받은 사람들, 332-3.

제2부_ 교회사 속에 나타난 신유

하나님의 말씀은 어제나 오늘이나 영원토록 동일하다. 하나님은 치료자 되시며, 예수님과 그의 제자들은 기적과 신유를 행하였다. 사복음서와 사도행전, 바울의 서신도 신유에 대해 언급하고 있다. 그리고 신유의 역사는 초대 교회로부터 중세 교회의 암흑기, 그리고 종교개혁 이후와 현대에 이르기까지 쉬지 않고 재현되어 왔다.

현대 신유 운동은 19세기와 20세기에 들어서면서 독일의 경건주의, 미국의 성결 운동과 오순절 운동 등을 통해서 폭발적으로 일어나면서 활발해졌다. 이제 신유의 교리는 성결교회와 오순절교회의 사중복음의 하나로 자리 잡게 되었다. 오늘날에도 하나님의 성령께서 사모하는 자들에게 병 고침의 은사를 주고 계시며, 많은 신유 사역자들이 활동하고 있다. 교회 역사를 연구하면 할수록, 하나님께서 전 인류의 역사를 통해서 계속 신유를 허락하셨으며, 오늘날에도 여전히 신유를 기대하고 계심을 알 수 있다.

초대 교회

초대 교회는 로마 정부의 엄청난 박해로 인해서 대부분의 그리스도인들은 공식적으로 자신이 그리스도인임을 밝히기를 원치 않았기에 개인적인 체험에 대해 공개적으로 말할 기회가 적었다. 그러나 엄청난 박해 속에서도 초대 교인들은 치유의 하나님을 믿었다. 초대 교회는 교회의 중요한 임무 중 하나가 신유라고 생각했기에 신유는 초대 교회의 신앙과 경험에서 중요한 위치를 차지했다. 초대 교부들은 부활 교리와 함께 신유를 강조했고, 이에 대한 경험을 기록으로 남겼다. 예수님은 인간의 삶을 괴롭히는 죄, 죽음, 질병, 악한 영의 세력에 대해 승리하신 분으로, 특히 십자가의 승리로 이 모든 저주들을 물리치신 분으로 해석되었다. 교회 내에서 신유의 역사가 얼마나 크게 나타났던지, 기독교를 믿지 않던 이방인들도 교회 내에서 일어나는 신유를 인정해 줄 정도였다. 2~3세기의 기록에 의하면 초대 교회 내에 예언, 신유, 축사 등을 비롯한 수많은 이적이 나타났다.[210]

---

210) William Barclay, 237.

기독교 변증론을 편 마터(Justin Martyr, 100~165)는 사람은 물질세계와 눈에 보이지 않는 영적 세계와 상호작용하면서 살아가고 있다고 주장했다. 그는 특히 악령과의 조우에 대해서 자세히 기록했다. 다른 종교의 축사자들이 쫓아내지 못했던 수많은 귀신 들린 사람들이 그리스도인들을 찾아왔고, 그들은 담대히 축사를 행하며 병자를 고쳤다: "수많은 그리스도인들이 예수 그리스도의 이름으로 귀신을 내쫓았다 … 그리고 다른 (종교의) 축사자들이 고칠 수 없었던 수많은 병자들을 고쳤고, 약한 자를 돕고, 귀신을 쫓아냈다."[211]

리용의 감독이었던 이레니우스(Irenaeus, 130~200)는 초대 교회에서 예언과 신유와 같은 기적들이 나타났고 다른 성령의 은사들이 존재했다고 밝힌다. 그는 예수님을 따르는 자라면 누구든지 기적을 행할 수 있는 능력이 있다고 믿었는데, 특히 신유는 하나님의 능력을 직접 보여 주는 사역이었다: "예수께서 고통당하시고 죽으셨지만, 그가 살아나심으로 생명을 주셨고, 우리의 연약함을 치료하셨다."[212] 예수 그리스도의 이름으로 귀신들이 쫓겨나고, 손을 얹고 기도했을 때 많은 병자들이 나았다. 심지어 교회가 금식하면서 기도할 때, 죽은 자가 일어나기도 했다. 신유를 체험한 많은 자들이 교회의 일원이 되었고, 이러한 역동적인 역사로 인해

---

211) Justin Martyr, Second Apology: To the Roman Senate 6. Dialogue with Trypho 30, 39, 76.
212) Irenaeus, Fragment from the Lost Writings of Irenaeus 52.

엄청난 박해 속에서도 기독교가 부흥할 수 있었다.[213]

콰드라투스(Quadratus of Athen)는 교회 내에서 많은 사람들이 병에서 놓임을 받고 죽었다가 살아난 경우를 말하고 있다.[214] 터툴리안(Tertullian)은 3세기 초경에도 교회 내에서 귀신을 내쫓고 병자를 고치는 사건이 흔했음을 기록한다. 수많은 사람들이 육체적·정신적 질병에서 치유되었고, 이 사실을 고백했다: "악령에 의해서 바닥에 쓰러진 수도사는 그의 고통에서 놓임을 받았다 … 많은 사람들이 마귀로부터 놓임을 받고, 병으로부터 고침을 받았다. 심지어는 황제의 아버지인 세베루스도 기름부음에 의해 고침을 받은 후, 그가 죽을 때까지 (그리스도인들을) 그의 궁전에 두었다."[215] 터툴리안은 이 외에 죽은 자가 살아난 기적도 언급했다.[216]

오리겐(Origen, 184~253)도 신유의 기적을 직접 눈으로 보았고, 이 사실을 기록으로 남겼다. 신유가 예루살렘을 벗어나 그리스와 이방인들 사이로도 확장되어 갔다. 교회에 나온 많은 사람들이 정신질환, 미침 증세를 비롯한 다양한 병들에서 고침을 받았다. 특히 예수 그리스도의 이름으로 인간 속에 있던 더러운 귀신들이 쫓겨났다: "그들은 귀신을 쫓아냈고, 수많은 신유를 행했으며, 미래를 보았다. 예수님의 이름으로 많은 질병들이 고침을 받았다."[217]

---

213) Irenaues, Against Heresies, II Ch. XXXII 4-5.
214) Eusebius, The Ecclesiastical History, 4:3.
215) Tertullian, Ad Scapulam 4.
216) Tertullian, Apology 23. R. A. N. Kydd, Healing in the Christian Church, 699-700.
217) Origen, Against Celsus I, 46-7, Against Celsus III, 24. Nicky Gumbel, Alpha, 195.

유게니아(Eugenia of Alexandria, ~257)라는 그리스도인은 알렉산드리아의 귀부인이 열병으로 사경을 헤매고 있을 때 기도하여 낫게 하였다. 그는 또한 수많은 귀신을 쫓았다.[218] 시프리안(Cyprian of Cathage, 200~258)은 '예수님은 승리자'라고 선포하면서 불치병을 고치고 귀신들을 쫓아냈다. 신유에 있어서 환자의 믿음이 중요하며, 신유자는 하나님의 은혜 속에 거할 때 끊임없는 능력을 공급받는다. 그러므로 교회가 더 기도해서 활발한 신유의 역사가 일어나야 함을 강조했다.[219]

역사학자인 유세비우스(Eusebius)에 의하면, 사도들의 제자였던 초대 교부들을 통해서 성령의 위대한 역사가 자주 나타났다고 기록한다. 메소포타미아의 감독이었던 마루타스는 페르시아 왕의 두통을 치료했다. 이에 대한 보답으로 왕은 마루타스에게 페르시아에 교회를 세울 수 있도록 허락했다. 프로스트(Evelyn Frost)는 그의 저서 「기독교 신유」(Christian Healing)에서 서기 100~250년 사이에 일어난 신유 사례들을 기록하고 있다. 이를 통해 신유 사역이 사도들의 죽음 이후에도 2~3세기 동안 교회에서 활발하게 전개되었음을 증명하고 있다.[220] 초대 교회는 인간의 육체는 죽지만 예수 그리스도의 부활을 좇아 부활한다는, 육체에 대해 긍정적 해석을 내리면서 동시에 신유를 강조했다. 귀신을 쫓아내며, 병자를 고치

---

[218] Eugenia, The Story of Eugenia and Philip (University of Chicago Press, 1931), 80-1.
[219] Cyprian, Epistle 75, 15.
[220] Evelyn Frost, Christian Healing.

며, 죽은 사람을 살리는 기적이 초대 교회의 부흥의 요소였다.

   3세기에 들어서서 교회는 평신도를 뽑아 훈련시켜서 귀신을 쫓고 신유의 사역을 담당하게 했다. 신유 은사를 가진 사람은 교회의 철저한 검증 끝에 그들의 은사가 하나님으로부터 온 것이 확실할 때, 장로로 안수해서 사역하도록 도왔다. 신유의 은사를 받은 자들은 사제로 안수 받을 필요가 없이 신유를 곧장 행할 수 있었다. 이 숫자가 많아져 나중에는 사제들의 숫자를 능가할 정도였다.[221] 그 당시 성인(saint)임을 공식화하는 방법으로 그 사람이 행하는 기적이나 신유를 보고 결정할 정도였다. 사제들이 병자를 심방 가는 것도 사역의 중요한 임무 중 하나였다. 특히 감독은 병자를 심방해야 할 의무가 있었고, 귀신을 쫓고 병이 낫도록 기도했다. 교회 모임에서는 활발하게 병자들을 위해서 기도했다.

   313년 콘스탄틴 대제의 기독교 공인 이후 교회에 대한 정부의 공식적인 박해가 중단되었고, 기독교는 로마 제국의 국가 종교가 되었다. 사람들은 순수한 종교적 목적보다 정치적 목적을 가지고 교회로 몰려들기 시작했다. 교회는 점차 제도화 되고 교리화 되어가면서 성경의 초자연적인 부분들을 제거하기 시작했다. 신유의 능력은 오직 성인에게만 예속되며, 병자를 위해 기름을 바르며 병의 치료를 위해서 기도하던 것이 변질되어 죽은 자를 위해 행하는 종유성사로 변질되었다. 그 결과로 병 치유를 위한 기도는 성례전

---

221) Hippolytus Easton, The Apostolic Tradition of Hippolytus I. 15.

속에 갇히게 되었다.[222]

비록 교회의 공식적인 사역에서 신유가 약화되었지만, 일반 그리스도인들 사이에서 신유는 보편적으로 믿어지고 행해졌다. 특히 콘스탄틴의 기독교 승인 이후, 교회가 타락하면서 세속화 됨에 실망하여 사막으로 은둔한 수도승을 중심으로 수도원이 탄생하게 된다. 그들은 육체적 욕망을 제어하면서 기도와 명상에 몰두했다. 그들로부터 많은 이적과 신유의 역사가 일어났다. 수도승들은 신유를 행하며 귀신을 쫓아냈다. 삼위일체 이단에 맞서서 니케아 회의를 승리로 이끌었던 아타나시우스(Athanasius)는 수도사 안토니에 대한 기록을 남겼는데, 안토니는 귀신을 쫓아내고 병을 고쳤다. 신유는 자랑해서는 안 되는데, 그 이유는 사람의 능력이 아닌 하나님의 능력에서 나오기 때문이었다.[223]

마틴(Martin of Tours, 316~397)은 로마 군인이었는데, 하루는 추워서 얼어 죽어 가는 거지를 위해서 자신의 외투를 두 조각내어서 그에게 주었다. 그날 밤 예수님께서 그의 꿈속에 나타나셨고 그 이후로 그에게 신유의 능력이 나타났다. 교회는 그를 신유자 및 축사자로 임명하였다. 하루는 젊은 청년이 열병으로 죽었다. 마틴은 그의 몸으로 죽은 시체를 감싸고 기도했다. 그러자 그 죽은 시체가 움직여서 일어났다. 마틴이 중풍에 걸린 한 소녀에게 안수하

---

222) Morton T. Kelsey, Healing and Christianity.
223) St. Athanasius, The Life of Saint Anthony (Newman Press, 1950).

며 기도하자 그녀가 걷기 시작했다. 귀신 들려서 다른 사람들을 물어뜯던 한 사람의 입에 손가락을 넣고 명령했을 때, 불에 탄 것처럼 발작을 일으키다가 후에 정상으로 돌아왔다. 그에 의해 병 고침을 받은 이방인들은 세례를 받기 위해 그 앞에 나아왔다.[224]

바실(Basil the Great, 329~379)은 그 자신이 의학적 훈련을 받았고 가난한 사람들을 돌보기 위해서 큰 병원을 설립하였다. 그러나 그는 교회의 공직을 맡는 것보다 성령의 은사를 소유하는 것이 더 중요하다고 보았고, 신유의 은사를 받아 수많은 병든 자들을 치유하였다. 황제 발란스의 아들이 갑자기 아파서 죽어 갈 때 다른 방도가 없자 추방하려고 생각했던 바실을 불렀다. 바실이 그 아이를 위해서 기도했을 때 아이의 증세가 호전되었다. 바실과 사이가 좋지 않았던 감독 유세비우스(Eusebius the Bishop)는 정작 자신이 아프자 바실을 불렀고, 유세비우스는 자신이 잘못했음을 고백했다. 바실이 그를 위해서 기도했을 때, 그의 건강이 돌아왔다.[225]

바실의 동생인 그레고리(Gregory of Nyssa, 331~396)는 예수 그리스도의 부활이 신유 사역의 근원이 된다고 해석했다. 그의 여동생 마크리나는 한 소녀가 만성적 눈병으로 보지 못하고 고통 받고 있을 때, 혀로 소녀의 눈을 핥아 주었다. 그리고 기도하던 중, 그녀의 시력이 돌아왔다.[226] 그레고리(Gregory of Nazianzus, 329~389)는 그

---

224) Sulpitius Severus, Life of St. Martin VII, XVI, XVII.
225) Gregory Nazianzen, Oration XLIII, The Panegyric on S. Basil, 54-5.
226) Saint Gregory of Nyssa, The Life of St. Macrina (Eastern Orthodox Books, 1975).

의 여동생이 노새에 받혀서 죽어 갈 때, 그녀를 위해서 기도하자 기적적인 치유함을 받았다.[227] 전쟁에서 부상당해 앉은뱅이가 된 한 병사는 하나님께 기도하던 중 환상 중에 예수님을 보았고, '다리를 뻗어라'는 명령에 다리를 뻗은 후 일어섰다.[228] 밀란의 감독이었던 암브로스(Ambrose, 340~397)는 죽은 아이를 살렸고, 귀신을 쫓아내는 큰 능력이 있었다. 니센시유스라는 절름발이가 암브로스의 교회에 나와서 성찬식을 받을 때, 암브로스는 그에게 "이제부터 나을지어다"라는 명령을 내렸고, 그 순간 그는 정상적으로 걷게 되었다.[229]

황금의 입으로 불리는 크리소스톰(John Chrysostom, 345~407)은 예수님과 제자들의 신유에 관심이 많았다. 그는 자신이 보고 들은 신유의 사례들을 기록하였다. 하루는 수도사 중 한 명이 심각한 우울증에 시달렸는데, 그는 질병의 원인이 귀신에게 있다고 보았다. 그에게서 귀신을 쫓자 정신병으로부터 고침을 받았다. 열병으로 한 아이가 죽어 가고 있을 때, 그 소년의 어머니는 결사적으로 기도했고, 그 소년은 정상적으로 돌아왔다.[230] 중세 수도원 운동에 큰 영향을 미쳤던 카시안(John Cassian, 360~435)은 그의 저서 「상담」(Conferences)에서 신유의 은사에 대한 의견을 기록했다. 신유의 은

---

227) Gregory Nazianzen, Oration VII, On his Sister Gorgonia, 15-8.
228) S. Gregorii Nysseni, In Quadraginta Martyrs, in Patrologiae Graecae 46 (1863), 783.
229) Paulinus, Life of St. Ambrose 8.28, 9.44, 10.52.
230) St. Chrysostom, A Commentary on the Acts of the Apostles, Homily XXXVIII.

사는 성령에 의해서 주어진 은사로, 특정한 사람들에게서 나타났다. 그는 예수님의 영혼에 대한 사랑과 긍휼하심이 신유의 길을 열었다고 해석했다.[231]

히브리어나 그리스어로 쓰인 성경을 당시의 공통 언어였던 라틴어로 번역한 제롬(Jerome)은 주로 편지를 통해서 예수 그리스도의 신유와 기적에 대해서 언급하였다. 특히 그는 사막의 수도승에 대한 관심이 많았고, 마카리우스라는 수도승과 힐라리온에 대한 기록을 남겼다. 한 여인이 15년 동안 자식이 없었으나 힐라리온이 그녀를 위해서 울면서 기도했을 때 그 여인은 아이를 가질 수 있었다. 열병에 시달리는 소년의 침대에 십자가를 긋고 기도하기 시작했을 때, 갑자기 땀을 흘리며 회복되었다. 팔라디우스는 사막의 수도승들에 의해 일어난 수많은 신유와 축사의 예들을 열거한다. 한번은 사람들이 귀신 들린 한 소년을 수도승 마카리우스에게로 데려왔다. 그는 한 손을 소년의 머리에, 다른 한 손은 그의 가슴에 얹고 기도했는데, 갑자기 그 소년의 몸이 부풀어 오르더니 몸에서 물이 터져 나왔다. 그 소년은 곧 정상으로 돌아왔다. 또 한번은 7년 동안 마비 상태로 있던 귀부인이 그를 찾아왔을 때, 마카리우스는 20일 동안 기름을 바르며 기도했고, 마침내 그녀는 정상으로 돌아왔다.[232]

---

231) John Cassian, The Conferences, The Second Conference of Abbot Nesteros XV. 2.
232) Palladius, The Lausiac History of Palladius (Westminster, Md.: Newman Press, 1965).

흔히 어거스틴(Augustine, 354~430)을 신유를 인정하지 않는 전형적인 그리스도인으로 묘사한다. 초기에는 신유에 대해 부정적이어서 신약에 나오는 기적들은 오늘날에는 일어나지 않는다고 해석했다. 성령 세례에 따르는 방언도 중지되었고, 아픈 사람들을 위해서 기도할 때 병이 낫는 것은 이전에 있었던 일로, 이제는 중지되었다고 믿었다. 하나님의 기적은 이전에 한 번만 있었던 일로, 그 이후로는 역사 속에서 완전히 사라졌기에 이제는 예수 그리스도의 이름으로 그 어떤 기적도 일어날 수 없다고 결론 내렸다.

그러나 그의 신유에 대한 관점이 말기에 이르러 변화를 보였다. 424년, 그가 담당하고 있던 한 형제가 발작을 일으키며 죽은 것처럼 쓰러졌다. 교회는 그를 위해서 기도했고, 그 다음 날 그 형제는 정상적으로 돌아왔다. 이 경험 이후로 어거스틴은 신유에 대한 믿음을 받아들였고 이에 근거해 설교하기 시작했다. 그의 말년인 426년에 완성된 「하나님의 도성」(The City of God)에서 그의 변화된 입장을 발견할 수 있다. 그는 예수 그리스도의 이름으로 많은 기적들이 일어나고 있음을 적고 있다. 자신이 직접 목격한 열 가지 정도의 신유의 역사에 대해서 자세히 언급하고 있다: "나는 오래전의 기적과 같은 수많은 기적들이 오늘날에도 일어나고 있음을 깨달았다. 오늘 많은 사람들은 이러한 신적 능력이 중단되었다고 믿는데, 얼마나 잘못된 것인가."²³³⁾ 이노센티우스라는 사람은 식도암으로 죽어 가고 있었는데, 신자들이 그를 위해서 기도할 때 그는 온몸을 떨었다. 그리고 얼마 후 완전히 나았다.²³⁴⁾ 어거스틴은 귀신이 가축과 노예들에게 병을 가져다준다고 믿었다. 사제가 성찬식을 행하면서 기도했을 때, 귀신들이 쫓겨나고 병이 나았음을 기록하고 있다. 눈에 심한 상처를 가진 한 소년이 축사를 통해 귀신이 나갔을 때 치유되었다.[235]

이처럼 초대 교회에서 신유의 역사는 광범위하게 나타났다. 초대 교회 교부들은 당시 교회에서 행해지던 신유에 대해서 자세히 기록하였다. 그들은 또한 인간에게 영향을 미치는 귀신들을 숙지하고 있었고, 귀신이 사람을 공격하며 육체적·정신적 질병을 가져다준다고 생각했다. 그러나 예수 그리스도의 십자가에서의 부활로 사탄의 세력은 패배했고, 신자는 성령의 충만으로 사탄의 세력을 물리칠 수 있으며, 몸과 마음의 질병을 고칠 수 있는 능력을 부여 받았다고 믿었다.[236]

---

233) Saint Augustine, The City of God, XXII, 8 (1954), 445.
234) S. Augustini, Retractationum I. 13.7, in Patrologiae Latinae 32 (1877), 604-5. Nicky Gumbel, Alphas, 195-6.
235) Martin E. Marty and Kenneth L. Laux ed., 106.
236) Morton, Healing and Christianity, 128.

중세 교회

　중세에 들어서 교황에 의한 교권화가 진행되면서 초대 교회 때에 활발했던 신유의 역사가 점차 역사 속에서 사라지게 되었다. 초대 교회가 모진 핍박 속에서 살아남기 위해 몸부림을 칠 때, 성령의 역사가 강하게 나타났다. 그러나 교회가 로마의 국교로 인정을 받게 되자 교회는 점차 생명력을 잃게 되었고, 교회는 협회와 같은 기관이 되었다. 교회가 점차 조직화되면서 초자연적 현상은 사라지게 되었다. 수많은 규율과 교리가 생겨나면서 신유는 점차 성례전 속에 갇히게 되었다.

　로마가톨릭교회를 본 궤도에 올려놓은 그레고리 감독(Gregory the Great, 540~604)은 질병을 하나님의 훈육 방법이라고 이해했다. 그로 인해 초대 교회가 유지해 온 '건강은 하나님께서 주신 것이다' 라는 믿음이 '하나님은 훈련시키기 위해서 병을 주신다' 라는 정반대의 개념으로 바뀌게 되었다. 그는 또한 영적 존재가 육체에 영향을 끼칠 수 없다고 단정하면서, 질병은 더 이상 악령의 영향이 아니라고 이해하였다. 서방 교회는 그레고리의 영향으로 인해 질병은 그의 자녀들을 훈육하고 거룩하게 하기 위한 하나님의 채

찜질로 해석했다. 우리가 우리의 죄를 자복하고 거룩함에 다가갈 때 병에서 고침을 받을 수 있다. 그레고리는 그의 책「욥기의 도덕」(Morals on the Book of Job)에서 신유, 기적, 예언 등의 개념을 지혜, 과학, 이성 등으로 대치시켰다. 수도원을 중심으로 또 다른 이론이 발전했는데, 질병은 사람을 하나님께로 가까이 가게 하는 역할을 한다는 사상이었다. 그래서 병든 것 자체가 성인이 된 표로 여겨지기도 했다.

1214년 제4차 라테라노 공회의는 인간의 질병은 인간의 죄를 벌하기 위해 하나님으로부터 온다고 공포하였다. 사람이 아프면 의사가 질병을 고치기 전에, 먼저 사제를 불러서 죄를 고백한 후에야 의술을 행할 수 있었다. 의사가 죄를 고백하지 않은 환자를 돌보게 되면, 의사 자격증이 정지되었다. 이처럼 죄와 질병은 깊은 연관 관계에 있다고 믿어졌다. 사제는 병자의 집을 방문해서 치유를 위해서 기도하는 것이 아니라, 병자가 자신의 죄를 인식하고 이를 회개하는 쪽에 관심을 두었다.

야고보서 5장 14~16절 말씀을 초대 교회는 기름을 바르면서 병 치유를 위해서 기도하라는 말씀으로 해석했다. 그래서 초대 교회는 기름을 바르는 중유의식을 통해 환자를 위해 기도했고, 그 결과로 치유가 일어났다. 그러나 중세를 거치면서 성유는 죽어 가는 사람을 위해서 머리에 기름을 바르면서 마지막으로 죄를 씻어 주는 구원받는 의식으로 변질되었다. 성유의식은 1151년 가톨릭 교회의 7대 의식 중 하나가 되어서 1962년 바티칸 회의 때까지 중요한 교리로 자리 잡았다.[237] 이로 인해 성유의식을 받은 사람은 곧 죽는 것으로 여겨졌다. 즉 성유 의례를 받은 자가 다시 회복되어 살아난 경우에는, 마치 죽은 자처럼 살아야 했고, 결혼도 금지되었다.[238]

이제 사람이 아파서 죽어 가면, 기름을 바르면서 기도하여 고치기보다는, 천국을 가기 위한 준비로 받아들여졌다. 성유는 신유가 아닌, 더 이상 살 권리가 없는 성례전으로 굳어지게 되었다.[239] 이로 인해 기독교 신유의 의미는 점차 사라지게 되었다. 1551년 트렌트 협의회는 성유는 오직 죽어 가는 사람들에게만 향하며, 하나님의 신유는 그쳤다고 공표했다. 이 세상에서의 진정한 신유와 건강은 없고, 오직 죽음 후 낙원에서만 건강을 누릴 수 있다고 믿었다.

13세기 중세 유럽에서는 스콜라 철학이 부흥하였다. 이는 아리스토텔레스 철학에 근거해 이성과 자연 과학을 강조하는 학풍이었다. 자연 법칙에서는 원인과 결과가 중요하며, 하나님의 능력은 절대로 자연적 법칙을 넘어서지 않는다. 이로 인해 하나님의 초자연적 능력은 일어날 수 없는 것으로 외면되기 시작했다. 이런 면에서 신적 치유는 불가능한 것이다. 특히 인간 이성의 발전으로

---

237) Morton Kelsey, Healing and Christianity, 6, 92, 159-160.
238) Leslie D. Weatherhead, Psychology, Religion and Healing (London: Hodder and Stoughton, 1955), 93-94.
239) William Barclay, 238.

인해서 초자연적 현상은 미신으로 치부되었다. 아리스토텔레스의 철학에 큰 영향을 받은 토마스 아퀴나스는 이 세상은 논리적 체계 속에서 운영된다고 생각했고, 그의 신학은 과학의 발전에 큰 공헌을 했다.

그에 의하면 하나님과 그의 뜻은 인간의 지적 활동을 통해서 알 수 있다. 이미 자연을 통해서 그의 법칙을 계시하신 하나님은 인간에게 초자연적 계시를 보여 주실 아무런 이유가 없으시다. 그러므로 아퀴나스는 단 한 번도 신유에 대한 것을 기록하지 않았다. 이러한 이성적·논리적 신학에서 성령의 은사를 포함한 신유가 자리할 공간이 사라지게 되었다.[240]

14세기에 흑사병이 유럽 전체를 휩쓸면서 2천만 명 이상이 죽었다. 교황은 흑사병을 하나님의 징벌이라고 선포하면서 대대적인 회개를 권장하였다. 거기다가 아랍권의 침략으로 인해 1450년 서로마 제국마저도 무너졌다. 이제 전쟁과 죽음, 질병은 사람들의 일상생활이 되었다. 이 상황에서 이 세상에서의 복된 삶은 상상하기도 어려웠다. 이러한 고통을 통해 사람들은 하나님의 사랑과 자비에 대해 회의적이었고, 오히려 하나님의 징벌에 관심을 두게 되었다. 예수님의 이미지는 긍휼하신 치유자이기보다는 엄정한 심판자 내지는 징벌자에 가까웠다. 교회도 점차 이 세상에서의 치유

---

240) Frederick C. Copleston, Thomas Aquinas (New York: Barnes & Noble Books, 1976), 59-67.

나 복보다는 천국에서의 영혼 구원에만 초점을 맞추게 되었다. 상대적으로 이 세상에서의 삶은 덜 중요하게 되었다. 이제 질병은 인간의 죄에 대한 하나님의 징벌로 받아들여지면서, 질병이 저주라는 개념보다는 자신의 영적 상태를 나타내는 중요한 지표가 되었다. 사람이 아프면 우선 영혼의 죄를 발견하고 회개하는 것이 우선시 되었고, 질병을 고치는 것은 의미가 없게 되었다. 왜냐하면 질병은 사람들을 성결로 이끈다고 해석되기 때문이었다.[241]

이러한 경향과는 정반대로 중세 교회의 또 다른 현상 하나는 신유의 미신화이다. 교회는 유럽의 민간 신앙의 영향을 받았고, 가톨릭의 성상 숭배와 결합되면서 많은 부분이 미신화 되었다. 순교자의 죽은 몸이나 뼈 혹은 무덤에 신비한 치유의 능력이 있어서 사람들이 손을 대면 병이 낫는다고 믿었다. 예수님의 무덤에서 가져온 흙으로 세워진 성전에 치유의 능력이 나타난다는 소문이 퍼졌고, 열두 제자를 비롯한 성인이나 순교자를 모신 교회나 그들의 유품에서 큰 능력이 나타난다는 믿음이 퍼져나갔다.[242]

그리스 신화에서 치유를 경험하는 가장 흔한 방법 중 하나는 신전 안에서 밤을 보내면서 신을 만나는 것이었다.[243] 성인을 모신 사당은 병 고치는 능력이 있다고 믿어져서 많은 병자들이 방문하여 성전에서 잠을 잠으로 병이 낫는다고 믿었다. 밀란의 감독이었

---

241) Morton Kelsey, Healing and Christianity, 159.
242) Martin E. Marty and Kenneth L. Vaux ed., 106, 116.
243) William Barclay, 10.

던 암브로스는 환상 중에 두 순교자의 사체를 발견하였는데, 그가 그들의 시체를 교회에 안치했을 때 세베루스라는 한 소경이 관에 손을 대었고, 그 순간 눈을 뜨게 되었다.

당시에는 또한 성찬식을 위해서 준비된 빵과 포도주에 모든 병의 치유를 위한 특별한 능력이 있다고 믿었다. 그래서 병자를 심방할 때 성찬식용 빵과 포도주를 가져가기도 했다. 병든 자를 위해 바르는 기름에 성화시키는 특별한 능력이 있다는 소문도 났다. 특히 교황에 의해서 기도 받은 기름은 특별한 능력이 있다고 믿어져, 사람들이 이를 사서 집에 두고 병이 날 때마다 사용하였다.

중세 교회에서 순수한 형태의 신유 운동은 주로 가톨릭교회, 즉 제도화된 교회에 반대한 소수 종파를 중심으로 일어났다. 이들이 운영하던 수도원에서는 여전히 많은 이적과 신유가 나타났고, 초대 교회의 한 특성인 신유 운동으로 돌아가자는 환원 운동이 일어났다. 1200년경, 아시시의 성 프란시스(St. Francis of Assisi, 1181~1226)는 수많은 신유를 행했다. 그가 운영하던 수도원은 아픈 사람들을 위한 영적 치유와 물리적 보살핌을 병행하였다. 성인으로 추대되기 위해서는 여전히 신유를 포함한 기적을 행해야 했기에 수도사들은 질병의 치료자가 되었다. 나중 가톨릭교회는 수도원의 세력이 커지는 것을 막기 위해 수도사들이 성유를 바르면서 병자의 신유를 위해서 기도하는 것을 법으로 막기도 했다. 이런 의미에서 전통적 초대 교회의 모습은 가톨릭교회에서보다는 오히려 소종파에 의해서 보존되었다고 할 수 있다.

데살로니가 감독이었던 카바실라스(Nicholas Cabasilas)는 14세기에 나타났던 은사를 다음과 같이 기록하고 있다: "초기 시대에는 이 신비로 말미암아 세례 받은 사람들이 병 고침과 예언과 방언 및 그와 같은 은사들을 부여 받음으로 그리스도의 특별한 능력이 나타남을 모든 사람들에게 명백히 증거했다. 지금도 그러한 은사들이 일부 신도들에게 나타나고 있다. 이러한 일들이 여전히 우리 시대에 일어나고 있으며, 최근에도 사람들이 장래 일을 예언하며 귀신을 쫓아내고, 기도로써 질병을 치료하고 있다."[244] 프랑스의 왈도파(Waldenses)는 초대 교회와 같이 병자를 위한 신유 예식을 고수하고 있었다: "병자들에게 기름을 바르며 기도하는 것을 우리의 신앙 신조 중 하나로 간주하며, 환자가 이를 요청했을 때, 그의 회복을 위해 기름을 붓고 간절히 기도해야 한다."[245] 그리스와 러시아를 중심으로 한 동방정교에서는 신유를 위한 예배가 중단된 적이 없이 유지되어 왔다. 그들에게 신유는 여전히 중요한 신학적 주제였다.

---

[244] Nicolas Cabasilas, The Life in Christ (St. Vladimir's Seminary Press, 1997), 106-7.
[245] Gordon, The Ministry of Healing, 65.

근대 교회

종교개혁을 일으킨 마틴 루터(Martin Luther, 1483~1546)는 성령의 역사는 성경을 깨닫게 하는 것이며, 기적을 일으키는 성령의 역사는 사라졌다고 믿었다: "사도들은 하나님의 말씀을 전파했고 성경을 기록했다. 그들이 기록한 것을 통해 하나님의 계시가 완전히 드러났기 때문에, 이제 어떤 새롭고 특별한 계시나 기적은 불필요하다." [246]

신유의 능력을 부인하던 루터도 그의 죽어 가던 친구를 위해서 기도하던 중 그가 살아난 것을 경험하게 된다. 그의 말년에도 한 정신병에 걸려 있던 사람을 위해 기도했을 때 그가 나음을 입었다. 그 경험 이후, 그는 기도와 안수를 통해 병자들을 위한 실제적 치유의 사역을 가르치기도 했다.[247] 그의 말기 설교에 의하면 "어떤 사람들은 기독교의 초창기에만 성령의 역사가 나타났고 그 이후로는 중단되었다고 말한다. 그러나 이는 옳은 해석이 아니다.

---

246) Martin Luther, Sermons on the Gospel of St. John, chapters 14-16, Luther's Works, 24:367.
247) Willem Jan Kooiman, By Faith Alone: The Life of Martin Luther (New York: Philosophical Library, 1955), 192.

똑같은 능력이 현재 교회 안에서 나타나고 있다. 비록 교회에서 이런 능력들이 행해지지 않는다고 해서, 이 능력들이 사라진 것은 아니다. 우리는 여전히 그러한 이적들을 행할 수 있는 능력을 가지고 있다"고 고백했다.[248]

독일에서 태동한 경건주의는 현재의 삶에서도 기적이 재현된다고 믿었다. 그들은 성경에 기록된 사건들은 실제 역사에서 일어난 것이라 믿었기에, 그 기적들이 현재에도 여전히 나타날 수 있다고 해석했다. 경건주의는 믿음과 기도를 통한 신유 교리를 발전시켰다. 자연히 경건주의 내에서 신유를 인정하면서 귀신 들림을 추방하는 축사 운동도 함께 일어났다. 하나님의 능력은 신유와 기적을 통한 표적으로 나타난다고 주장하였다.[249] 모라비안 운동의 창시자인 진젠도르프(Zinzendorf)는 "암, 폐병들과 같은 불치의 병들을 고칠 때, 또한 환자가 죽음의 골짜기에서 신음할 때, 모든 것이 기도와 말씀으로 치료되었다"고 기록하고 있다.[250]

감리교를 세운 존 웨슬리는 그의 사역 가운데 신유가 일어났음을 기록하고 있다. 의식을 잃고 죽어 가는 성도를 위해서 기도하던 중, 그가 정신이 돌아와 말을 하기 시작했다. 전도여행을 다니던 중, 그가 타고 다니던 말이 절기 시작하자, 그는 말에게 손을 얹고 기도했고, 말은 다시 정상으로 돌아왔다.[251]

---

248) Luther, LW: Sermons, Lenker edition, 12. 190; preached on Ascension Day, 1523.
249) Donald Dayton, Theological Roots of Pentecostalism, 119-120.
250) Gordon, The Ministry of Healing, 66-67.

근대 신유 운동은 19세기의 스위스 취리히의 트루델(Dorothea Trudel)을 시발점으로 한다. 취리히에서 공장을 운영하던 트루델은 네 명의 일꾼들이 갑자기 아파 의사를 불렀으나 지체되자 야고보서 5장의 말씀에 의지해서 신유를 위해 기도했다. 놀랍게도 그들이 나았다. 그 일 이후 트루델의 집에 수많은 병자들이 모여들기 시작했고, 결국 그는 환자들을 위한 요양원을 세우게 되었다. 요양원이 차고 넘쳐 새로운 건물을 지어야 할 정도로 사람들이 몰려들었다. 트루델의 신유 사역은 영국과 미국에 널리 알려지면서 근대 신유 사역의 한 모델이 되었다.[252]

블룸하르트(Johann Christoph Blumhardt, 1805~1880)는 독일의 루터교 목사이다. 경건주의적 영향에서 자란 그는, 1838년 Moettlingen교회의 담임목사가 되었다. 1842년, 그의 교인 중 심한 정신적 발작을 일으키는 한 여인을 만나게 되었다. 그는 이 소녀의 질병 가운데 강력한 악령의 힘을 보게 되었다. 이를 통해 현재에도 악령의 세력이 현존하고 있고, 이 악령의 세력에 의해 수많이 사람이 고통 받고 있음을 깨닫게 되었다. 그는 예수의 이름으로 귀신을 쫓기 시작했고, 그 소녀의 입에서 "예수는 승리자다"라는 외침이 나오면서 그녀는 정상으로 돌아왔다. 이 사건으로 인해 그의 신학의 핵심은 "예수는 이 세상의 죄와 악령에 대한 승리

---

251) The Journal of the Rev. John Wesley, A. M., ed., Nehemiah Curnock (London: Epworth, 1912), 3:55-56.
252) Gordon, The Ministry of Healing, 146-155.

자"가 되었다.

　블룸하르트는 질병의 원인이 죄라는 도식을 넘어서서 악령의 영향이라는 새로운 차원으로 우리를 인도한다. 성경은 귀신 들림에 의해서 인간에게 질병이 생기며, 이에 대한 유일한 치료법은 예수님 이름의 권세에 의지해서 귀신을 쫓아내는 것이라고 말한다. 그는 신유는 악령과의 싸움이라고 단정 짓고 본격적인 축사 사역에 들어갔다. 악령은 인간의 영혼뿐 아니라 육체까지 괴롭히며 인간을 타락하게 만든다. 예수님은 죄와 사망의 법에서 우리를 해방시키셨을 뿐 아니라, 귀신의 세력과도 싸워 이기셨다. 예수님은 귀신을 쫓아냄으로 이 세상에서의 새로운 영적 질서를 세우셨다. 하나님의 나라는 성령의 능력으로 인간의 영혼과 육체를 지배하는 귀신들을 추방하는 신유 및 축사 능력으로 임재한다. 병자가 치료되고 귀신이 쫓겨나는 것은 하나님의 나라가 이 땅에 임했다는 표적이다.[253]

　블룸하르트의 신유 소식은 곧 널리 퍼지게 되었고, 그의 교회에는 수많은 병자들이 모여들었다. 그는 Bad Ball이라는 곳에 치유 센터를 세웠고, 이곳에서 수많은 병자들을 치료하였다. 이곳은 19세기 독일 신유 운동의 본산지가 되었다.[254]

　미국에서의 신유 운동은 컬리스(Charles Cullis)를 중심으로 활발

---

253) R. N. A. Kydd, Healing in the Christian Church, 700-1. Jurgen Moltmann, The Hope for the Kingdom of God and Signs of Hope in the World, in Pneuma (Vol. 26, No. 1, Spring 2004), 7-8.

하게 일어났다. 1864년 컬리스는 보스턴 당국에서도 수용할 수 없었던 장기 환자들을 돌보기 위해 요양원을 설립하게 되었다. 그는 오갈 데 없는 가난한 병자들에게 무료로 요양할 수 있는 시설과 치료를 제공하면서 그들에게 복음을 전했다. 그는 자신의 사역을 '신앙 사업'이라 불렀고, 사업으로서의 병원 운영을 포기하고 기부금을 통해서 요양원을 운영하였다.

그의 본격적인 신유 사역이 시작된 것은 1873년이다. 그는 트루델의 신유 사역에 대한 이야기를 듣게 되었고, 직접 트루델의 신앙 요양소를 방문하였다. 그를 통해서 감명을 받은 컬리스는 미국으로 돌아와 악성종양 환자에게 야고보서 5장 14~15절을 읽어주고, 주의 이름으로 기름을 바르고 병의 회복을 위해 기도하였다. 그러자 그 환자는 일어나 걷기 시작했다. 이 사건을 계기로 컬리스는 요양 사역에서 신유 사역으로 전환하게 된다.[255] 컬리스의 요양원은 신유 센터가 되었고, 미국의 신유 운동이 여기에서 발전하게 된다. 그는 1874년부터 매해 여름에 신유 집회를 열었고, 이 모임을 통해 신유를 전했다. 그는 하나님은 우리의 영혼뿐 아니라 우리 몸 전체를 구원하신다는 믿음으로 기도했고, 수많은 병자들을 고쳤다. 그의 사역은 많은 사람들에게 영향을 미쳤으며, 그는

---

254) Kelso Carter, Pastor Blumhardt (Boston: Willard Track Repository, 1883), 36. Johann C. Blumhardt, Blumhardt's Battle: A Conflict with Satan, trans. Frank S. Boshold (New York: Thomas E. Lowe, 1970).
255) Charles Cullis, Faith Cures (Boston: Willard Tract Repository, 1872). W. H. Daniels, ed., Dr. Cullis and His Work (Boston: Willard Tract Repository, 1885), 124-6.

'미국 신유 운동의 아버지' 라 불리게 된다.[256] 그의 영향으로 1880년대 초에 미국 교회 신유 운동의 전성기를 맞이하여 미국 전역에 30개가 넘는 신앙 요양원이 생겨났고, 대도시를 중심으로 신유 운동이 활발히 전개되었다.

---

256) Albert E. Thompson, The Life of A. B. Simpson (Brooklyn, 1920), 246.

성결/오순절 운동

19세기에 이르러 주님의 재림을 강조하는 전천년설의 대두와 함께 초대 교회로 돌아가자는 회복주의가 강조되었다. 회복주의는 초대 교회의 사도적 권능과 영적 은사에 대한 지대한 관심을 가졌다. 특히 신약에 나타난 신유가 오늘날에도 나타날 수 있다는 신학이 제기되었고, 신유야말로 하나님의 권능이 그의 몸 된 교회와 자녀들에게 임한 가장 큰 증거라고 여겨졌다.[257]

특히 1840년대부터 미국 성결 운동의 영향 하에 수많은 부흥회가 열렸다. 성결교회는 육체의 신유에 대한 믿음을 강조했고, 실제로 집회에서 신유가 나타났다. 1870년대에는 신유 운동이 거의 모든 복음주의 교단에서 나타났다. 컬리스와 함께 19세기 후반 신유 운동의 주역이었던 사람들은 주로 성결 교리를 믿던 보드만, 심슨, 고든 등이었다.

장로교 목사였던 보드만은 '차원 높은 신앙생활'을 강조하면서, 신자가 죄에서 용서받은 것에만 만족하지 말고 온전한 거룩으

---

257) Edith L. Blumhofer, The Assemblies of God, vol. 1 (Springfield: Gospel Publishing House, 1989), 26. Faupel, The Everlasting Gospel, 39.

로 나아가야 한다고 주장했다. 1873년 보스턴의 컬리스 사역지를 방문하면서 믿음에 근거한 신유는 복음의 한 부분이라는 결론을 내렸다. 그는 1881년에 「치유하시는 주님」이라는 책을 출판하였고, 영국으로 건너가 Bethshan이라는 이름으로 수요일 성결과 신유 집회를 열었다.[258]

장로교회 목사였던 심슨(A. B. Simpson)은 건강이 좋지 못했다. 1881년 그는 컬리스의 집회에 참석하여 신유를 체험했다.[259] 형식적인 장로교 목회에 싫증이 난 그는 장로교회 목사직을 사임했다. 1884년 보드만이 영국에서 개최한 '국제 신유 및 성결 집회'에 참석한 그는 예수님은 구원자와 성화자일 뿐 아니라 치유자임을 발견하게 된다.[260] 심슨은 뉴욕 시에 '축복의 집'을 개설하고 신유를 위한 금요 집회를 열었다. 그는 「신유의 복음」이라는 저서를 편찬하면서 신유를 신학적으로 잘 발전시킨 사람이 되었다.[261] 그는 신유를 죄의 용서나 구원보다 낮은 등급으로 여기는 것은 잘못된 성경 해석이라고 보았다. 그는 예수님의 십자가에서의 속죄는 죄의 용서뿐 아니라 죄의 결과물인 질병 치유도 포함되어 있다는 결론을 내렸다. 그러므로 신유는 예수님의 속죄 사역의 한 부분이

---

258) W. E. Boardman, The Great Physician (Boston: Willard Tract Repository, 1881), 47.
259) G. D. Pardington, Twenty-Five Wonderful Years 1889-1914: A Popular Sketch of the Christian and Missionary Alliance (New York: Christian Alliance, 1914), 23-24, 31-32.
260) Albert E. Thompson, The Life of A. B. Simpson, 64.
261) A. B. Simpson, The Gospel of Healing.

다.[262]

침례교 목사 고든(A. J. Gordon)도 컬리스의 영향을 받았고, 1877년 무디의 보스턴 집회에 참석하여 여러 환자들이 즉석에서 낫는 것을 지켜보았다. 특히 마약 중독자가 기도로 치유되는 것을 보고 큰 감명을 받고 신유에 대한 깊은 관심을 가지게 되었다. 1882년 고든은 「신유 사역」(The Ministry of Healing)이라는 책을 저술하여 신유의 복음을 현대 선교와 관련해 발전시켰다. 세계 선교 현장에서 여전히 신유의 기적이 일어나고 있으며, 이 사실은 신유가 초대 교회의 산물만이 아니라 현재에도 나타나는 성령의 역사라고 증거했다.[263]

19세기 말, 신유는 성결 운동에서 흔한 주제가 되었다. 전국 성결 연맹의 2대 회장인 맥도날드(William McDonald)는 컬리스의 신앙 사역을 도왔고, 1892년 「현대 신유 운동」(Modern Faith Healing)을 저술하였다. 거의 모든 캠프 집회에서 신유가 행해졌고, 병자들을 강단으로 불러 올려 치료 기도와 기름부음을 받게 했다.[264] 감리교에서 나온 성결 교단은 사중복음에 근거해서 새로운 교단으로 탄생하게 되었는데, 중생, 성결, 재림과 함께 신유가 그들의 핵심 교리가 되었다.

---

262) Millard J. Erickson, Christian Theology, 836.
263) A. J. Gordon, The Ministry of Healing, 116.
264) C. B. Jernigan, Pioneer Days of the Holiness Movement in the Southwest (Kansas City, Mo.: Pentecostal Nazarene Publishing House, 1919), 165.

성령 세례의 첫 번째 물리적 증거가 방언이라고 주장하면서 현대 오순절 운동이 탄생했다. 오순절 신학의 기원을 만든 파함(Charles Fox Parham)은 심한 류머티즘으로 고생했다. 고통을 줄이려고 투약한 모르핀에 중독이 되기까지 했다. 그가 울부짖으며 기도하던 중, 강한 전류와 같은 것이 온몸을 관통하더니 완전히 낫게 되었다.[265] 그는 암, 류머티즘, 열병, 신경통 등은 귀신 들림이 원인이 되기에 귀신을 쫓음으로 병을 고쳤다.[266] 세이모어(William Seymour)가 1906년 로스앤젤레스에서 일으켰던 아주사 부흥 운동의 경우, 성령의 권능을 받은 사람들이 방언, 방언 통역, 예언, 축사, 신유 등을 행했다. 성령에 감동된 사람들이 병자에게 손을 얹고 기도할 때 많은 질병이 기도로 치유되었고, 부러진 팔다리가 회복되었다. 초대 교회에서 성령 세례를 받고 방언을 말하고 신유를 행한 것처럼, 이 사역들은 오순절 운동을 특징지은 중요한 요건이 되었다.[267]

오순절 운동은 성령 세례와 방언 은사의 재발견에 의해서 탄생하기는 했지만, 성령 세례 교리 못지않게 신유의 교리를 중요하게 생각한다. 오순절교회의 대표적 교단인 하나님의성회는 신유를 그들의 사중 교리로 받아들인다. 치유와 건강은 그리스도의 대속

---

[265] S. E. Parham, The Life of Charles F. Parham: Founder of the Apostolic Faith Movement (Joplin, MO: Hunter Printing Company, 1930), 2-9.
[266] S. E. Parham, 37.
[267] Robert M. Anderson, Vision of the Disinherited (Peabody: Hendrickson Publishers, 1992), 68.

에 속할 만큼 중요한 부분을 차지한다.[268]

전통 오순절의 가르침을 받아들인 신오순절 혹은 카리스마틱 운동에서도 강한 신유의 역사가 나타났다. 독일 루터란교회의 비트린거(Arnold Bittlinger) 목사는 루터란교회를 담임하고 있으나 신유 사역을 교회에 받아들이고 있다. 연합 루터란교회에서는 1962년 신유에 대한 신학적 연구에 들어갔고, 결국 신유를 거부할 아무런 이유가 없음을 밝혔다.[269] 1978년 그리스도연합교회(the United Church of Christ)도 그리스도인의 신유는 교회의 필수 사역이며 교회 내에서 행해져야 한다고 공포하였다.[270]

오순절 운동의 영향은 로마가톨릭교회에도 미쳐서 가톨릭교회도 신유 교리를 받아들이고 강조한다. 교황 요한 13세는 성령의 부으심을 선포하였고, 바티칸 공회에서 교회 내에서 신유가 나타날 수 있다고 공표했다. 죽어 가는 영혼을 구원받게 하는 것으로 해석했던 성유 의식에 대한 해석을 뒤집어서 이제는 실제로 병고침을 위해서 기도하는 것으로 해석한다.[271]

미국의 오랄 로버츠(Oral Roberts, 1918~2009)는 1947년 신유 사역을 시작함으로 미국 교회를 신유 운동으로 흔들었다. 그가 텐트를

---

268) Donald Dayton, Theological Roots of Pentecostalism, 21-23. 웨슬리와 성결교의 영향을 받은 오순절 교회에서는 이 사중 복음에 성결을 더해서 오중 교리를 만들었다.
269) Anointing and Healing: Statement, adopted by the adjourned meeting of the 1960 convection of the United Lutheran Church, 23.
270) Morton, Healing and Christianity, 332-4.
271) The Document of Vatican II (1966), 492-3. Morton, Healing and Christianity, 92.

세우면 수많은 병자들이 몰려들었고, 그는 그들에게 일일이 안수하여 그들의 영혼, 마음, 육체의 전인적인 치유를 위해서 기도했다. 그도 예수님의 속죄 안에 구원과 신유 및 복이 포함되어 있다고 주장한다. 예수께서 우리의 죄를 사해 주셨다는 것을 인정하는 순간 질병에서 놓임을 받는다고 가르쳤다. 그의 집회를 통해서 수천 명의 사람들이 병이 나았다고 간증했다. 그는 TV 전도에 뛰어들어 1960년대에는 수백만의 미국 시청자들에게 신유의 메시지를 전하였다.[272]

캐더린 쿨만은 1960년대에 라디오와 텔러비젼을 통해 신유 사역을 크게 알린 사람이다. 그녀는 신유 사역에서 성령의 역할을 강조하였다. 성령께서 사람을 감동하고 고치시지, 그녀 자신은 아무것도 아니라고 설명한다. 성령께서 하나님의 하실 일을 그녀에게 보여 주실 때, 성령께서 그녀에게 기름 부어 주실 때, 오직 성령의 강한 임재하심이 나타날 때 신유가 일어난다고 믿었다. 예배가 끝날 즈음 그녀는 손을 뻗어서 병자를 위해서 기도해 주었고, 그러면 많은 사람들이 뒤로 넘어가면서 정신을 잃었다. 그녀는 담대하게 성령께서 그녀에게 보여 주시는 환상을 선포하기 시작했다. 집회 도중 어떤 질병의 이름을 말하거나 신체 부위 혹은 사람을 지칭하면서 병이 나았음을 선포했다. 그 후, 병에서 놓임을 받은 자들을 앞으로 불러내어 간증을 시켰다.[273]

---

272) Vinson Synan, The Holiness-Pentecostal Tradition, 222-3.

알파 사역을 하는 니키 검블은 그의 저서를 통해, 그도 처음에는 신유를 회의적인 관점에서 바라보았으나 결국 인정하게 되었다고 밝힌다. 또한 심상성 건선이라는 피부병으로 고통 받던 고힐은 그의 전 재산을 들여서 미국과 유럽의 병원들을 전전했으나 고치지 못했다. 결국 그의 아내와 아들마저 그를 떠나 버리고 만다. 토마스 병원에서 희망을 잃고 살아가던 그가 하나님께 기도하면서 '차라리 죽여 달라'고 기도하던 중, 갑자기 하나님의 현존을 느끼게 되었다. 그는 하나님께 고쳐 달라고 기도했고 깊은 잠에 빠졌다. 일어난 후 샤워를 하는데, 그의 피부가 벗겨지면서 아기와 같은 새 피부가 돋아난 것을 보게 되었다. 이로 인해 그는 육체적 치유뿐 아니라 내적 치유까지 받게 된다.[274]

이처럼 현대에 들어 성결교와 오순절교회는 신유를 교리로 받아들일 만큼 신유를 강조하게 되었다. 이들의 영향을 받은 정통 교회들도 방언과 신유를 적극적으로 받아들이면서 신오순절 운동이 활발하게 확산되고 있다.

능력 전도

피터 와그너 박사는 제3의 물결을 주창했다. 여기에 속한 교회에서는 주일 예배 후 육체적 치유 및 내적 치유가 필요한 이들을

---

273) Kathryn Kuhlman, I Believe in Miracles (Bridge-Logos, 1992). R. N. A. Kydd, Healing in the Christian Church, 709-710.
274) Nicky Gumbel, Alpha, 197-8.

불러내어 기름을 바른 후 기도한다. 교회에서 병자를 위한 기도팀을 특별히 운영하면서 병자를 고치고 귀신을 쫓아내는 사역을 하고 있다. 이 운동에 속한 교회들은 표적과 기사, 신유, 축사 등과 같은 하나님의 직접적이고 초자연적인 역사를 강조한다.[275]

미국의 풀러 신학교에서는 존 윔버(John Wimber)와 피터 와그너에 의해 '기적과 신유'에 대한 과목을 개설해 학생들을 가르쳤다. 특히 The Vineyard Christian Fellowship의 대표인 윔버는 능력 전도를 강조하는데, 특히 선교지에서 선교지를 묶고 있는 악한 영들과의 영적 전쟁을 강조한다.

그에 의하면 능력 행함이 효율적 복음 전파에 큰 원동력이 된다. 복음을 전파하기 위해서는 증인이 되어야 하며, 복음 증거에는 성령님의 임재와 기름부으심이 나타나야 한다. 증인은 기사와 이적을 행할 수 있는 능력이 나타나야 하는데, 성령의 충만한 능력 중 대표적인 것이 신유와 축사이다. 하나님의 나라는 말에 있는 것이 아니라 능력에 있는 것으로, 하나님의 능력이 임재한 곳이 하나님 나라이다.[276] 하나님의 능력을 통해 하나님 나라는 확장된다.

특히 오늘날 선교 현장에서 사탄의 세력에 대한 도전은 '능력 대결' 혹은 '능력 전도'로 알려져 있다. 성경은 신자들이 싸워야

---

275) Vinson Synan, In the Latter Days (Ann Arbor, Michigan: Servant Books, 1984), 136-7.
276) R. N. A. Kydd, Healing in the Christian Church, 701-2.

할 싸움은 육체와 정욕의 싸움이 아닌 영적 싸움임을 강조한다. 이 세상은 끊임없이 사탄과 귀신들과의 전쟁 중에 있으며, 목회의 본질은 악령과의 싸움이다. 악한 영들은 사람 속에 들어와 하나님으로부터 마음을 돌리게 하고 육체에 질병을 가져다준다. 능력 전도는 강령주의 지배의 제3세계에서 축사와 신유를 통해 놀라운 성과를 거두고 있다. 성령의 권능으로 사탄의 세력에서 해방되고 아픈 자가 낫고 있다. 성령의 능력은 은사와 열매로 나타나는데, 주로 예언, 신유, 축사 등의 형태를 통해 나타난다.[277] 신유는 전도 및 선교 사역의 중요한 원동력으로 중국의 지하 교회에서 성령의 역사가 불일 듯 일어나고 있으며, 아프리카 교회의 경우에도 예배와 선교 현장에서 수많은 성령의 권능이 나타나고 있다.[278]

하루는 동남아시아의 밀림 지역에서 식인종을 대상으로 선교하고 있던 한 선교사의 간증을 들은 적이 있다. 길잡이와 함께 식인종이 살고 있는 지역으로 가던 중, 갑자기 다들 짐을 버리고 도망을 가 버렸다. 곧 나타난 식인종에 의해 그 선교사는 마을로 끌려갔다. 추장이 나오더니 자신의 부인이 아프니 기도해 달라며 선교사에게 부탁을 했다. 신유의 기적은 중단되었다고 교육받고 그렇게 믿었던 그 선교사는 마음속으로 '이제 죽었다'라는 생각

---

277) 여의도순복음교회의 신앙과 신학 II, 54.
278) P. J. Grabe, The Pentecostal Discovery of the New Testament Theme of God's Power and Its Relevance to the African Context, in Pneuma (Vo. 24, No. 2, Fall 2002), 225, 242.

이 들었다고 한다. 그 추장의 부인을 살펴보니 무슨 이유에서인지 일어서지를 못했다. 다리를 붙들고 기도하는데, 얼마 후 원주민들이 그의 몸에 손을 대기에 죽이려는 줄로 알고 그 추장 부인의 다리를 꽉 붙들고 울면서 하나님께 기도했다고 한다. 누가 심하게 몸을 흔들기에 눈을 떠 보았더니, 놀랍게도 그 추장 부인이 일어선 것이다. 이 일을 계기로 그 부족 전체가 예수 그리스도를 영접했다고 한다. 그 선교사는 자신의 이전 신유 중지에 대한 신학을 버리고 현재에도 병 고치시는 하나님을 전하고 있다며 간증을 마쳤다.

하나님의 복음이 전파되는 곳에는 늘 하나님의 능력이 나타났다. 구약에서 아람 왕의 군사장이었던 나아만 장군은 엘리사 선지자를 통해서 그의 문둥병 치유함을 받고는 이스라엘의 하나님이 유일한 참 신임을 알게 되었다. 예수님의 생애를 보면 복음 전파는 늘 신유와 병행되었다. 예수님은 이 세상에 하나님의 지배와 통치를 선포하셨는데, 특히 병자를 고치며 악령을 제압하는 것에 초점을 맞추셨다. 예수님은 가르치면서 병자를 고치셨고, 고치면서 하나님의 나라를 선포하셨다. 베드로가 죽은 다비다를 일으켰을 때 온 욥바 사람들이 이 소문을 듣고 살아난 다비다를 직접 봄으로 주를 믿게 되었다.

나겸일 목사의 간증을 보면, 신유의 주된 목적이 믿지 않는 사람들에게 예수 그리스도를 전하는 것임을 알 수 있다. 한 집사님의 가정의 두 아이가 새벽에 숨이 멈추자 그 집사님은 목사님에게 전화했고, 목사님이 전화로 기도해 주자 그 두 아이가 깨어났다. 이 놀라운 광경을 본 아이의 남편, 할아버지, 할머니는 예수님을 인정하게 되었고, 그날 새벽부터 교회에 출석했다.[279] 하나님의 능력이 나타나면 사람들은 하나님을 인정하게 되어 있다.

예수님의 승천 후, 성령의 능력을 힘입은 제자들이 병자들을 고치자 수많은 이방인들이 기쁨과 놀람 속에 예수 그리스도를 영접하였다. 그러므로 복음 전파를 위해서 신유가 나타나도록 기도해야 한다. 능력을 통해서 사람들을 예수 그리스도에게로 인도해야 한다.[280]

---

279) 나겸일, 생명을 건 목회 이야기, 219-222.
280) F. Martin, Healing, Gift of, 696. Are Miraculous Gifts for Today?, 191.

한국 교회

19세기 말, 한국에 들어온 대부분의 초기 선교사들은 신유 사역에 큰 관심을 갖지 않았다. 칼빈주의의 전통을 이어받은 개혁주의 성향의 선교사들은 초자연적인 기적의 역사는 초대 교회에 국한된다는 은사 중지론을 받아들였기에, 초대 교회의 기적적인 은사들은 오늘날 중지되었으므로 현대 교회와는 아무런 관련이 없다고 생각했다. 그들은 신유에 신경을 쓰기보다는, 의료 선교사를 파송해서 현대식 병원을 짓고, 서양 의술을 들여와서 수술과 약을 통한 치료에 더 많은 관심과 노력을 기울였다. 그들은 적절한 치료를 받을 수 없었던 가난한 자들을 위해 병원을 짓고, 의학을 통해 그들의 병을 고쳐 주었다. 대체적으로 그들은 신유를 인정하지 않았고, 귀신의 존재는 미개한 시대의 것이라고 생각했다.[281] 상황이 이렇다 보니, 교회 내에서 신유를 행하는 것은 미신적인 것으로 해석되었다. '기독교=서양 의학'으로 인식하던 선교사들에 의해 신유에 대한 강조는 시대에 뒤떨어진 발상이며 잘못된 신앙으

---

281) 박명수, 한국 교회 부흥운동 연구 (서울: 한국 기독교 역사 연구소, 2003), 67.

로 이해되었다.

그러나 이러한 선교사들의 경향에도 불구하고 한국 교회의 초기 역사를 살펴보면 숱한 신유의 사건들이 기록되어 있다. 한국 초기 교인들은 선교사들의 가르침과는 달리 성령의 은사를 사모하고 신유와 축사 등을 강조하는 성령 운동의 경향을 보인다.[282]

신유는 주로 한국인 신자들을 통해서 일어났다. 초기부터 한국 교회는 병든 자를 활발히 심방했는데, 한국 사역자들이 병자의 집을 방문해 예수 그리스도를 전할 때, 귀신이 쫓겨나고 병자가 낫는 놀라운 역사가 나타났다. 특히 한국 교회의 초기 신유 사역은 악령 추방과 깊은 관계가 있었다. 한국인의 마음속 깊이 뿌리내리고 있는 종교는 샤머니즘으로, 치병은 샤머니즘의 중요한 주제였다. 한국인들은 질병과 악령을 연결하여 생각했다. 근대 이전의 한국인들은 병이 들면 무당을 찾아가서 푸닥거리나 악령 추방을 통해 병 치유를 받았다. 이처럼 악령은 인간을 공격하여 해를 끼치고 병을 가져다준다고 생각했다.

한국인 전도자들은 사람을 병들게 하는 것은 귀신이라는 생각을 하고 있었기에, 가는 곳마다 악령과의 싸움인 축사를 통해 복음이 전파되었다.[283] 이는 선교사들이 한국인들에게 가르쳐 준 것이 아니었다: "선교사들은 귀신을 쫓아내는 축귀 행위를 주선하

---

282) 류장현, 한국의 성령운동과 영성, 13.
283) 박명수, 한국 교회 부흥운동 연구, 67. 최자실, 나는 할렐루야 아줌마였다, 22.

지 않았고, 시킨 일도 없다. 다만 한국인들 스스로가 성경을 읽고 축귀의 사실을 깨달은 다음부터 스스로 이 일을 시작했을 뿐이다."[284]

한국 교회에서 신유를 교회의 중심 주제로 부각시키고 신유 운동의 원형을 제시한 것은 장로교 김익두 목사(1874~1950)이다. 1920년대 그의 부흥 집회를 통해 신유의 역사가 크게 일어났다. 그는 처음 목회를 시작할 때 신학교에서 배운 대로 이적이란 위대한 종교 지도자에게만 나타나는 특별한 능력이지만 현재에는 사라진 것이라고 믿었다. 그러던 중, "믿는 자에게는 능히 하지 못할 일이 없느니라"(막 9:23)는 말씀을 읽고 기도했는데, 신유의 능력이 나타나기 시작했다. 그의 최초의 신유 역사는 1901년 그의 첫 사역지였던 재령교회에서 귀신 들린 한 여인을 기도하여서 고친 일이었다. 그의 신유 사역을 통해 육체의 질병만 고쳐진 것이 아니라, 영적으로 귀신에게 속박되어 있는 사람들이 해방되었다.

그는 주로 병자들이 많이 몰려드는 대중 집회를 개최하면서 병자를 위한 안수 기도로 많은 시간을 보냈다. 1908년 김익두 목사는 13년간 다리에 종기가 나면서 살이 없어지고 뼈와 힘줄만 남아서 누워 있던 사람을 치료하였다.[285] 부흥회를 인도하던 첫날 앉은뱅이를 보고 7일 동안 금식 기도하여 부흥회 마지막 날 새벽에

---

284) R. H. Baird, William Baird of Korea, A Profile (Oakland, 1968), 239.
285) 박명수, 한국 교회 부흥운동 연구, 72-3.

앉은뱅이가 일어나는 역사가 일어났다. 1919년 경북 현풍교회의 부흥회에서는 아래턱이 빠져서 입을 다물지 못하여 음식을 씹지 못하는 박수진을 위해서 기도할 때 기적이 나타나 턱이 닫혔다. 그의 신유 집회에서는 앉은뱅이가 일어나고 혈우병과 중풍병 등이 낫는 역사가 일어났다.

나중 그의 치유 사건이 사실이라는 것을 입증하기 위해서 「조선예수교회 이적증명」[286]이라는 책자가 발행될 정도였다. 그의 신유 집회를 통해 굽었던 손이 펴지고, 소경이 눈을 뜨고, 콧병, 종기, 출혈병, 안질, 목병, 정신이상자, 두통, 자궁암, 귀머거리, 반신불수 등 수많은 난치병이 나았다.

〈동아일보〉(1920년 5월 17일)에서 "벙어리가 말을 하고 앉은뱅이가 걸어감"이라는 제목 하에 김익두 목사의 안수기도로 8년 된 앉은뱅이 김두수와 18세 된 여자 벙어리를 고친 기적, 소경이 눈뜨고 곱사등이 펴지는 놀라운 역사가 일어났다고 보도했다. 그의 신유를 통해 새로 세워진 교회가 150여 개이며, 병 고침을 받은 사람은 만 명 정도로 추정된다.[287]

비록 대중 교인들의 폭발적인 지지를 받고 신유 사역을 감당했지만, 김익두 목사가 소속되어 있던 장로교회로부터는 핍박을 받았다. 장로교의 정통 교리는 기적은 사도 시대에 끝났으며 오늘날

---

286) 임택권, 조선예수교회 이적명증 (서울: 기독교서회, 1921).
287) 류장현, 한국의 성령운동과 영성, 76. 박용규, 김익두 목사 전기 (서울: 생명의 말씀사, 1998), 83-133.

에는 사라졌다는 것이다. 장로교 목사들 중 대다수가 신유의 이적을 환영하지 않으며 받아들이지 않았다. 이 교리에 근거해 교단은 그의 신유 사역을 미신이라고 해석하여 비판을 가했다. 장로교 헌법 정치 제3장 1조에는 "금일에는 이적 행하는 권능이 정지되었느니라"라고 규정하고 있다. 결국 경남노회에서는 "이적으로 병을 고친다 하는 일로 교회에 손해 되는 형편이 있는 고로 사경회 때나 부흥회 때에 병 고치는 것을 표방하지 아니하기로" 결정하였다.[288]

일반 신문들도 그의 신유는 미신적 전도 방법이라고 혹독한 비판을 가했다. 비판적인 지식인들은 신유 사역에 대해 무당의 푸닥거리와 같다고 비난했다. 1920년 10월 28일자 〈매일신보〉의 기사는 김익두 목사의 신유 집회를 "미신적 호기심을 이용하는 전도"라는 제목으로 비판하고 있다. 어리석은 시골 사람들과 무식한 여자들을 유혹하여 기독교를 미신적으로 가르친다고 공격했다.[289] 〈동아일보〉(1926년 5월 16일)는 "현대인의 신앙생활"이라는 사설에서 김익두의 기적을 비과학적 태도요, 미신적 행위로 규정하고 "종교의 타락이요, 사회에 대한 해"라고 혹평하였다. 특히 1920년대 초부터 자유주의 신학이 들어와서 성경의 기적을 부인하게 되었고, 중반 이후 사회주의의 등장으로 인해 종교는 아편으

---

288) 민경배, 김익두의 신앙부흥과 그 이적 치병, 329.
289) 미신적 호기심을 이용하는 전도, 매일 신보 (1920년 10월 28일).

로 치부되었다. 이들에 의해서 조직적인 김익두 신유 반대 운동이 일어났다. 이런 영향으로 인해 김익두 목사의 신유 운동은 쇠퇴하게 된다.

한국 신유 운동에서 중요한 인물 중 하나는 이용도 목사이다. 이용도 목사는 신학교 2학년을 마친 1925년 겨울, 폐결핵 3기라는 진단을 받았지만 부흥회를 인도하게 되었고, 부흥회가 끝날 무렵 폐결핵에서 치유 받는 체험을 하였다. 1928년 새벽에 성전에서 기도하던 중, 마귀와 싸워 승리하는 영적 전쟁을 체험하였다. 그는 밤새도록 마귀와 싸우면서 결국 마귀를 동네 밖으로 몰아내었다. 그가 인도하는 부흥회마다 회개의 역사가 일어나고, 병든 사람들이 치유되는 성령의 역사가 일어났다. 그의 집회를 통해서 많은 사람들이 성령의 능력과 신유의 은사를 체험했고, 귀신 축출이 동반되었다.

성결교회의 경우 사중복음 중 하나가 신유이다. 신유의 복음을 교리로 채택한 최초의 한국 교회가 성결교회이다. 1907년 성결교회가 한국에서 시작되었을 때, 사중복음에 근거한 신유를 강조했다. 그런데 일반 신문들이 신유를 강조하던 성결교회를 한국 사회를 미신으로 몰고 가는 단체라며 비판하기도 했다.[290]

성결교회에서 신유로 유명한 사람은 이성봉 목사이다. 그는 김익두 목사가 세운 초등학교를 다니면서 그로부터 많은 신앙적 감

---

290) 이명직, 성결교회약사 (서울: 성결교회이사회, 1929), 52-3.

화를 받았다. 그리스도의 복음이 우리를 죄에서 해방시켜 줄 뿐만 아니라 질병에서도 해방시켜 준다고 배웠다. 1919년 과일 장사를 하던 그는, 술을 마시고 집으로 오던 중 갑자기 다리가 아프기 시작하더니 걸을 수 없게 되었다. 그는 골막염으로 다리를 절단해야 할지도 모른다는 진단을 받았고, 병상에서 3년이나 누워 있었다. 그러던 중 자신의 잘못을 회개하고 병에서 고침을 받았다.

1928년부터 성령의 능력으로 병자를 고치고 귀신을 쫓아내는 등 기사와 이적이 많이 나타났다. 특히 1937년 꿈속에서 김익두 목사의 안수 기도를 받은 후 신유의 은사가 나타났고, 이를 계기로 활발한 신유 운동을 펴 나가게 된다.[291] 그는 전국을 돌면서 부흥회를 인도했고 수많은 병자들을 고쳤다. 그의 집회에서 귀신이 쫓겨 나가고, 질병 치유의 역사가 일어났다. 명촌장로교회에서는 귀신 들린 자가 소란을 일으켜 집회가 어려움에 처해 있을 때, 그가 꾸짖자 귀신이 쫓겨 나갔다. 재령교회에서는 연주창이란 난치병으로 고생하던 부인이 신유의 은혜를 사모하던 중 비몽사몽간에 주의 사자가 나타나 그녀의 몸을 어루만져 준 후, 꿈에서 깨어나니 낫는 역사가 일어났다. 꼽추의 허리가 펴졌으며, 귀신 들린 여자가 치유되었고, 3년 된 앉은뱅이가 일어났으며, 척수 골막염에 걸렸던 사람이 치유되었다.[292] 최자실 목사의 어머니도 이성봉 목사의 신유 집회에 참석하고는 만성 두통이 사라지는 경험을 하

---

291) 이성봉, 말로 못하면 죽음으로 (서울: 생명의 말씀사, 1993), 17.

게 된다.

그의 신유에 대한 확신은 치료하시는 하나님과 전인 구원에 대한 신앙에 근거한다. 그는 질병은 궁극적으로 죄의 결과이며, 또한 악령으로부터 온다고 믿었다. 그래서 그는 매 설교마다 죄로부터의 영혼 구원뿐 아니라 육체의 질병으로부터의 구원과 축사를 함께 강조했다.[293]

1928년 한국에 온 최초의 오순절 선교사인 럼시(Mary C. Rumsey)는 한국인들에게 오순절 신앙이란 성령 세례 받고 방언으로 기도하며, 병자를 위해서 기도해 신유가 나타나는 것이라고 가르쳤다.[294] 조용기 목사는 전형적인 오순절교회 목사로 성령 충만, 신유의 은사 및 축사를 강조한다. 그가 17세 때 폐결핵 말기로 죽어 갈 때, 여동생의 친구로부터 전도를 받고 성경을 읽는 도중 살아 계신 하나님을 만나게 되고, 폐결핵의 치유를 받게 된다. 그는 "내 자신이 병 고침을 받지 않았다면 지금 죽어 있거나 아니면 불교 신자로 남아 있었을 것이다. 내가 예수를 믿을 당시 나는 폐결핵 말기 환자로 사형선고를 받고 병상에서 죽어 가고 있었다"는 사실을 강조한다.[295] 자신이 폐병 말기로 죽어 가고 있다가 하나님의 신유를 경험하고 병에서 놓임을 받은 사건은 그의 평생의 신앙

---

292) 이성봉, 말로 못하면 죽음으로, 69-70. 이성봉, 부흥사업순회약보(2), 활천 (1938년 4월호), 42.
293) 최자실, 나는 할렐루야 아줌마였다, 24-5.
294) 변종호, 한국의 오순절 신앙운동사 (서울: 신생관, 1978), 90.
295) Paul Yonggi Cho, More Than Numbers (Waco: Word Books, 1984), 85.

을 좌우하고 있다.

그는 하나님의성회 선교사에 의해서 설립된 신학교에 들어갔는데, 대부분의 교수들은 열두 사도의 죽음과 함께 기적의 시대도 끝난 것으로 가르쳤다. 그가 교회를 개척하고 신유의 역사가 나타나자 심지어는 자신이 속해 있던 오순절 교단인 하나님의성회로부터 이단 정죄를 받고 이로 인해 회원 자격을 박탈당하기도 했다.[296] 그 뒤로도 신유를 인정하지 않는 장로교회로부터 오랫동안 이단 정죄를 받아 수많은 세월을 고통 속에 지내야 했다. 그러나 허스톤 선교사가 신유는 결코 잘못된 것이 아니며, 신유 사역이야말로 오순절 운동의 핵심이라고 가르쳐 주었다. 그는 성경을 통해 예수님께서 우리의 영혼을 구원하시는 분이실 뿐 아니라, 육신의 질병을 치료하시는 의사임을 발견하게 된다.

그가 1958년 순복음교회를 개척했을 때, 창립 멤버는 최자실 목사와 그의 세 자녀들뿐이었다. 당시 수많은 사람들이 한국 전쟁으로 인해 굶주리고 질병으로 고통 받고 있었다. 그는 주변에서 수많은 사람들이 병들어서 죽어 가는 모습을 보고, 신유의 은사를 위해서 기도하였다. 하루는 7년 동안 중풍을 앓으면서 누워 있던 여자를 만나게 되었고, 그녀를 위해서 기도하고 축사를 하는 동안 그녀가 벌떡 일어나 교회에 나오기 시작했다. 이 사건은 동네 전

---

296) 최자실, 나는 할렐루야 아줌마였다, 341. Paul Yonggi Cho, More Than Numbers, 87.

체를 발칵 뒤집었고, 이 신유 사건이 계기가 되어 교회는 부흥하게 되었다.

　최자실 목사와 조용기 목사의 신유론은 영적 원인인 귀신에 근거를 두고 이를 내어 쫓음으로 병을 고친다고 믿었다.[297] 그들은 기도하다가 영안이 열리면서 수많은 악령들을 보게 된다. 무당에게서 귀신이 쫓겨남으로 교인이 되기도 했다. 사탄은 사람들의 마음을 누르고 있으며 병을 가져온다. 그들은 신유와 귀신 쫓음을 하나님 나라의 가시적인 표적으로 보고 신유를 목회 철학의 핵심 중 하나로 삼는다. 그의 교회는 갖가지 병을 가진 수많은 환자들로 넘치게 되었고, 신유와 축사, 기사와 표적의 초자연적인 성령의 역사를 통해 병자들이 고침을 받고 귀신 들림에서 해방되었다. 위장병, 관절염, 폐병을 비롯한 숱한 환자들이 그의 교회로 몰려들기 시작했고, 하나님의 사랑과 능력으로 병 고침을 받았다.

　이를 통해 순복음교회는 급속한 부흥을 경험한다. 1961년에는 교회의 성도 수가 지역 주민 수보다 많게 되었다. 자신의 병 고침에 대한 체험은 조 목사로 하여금 평생 동안 신유의 능력을 강조한 복음 사역자로 사역하게 만들었고, 순복음교회의 오중복음 가운데 신유가 들어 있을 정도로 믿음의 기도를 통한 병 고침을 강조하고 있다. 순복음교회에 처음 나오게 된 동기를 조사해 보았더니 '병 낫기 위해서'라는 대답이 다수를 차지하고 있었다.[298] 이런

---

297) 최자실, 나는 할렐루야 아줌마였다, 181-9.

의미에서 순복음교회의 부흥의 원인 중 하나는 신유와 큰 관계가 있음을 알 수 있다.

특히 최자실 목사는 1973년 최자실 오산리 기도원을 설립하고 금식 기도와 신유를 강조했다. 금식 기도는 식음을 전폐하고 전심으로 하나님을 열망하고 그분의 은혜를 사모하는 것이다. 최 목사는 금식 기도만이 마귀의 권세를 패배시키며 병을 가져다준 마귀를 내쫓는다고 강조한다.[299] 이 기도원을 통해 질병으로 고통에 빠져 있던 많은 그리스도인들이 질병의 치유를 경험함으로 새로운 희망을 가지게 되었다. 폐병 환자가 와서 금식 기도를 하면서 낫기도 하고, 중풍병을 고침 받기도 하였다. 최 목사는 금식 기도를 통해 수많은 어려움을 극복해 나간 과정을 설명하면서, 금식 기도야말로 살아 계신 하나님의 임재와 능력을 확실하게 체험할 수 있는 열쇠로 소개한다. 이 기도원에서 일어나는 치유 사역으로 인해, 심지어는 일본에서도 축농증, 간질병, 직장암에 걸린 많은 사람들이 오산리금식기도원에 와서 금식 기도를 하면서 병이 나았다고 간증한다.[300]

조용기 목사는 설교 후에 하나님의 말씀을 붙들고 영혼의 치유와 육체적 질병 치유를 위한 기도를 한다. 회중은 그들의 손을 병

---

298) 이청미, 순복음교회의 신유 현상 연구 (연세대학교 교육대학원, 1973), 98-99.
299) 최자실, 금식기도의 능력.
300) 최자실, 나는 할렐루야 아줌마였다, 368-9. 여의도순복음교회의 신앙과 신학 II, 122.

든 부위에 올리고 조 목사의 치유 기도에 간절히 '아멘'으로 화답한다. 조 목사는 그의 환상 중에 병자들이 치유되는 모습을 보기 시작했고, 이를 믿음으로 담대하게 선포하기 시작했다: "오늘 암이 치료되었습니다. 디스크가 나았습니다." 그도 처음엔 환상을 보았을 때 고민을 많이 했으나, 환상 중에 앉은뱅이가 일어나고, 암 덩어리가 떨어져 나가고, 소경이 눈을 뜨는 것이 너무도 확실히 보여 결국 환상을 믿음으로 선포했는데, 예배 도중 똑같은 신유의 역사가 일어났다.[301]

현재 대표적인 신유 사역은 온누리교회 손기철 장로의 월요 신유 집회이다. 이 신유 집회에는 수많은 사람들이 초교파적으로 몰려오는데, 특히 많은 환자들이 이 집회에 참석해서 찬양하고 말씀을 듣고 신유를 위해서 기도하는 가운데 병 고침을 받고 성령 체험을 하는 등 큰 호응을 얻고 있다. 하나님께서는 신학자나 목사들이 신유에 대해서 잠잠하니, 평신도 지도자를 쓰셔서 신유 사역을 지속하고 계신다.

신유가 교회 내에서 매우 중요한 주제임에도 불구하고 현대 한국 교회에서 신유라는 주제 자체에 대한 성경적·신학적 관심은 적은 듯하다. 신유 사역을 감당하고 있는 손기철 장로의 경우에도 치유 사역에 대해 잘 알지 못하는 사람들의 비난으로 한동안 힘든 시간을 보냈다고 고백한다.[302] 현재에도 하나님의 권능과 성령의

---

301) 조용기, 나의 교회성장 이야기, 172.

역사에 대해서 부정적 신학적 입장을 가진 사람으로부터 치유 집회에서 일어나는 일들의 진위를 의심하고 비난하는 일들이 벌어지고 있다. 한 가지 다행인 것은, 신유 사역이 이단 시비에서 벗어나 이제는 교회의 정규 사역으로 점차 인정을 받아 가고 있다는 점이다.

---

302) 손기철, 치유기도, 4, 14.

결론

　서구의 기독교가 쇠퇴한 이유 중 하나는 계몽주의와 합리주의 사상을 받아들임으로 성령의 초자연적 역사와 하나님의 기적 등을 진지하게 받아들이지 않았기 때문이다. 한국 교회도 20세기 중반 이후로 엄청난 부흥을 경험했으나 언제부터인가 깊은 잠에 빠져 있다. 이는 교인들이 원하는 것을 파악하지도 못하고, 제공해 주지도 못하고 있기 때문이다. 성도들은 교리에 크게 관심이 없다. 그들이 진정으로 원하는 것은 교회 안에 하나님께서 거하시고 역사하시는가 하는 문제이다. 그들은 매주 교회를 나와서 예배하면서 하나님과 개인적이고 영적인 관계를 가지기를 원한다.[303] 현대 기독교가 경계해야 할 것 중 하나는 예수님을 역사적 인물 중 하나로 기억해서는 안 된다는 점이다. 그는 현재에도 경험되고 만날 수 있는 분이다.[304]

　현대인들은 육체적·감정적·영적 질병으로 고통 받고 있다. 이 세상 자체가 하나의 거대한 병원과 같은 곳이다. 한국 사람들

---

303) Are Miraculous Gifts for Today?, 347.
304) William Barclay, preface.

은 몸이 아프면 병원에 가고 한의사를 찾아간다. 그래도 병이 낫지 않으면 무당을 찾아가 점을 보고, 절에 가서 불공을 드린다. 심지어 예수 믿는 사람들 중에서도 어려움이 닥치면 하나님 앞에 나오기보다는 무당을 찾아간다. 그러고도 문제가 해결되지 않으면 교회나 기도원에 찾아와 하나님께 매달린다. 교회 내에도 몸이 아픈 사람, 마음이 아픈 사람, 영적 질병에 걸린 숱한 사람들이 있다. 그들이 하나님과 교회에 바라는 것은 치료이다.

그런데 대부분의 교회에서는 영혼의 구원은 강조하지만 신유에 대해서는 침묵하고 있다. 교회에 수많은 병자들이 있음에도 불구하고 현대 한국 교회는 신유에 대해서 공식적인 신학적 입장을 가지고 있지 않은 채 무관심하며 침묵해 왔다. 150명의 저명한 신학자들의 신학을 조사해 보았더니 단 한 사람도 정신적·육체적 건강에 대해서 강조하지 않았다.[305] 성경은 분명히 신유를 말하고 있는데, 오늘날 교회는 이것을 잃어버렸다. 교회는 신유가 옳으냐 그르냐를 논의하기보다, 고통에 신음하는 사람들을 도울 의무가 있다. 그럼에도 불구하고 심지어는 신유를 행하는 사람이나 교회를 문제가 있거나 이단시하고 있다. 그러나 예수님의 병 고치는 능력을 부인하거나 이적을 훼방하는 것은 성령을 훼방하는 일과 직결된다.

---

305) John Macquarie, Twentieth Century Religious Thought (Philadelphia: Trinity Press International, 1998).

교회가 이러한 고통에 침묵하고 있는 동안, 병에 걸린 그리스도인들은 병원으로, 기도원으로, 심지어는 무당을 찾아가서 굿을 한다. 오히려 세상 의학계가 사람들의 질병과 고통의 문제를 해결하기 위해 동분서주하고 있다. 현재 한국 교회에 아무런 능력이 나타나지 않고 있기 때문에, 교인들은 교회를 떠나고 있으며, 교회는 침체기에 빠져 있다. 나는 한국 교회의 침체 극복을 위한 대안으로 신유 운동이 나타나야 한다고 생각한다.

이 세상의 진정한 의사는 누구인가? 근본적인 문제를 치료하시는 의사는 누구인가? 바로 예수님이시다. 병의 원인인 모든 죄의 문제를 해결하여 근본적인 치료를 하시는 분은 오직 예수님밖에 없다. 결국 치유의 본질은 구원이다. 구원이야말로 궁극적인 치유이며, 구원은 예수님을 통해서 이루어진다. 우리의 치료제는 예수님의 보혈의 능력이다. 죄 자체가 예수의 피로 도말되었으니 병자가 될 이유가 없다. 병의 원인인 죄의 문제가 해결되었으니, 결과인 질병의 문제도 자연히 해결되는 것이다. 신유가 구원의 증거는 아니지만, 구원받은 사람들이 당연히 누릴 수 있는 하나님의 은혜이다. 죄 사함뿐 아니라, 치유는 하나님 나라의 자녀들이 누려야 할 마땅한 은혜 중 하나이다.[306]

성경의 이야기들은 오래된 옛날이야기가 아니라 모든 시대와 공간을 초월해서 오늘날에도 경험될 수 있는 하나님의 말씀이

---

306) 손기철, 치유기도, 167.

다.[307] 성경에 나타난 예수님의 치유 사역은 죽은 문자가 아니라 오늘 우리를 위한 약속이다. 성경에 있는 약속은 당연히 믿어야 하고 행해져야 한다. 행함이 없는 믿음은 죽은 믿음이다: "하나님의 나라는 말에 있지 아니하고 오직 능력에 있음이라"(고전 4:20). 성경은 복음이 선포되는 곳에서 죽은 사람이 살아나고, 귀신이 떠나고, 병자가 고침을 받았다고 기록하고 있으며, 현재에도 이런 기적들이 일어날 수 있다고 말하고 있다.[308] 그리스도의 말씀은 어제나 오늘이나 영원토록 동일하기 때문에 신유 운동은 계속되어야 한다.

신유는 하나님 나라가 이 땅에 임했다는 강력한 증거이다. 하나님은 질병의 치료를 원하시기에 자신을 치료하는 하나님으로 선포하셨다. 예수님은 지상에서 복음을 전파하시고, 영혼의 병을 고치시고, 마음의 병을 고치시며, 육체의 병을 고치셨다. 치유를 통해서 많은 사람들이 예수님을 만났다. 예수님은 직접 병자를 고치셨을 뿐만 아니라, 그리스도의 몸 된 교회를 위해 교회에 사도, 선지자, 교사, 능력, 병 고치는 은사 등을 주셨다(고전 12:28). 교회의 목사들과 지도자들은 적극적으로 이러한 임무를 완수해야 한다. 정상적인 교회 안에서 신유의 역사가 마땅히 일어나야 한다.

병 고침은 하나님의 뜻이요, 예수님의 주된 사역이었으며, 우

---

307) William Barclay, 147.
308) 하용조, 변화받은 사람들, 306-7.

리에게 남기신 명령이다. 하나님의 자녀 된 우리가 하나님의 사역을 외면한다면 하나님의 뜻을 거스르는 것이다. 교회가 만약 병자를 고치지 않는다면 하나님 앞에서 유죄가 된다.[309] 하나님은 우리에게 명하신다: "너희 중에 병든 자가 있느냐 그는 교회의 장로들을 청할 것이요 그들은 주의 이름으로 기름을 바르며 그를 위하여 기도할지니라"(약 5:14). 교회가 존재하는 한, 병 고침의 은사를 받아 행해야 성경적인 권위와 의무를 다하는 것이다.[310] 고의든 실수든 신유의 복음을 전하지 않는 교회는 하나님의 복음 자체를 온전하게 전한다고 볼 수 없다. 교회가 병을 고치는 것은 주님의 일을 하는 것이다. 우리가 진정한 예수님을 따라가는 사람들이라면 예수님께서 하셨던 복음을 전하고, 하나님의 말씀을 가르치고, 병자를 치료하는 일을 계속해야 할 것이다.

주님은 온 세상에 복음을 전하라고 명하셨다. 예수님의 지상명령을 준행하기 위해 교회는 주의 이름을 선포하고, 병 고침을 계속해야 하며, 귀신을 쫓아야 한다. 신유의 목적은 복음을 전하기 위해서 존재한다. 신유가 나타나는 곳에 사람들이 예수께로 돌아오는 역사가 일어난다. 대부분의 경우, 신유의 역사가 나타나면 그곳에 복음이 들어가서 새로운 교회가 시작된다. 그러므로 신유 운동은 교회 개척과 선교의 중요한 원동력이 된다. 복음 전도는

---

309) 조용기, 오중복음과 삼중축복, 135, 157. The Role of Jesus as Presented in the Healing Praxis and Teaching of British Pentecostalism, 86.
310) 조용기, 오중복음과 삼중축복, 164-5.

능력과 함께 병행되어야 하며, 특히 신유는 복음 전도의 주요 열쇠가 된다.

우리는 여전히 믿음으로 치유되는 역사를 보고 있으며, 그러한 간증들이 쏟아져 나오고 있다. 내가 이 글을 쓰고 있던 중에도 첫째 아들이 아픈 적이 있다. 무척 더운 어느 날, 동생과 함께 땡볕에서 한참을 뛰어다니며 땀을 뻘뻘 흘리더니 그 다음 날 아침 일어나지를 못했다. 머리를 만져 보니 열이 있었고 목이 가라앉았다. 나는 하나님의 말씀을 의지해 기도한 후 사무실로 나갔다. 밤에 돌아와 보니 하루 종일 어지러웠고 아직도 몸에 열이 있었다. 자기 전에 다시 기도했다. 다음 날 아침, 마침내 열이 떨어지고 정상으로 돌아왔다. 물론 '나을 때가 되어서 나았다', '약을 복용해서 나은 것이다' 등으로 해석할 수 있을 것이다. 그러나 나는 여전히 하나님의 신유 역사를 믿으며, 그분만이 신유의 능력자이심을 인정할 것이며, 병자를 보면 손을 얹고 기도할 것이다.

우리가 증거하는 말에 능력이 병행되므로, 이로 인해 교회 성장이 이루어질 뿐 아니라, 그리스도의 복음이 힘차게 전파될 수 있다. 불신자들이 그리스도인들의 손에 의해서 행해지는 신유를 경험할 때, 그들은 복음에 대해서 마음의 문이 열릴 것이다: "이는 우리 복음이 너희에게 말로만 이른 것이 아니라 또한 능력과 성령과 큰 확신으로 된 것임이라"(살전 1:5). 우리는 하나님의 사랑과 치유의 능력을 전하는 대사들이 되어야 한다.

참고 도서

국외 도서

- Albert B. Simpson, The Gospel of Healing (New York: Christian Alliance Publishing, 1915)
- Albert B. Simpson, The Lord for the Body (New York: Christian Alliance, 1925)
- A. J. Gordon, The Ministry of Healing (Harrisburg, PA: Christian Publishing House, 1961),
- A. T. Pierson, Forward Movement of the Last Half Century (New York: Funk and Wagnalls, 1905)
- Adolf von Harnack, Mission and Expansion of Christianity in the First Three Centuries (New York: G. P. Putnam, 1908)
- Albert E. Thompson, The Life of A. B. Simpson (New York: Christian Alliance Publishing, 1920)
- C. B. Jernigan, Pioneer Days of the Holiness Movement in the Southwest (Kansas City, Mo.: Pentecostal Nazarene Publishing House, 1919)
- Charles Cullis, Faith Cures or Answers to Prayer in the Healing of the Sick (Boston: Willard Tract Repository, 1879)
- Colin Urquhart, The Truth That Sets You Free (London: Hodder and Stoughton, 1993)
- Donald Dayton, Theological Roots of Pentecostalism (Metuchen, NJ: The Scarecrow Press, 1987)
- Edith W. Blumhofer, The Assemblies of God (Springfield: Gospel Publishing House, 1989)
- Edward Weiss and O. Spurgeon English, Psychosomatic Medicine:

The Clinical application of Psychopathology to General Medical Problems (Philadelphia: W.B. Saunders, 1957)
- Episcopal Church, The Book of Common Prayer (New York: New York Bible and Common Prayer Book Society, 1861)
- Ernest B. Gordon, Adoniram Judson Gordon: A Biography (New York: Fleming H. Revell, 1986)
- Eugenia, The Story of Eugenia and Philip (University of Chicago Press, 1931)
- Evelyn Frost, Christian Healing (England: A.R. Mowbray & Co., 1954)
- Frederick W. Copleston, Thomas Aquinas (New York: Barnes & Noble Books, 1976)
- G. P. Pardington, Twenty-Five Wonderful Years 1889-1914: A Popular Sketch of the Christian and Missionary Alliance (New York: Christian Alliance Publishing, 1914)
- George Foot Moore, Judaism in the First Centuries of the Christian Era (Cambridge: Harvard University Press, 1950)
- George L. Cole, God's Provision for Soul and Body (Los Angeles: George L. Cole, 1947)
- George Jeffreys, The Miraculous Foursquare Gospel (England: Elim Pub. Co. 1929)
- Gorden D. Fee, God's Empowering Presence (Peabody, Mass.: Hendrickson Publishers, 1994)
- Graham H. Twelftree, Jesus the Miracle Worker (Downers Grove, IL: Intervarsity Press, 1999)
- Gregory the Great, The Book of Pastoral Rule (Crestwood, NY: St Vladimir's Seminary Press, 2007)
- Gustav Aulen, Christus Victor: an Historical Study of the Three Main Types of the Idea of the Atonement (New York: Macmillan, 1969)
- Herbert Benson and William Proctor, Beyond the Relaxation Response (Berkley: Penguin Group, 1985)
- Jack Deere, Surprised by the Power of the Spirit (Grand Rapids:

Zondervan, 1993)
- James J. Lynch, The Broken Heart: The Medical Consequences of Loneliness (Basic Books, 1978)
- Jerome D. Frank, Persuasion and Healing (Baltimore: Johns Hopkins University Press, 1973)
- Johann C. Blumhardt, Blumhardt's Battle: A Conflict with Satan, trans. Frank S. Boshold (New York: Thomas E. Lowe, 1970)
- John Bright, The Kingdom of God: The Biblical Concept and Its Meaning for the Church (Nashville: Abingdon-Coksbury Press, 1953)
- John Calvin, Institutes of the Christian Religion, ed. John T. McNeill (Philadelphia: Westminster Press, 1960)
- John F. MacArthur, Charismatic Chaos (Grand Rapids: Zondervan, 1993)
- John Macquarie, Twentieth Century Religious Thought (Philadelphia: Trinity Press International, 2002)
- John T. Nichol, Pentecostalism (New York: Harper & Row, 1966)
- Kathryn Kuhlman, I Believe in Miracles (Englewood Cliffs, NJ: Prentice-Hall, 1962)
- Kelso Carter, Pastor Blumhardt (Boston: Willard Track Repository, 1883)
- Kendall Johnson, Photographing the Non-material World (Aquarian Publishing Company, 1979)
- Leslie D. Weatherhead, Psychology, Religion and Healing (London: Hodder and Stoughton, 1955)
- Mark A. Noll, Christianity in America (Grand Rapids: Eerdmans, 1983)
- Martin E. Marty and Kenneth L. Vaux ed., Health/Medicine and the Faith Traditions (Philadelphia: Fortress Press, 1982)
- Millard J. Erickson, Christian Theology (Grand Rapids, Michigan: Baker Book House, 1998)
- Morton T. Kelsey, Christo-Psychology (New York: Crossroad Publishing Company, 1984)

- Morton T. Kelsey, Discernment: A Study in Ecstasy and Evil (New York: Paulist Press, 1978).
- Morton T. Kelsey, Healing and Christianity (Minneapolis: Augsburg Books, 1995)
- Nicky Gumbel, Alpha Questions of Life (Colorado Springs, Co.: Cook Communications Ministries, 1993)
- Nicolas Cabasilas, The Life in Christ (St. Vladimir's Seminary Press, 1997)
- Norma Dearing, The Healing Touch: A Guide to Healing Prayer for Yourself and Those You Love (Grand Rapids, Michigan: Chosen, 2002)
- Palladius, Palladius: The Lausiac History (Westminster, Md.: Newman Press, 1965)
- Paul Tournier, A Doctor's Casebook in the Light of the Bible (Highland Book, 1983)
- Paul Yonggi Cho, More Than Numbers (Waco: Word Books, 1984)
- Plato, Laches and Charmides (Indianapolis: Bobbs-Merrill, 1973)
- P. C. Nelson, Bible Doctrine (Springfield: Gospel Publishing House, 1948)
- R. H. Baird, William Baird of Korea, A Profile (Oakland, 1968)
- R. Kelso Carter, The Atonement for Sin and Sickness (New York: Garland Publisher, 1985)
- Robert M. Anderson, Vision of the Disinherited (New York: Oxford University Press, 1979)
- Rudolph Bultmann, Jesus Christ and Mythology (New York: Scribner, 1958)
- Sarah E. Parham, The Life of Charles F. Parham: Founder of the Apostolic Faith Movement (New York: Garland Publisher, 1985)
- Saint Cyprian, Select Epistles of St. Cyprian (London: Society for Promoting Christian Knowledge, 1922)
- Sim I. McMillen, None of Theses Diseases (Westwood, NJ: Fleming

H. Revell Company, 1963)
- Vinson Synan, In the Latter Days (Ann Arbor, Michigan: Servant Books, 1984)
- Vinson Synan, The Holiness-Pentecostal Tradition: Charismatic Movements in the Twentieth Century (Grand Rapids, Michigan: William B. Eerdmans Publishing Company, 1997)
- William E. Boardman, The Great Physician (Boston: Willard Tract Repository, 1881)
- W. H. Daniels, ed., Dr. Cullis and His Work (New York: Garland Publisher, 1985)
- Wayne A. Grudem, ed., Are Miraculous Gifts for Today? (Grand Rapids, Michigan: Zondervan, 1996)
- Willem Jan Kooiman, By Faith Alone: The Life of Martin Luther (New York: Philosophical Library, 1955)
- William Barclay, And He had Compassion (Valley Forge, PA: Judson Press, 1976)
- William Edwin Boardman, Life and Labours of the Rev. William E. Boardman (New York, Appleton, 1887).
- William Faupel, The Everlasting Gospel (Sheffield, England: Sheffield Academic Press, 1996)
- William G. Bodamer, Jr., The Life and Work of Johann Christoph Blumhardt (Ph.D diss., Princeton Theological Seminary, 1966)
- William Gould, ed., The Works of John Owen (Edinburgh: T & T Clark, 1862)
- William Henry Cope, Visitatio Infirmorum, Or, Offices for the Clergy in Praying with, Directing, and Comforting the Sick, Infirm, and Afflicted (General Books LLC, 2009).

국내 도서

- 국제신학연구원, 여의도순복음 교회의 신앙과 신학 I, II (서울: 서울서적, 1993)
- 김신호, 성령 세례 받으면 방언하나요? (서울: 서로사랑, 2011)
- 나겸일, 생명을 건 목회 이야기 (서울: 두란노, 2003)
- 류장현, 한국의 성령운동과 영성 (서울: 프리칭 아카데미, 2004)
- 박만용, 기도원 운동과 신앙 성장 (서울: 쿰란출판사, 1998)
- 박명수, 근대 복음주의의 주요 흐름 (서울: 대한기독교서회, 1998)
- 박명수, 한국 교회 부흥운동 연구 (서울: 한국 기독교 역사 연구소, 2003)
- 박용규, 김익두 목사 전기 (서울: 생명의 말씀사, 1998)
- 변종호, 한국의 오순절 신앙운동사 (서울: 신생관, 1978)
- 손기철, 고맙습니다 성령님 (서울: 규장, 2007)
- 손기철, 치유기도 (서울: 규장, 2009)
- 서광선 외, 한국 교회 성령운동의 현상과 구조 (서울: 대화출판사, 1987)
- 옥성호, 방언, 정말 하늘의 언어인가? (서울: 부흥과 개혁사, 2008)
- 이명직, 성결교회약사 (서울: 성결교회이사회, 1929)
- 이성봉, 말로 못하면 죽음으로 (서울: 생명의 말씀사, 1993)
- 이용규, 한국교회와 신유운동 (서울: 쿰란출판사, 2006)
- 이청미, 순복음교회의 신유 현상 연구 (연세대학교 교육대학원, 1973)
- 임택권, 조선예수교회 이적명증 (서울: 기독교서회, 1921)
- 전용복, 기도와 치유사역 (서울: 서로사랑, 2002)
- 조용기, 나의 교회성장 이야기 (서울: 서울말씀사, 2005)
- 조용기, 병을 짊어지신 예수님 (서울: 영산출판사, 1976)
- 조용기, 오중복음과 삼중축복 (서울: 서울말씀사, 1998)
- 찰스 & 프랜시스 헌터, 치유의 방법 (서울: 서로사랑, 2010)
- 최자실, 금식기도의 능력 (서울: 서울말씀사, 1996)
- 최자실, 나는 할렐루야 아줌마였다 (서울: 서울 말씀사, 1999)
- 하용조, 바람처럼 불처럼 (서울: 두란노, 2003)

- 하용조, 변화받은 사람들 (서울: 두란노, 1999)
- 하용조, 사도행전적 교회를 꿈꾼다 (서울: 두란노, 2007)
- 하용조, 성령을 받은 사람들 (서울: 두란노, 1999)
- 하용조, 하용조 목사의 큐티하면 행복해집니다 (서울: 두란노, 2008)
- 홍성건, 하나님이 찾으시는 사람 (서울: 도서출판 예수전도단, 1998)
- 홍영기, 조용기 목사의 영성과 리더십 (서울: 교회성장연구소, 2003)

논문

- James Buckley, "Faith Healing," Century (1886): 236.
- John Ruthen, "Book Review," in Pneuma (Vol. 24, No. 2, Fall, 2002)
- Jurgen Moltmann, "The Hope for the Kingdom of God and Signs of Hope in the World," in Pneuma (Vol. 26, No. 1, Spring 2004)
- Keith Warrington, "The Role of Jesus as Presented in the Healing Praxis and Teaching of British Pentecostalism," in Pneuma (Vol. 25, No. 1, Spring 2003)
- P. J. Grabe, "The Pentecostal Discovery of the New Testament Theme of God's Power and Its Relevance to the African Context," in Pneuma (Vo. 24, No. 2, Fall 2002)

사전

- Stanley M. Burgess, eds, The New International Dictionary of Pentecostal and Charismatic Movements (Grand Rapids, MI: Zondervan, 2003)